国家开放教育汽车类专业（本科）规划教材
全国汽车职业教育人才培养工程规划教材

汽车营销学

国家开放大学汽车学院组织编写
高婷婷　尹丽丽　编

人民交通出版社股份有限公司·北京
国家开放大学出版社·北京

内 容 提 要

本书为国家开放教育汽车类专业（本科）规划教材、全国汽车职业教育人才培养工程规划教材之一。主要内容包括：汽车市场营销相关理论、汽车企业战略管理、汽车市场营销环境分析、汽车消费者行为分析、汽车产品营销策略、汽车营销信息化、汽车4S店服务流程。

本书可作为普通高等教育院校汽车服务工程和其他相关专业教材或教学参考书，也可供汽车服务行业和相关工程技术人员参考使用。

图书在版编目(CIP)数据

汽车营销学/高婷婷,尹丽丽编. —北京：人民交通出版社股份有限公司：国家开放大学出版社，2019.5

ISBN 978-7-114-15198-9

Ⅰ.①汽⋯ Ⅱ.①高⋯②尹⋯ Ⅲ.①汽车—市场营销学 Ⅳ.①F766

中国版本图书馆 CIP 数据核字(2018)第 279169 号

书　　名：	汽车营销学
著 作 者：	高婷婷　尹丽丽
责任编辑：	郭　跃
责任校对：	张　贺
责任印制：	张　凯
出版发行：	人民交通出版社股份有限公司
	国家开放大学出版社
地　　址：	(100011)北京市朝阳区安定门外外馆斜街3号
	(100039)北京市海淀区西四环中路45号
网　　址：	http://www.ccpress.com.cn
	http://www.crtvup.com.cn
销售电话：	(010)59757973
	(010)68180820
总 经 销：	人民交通出版社股份有限公司发行部
经　　销：	各地新华书店
印　　刷：	北京市密东印刷有限公司
开　　本：	787×1092　1/16
印　　张：	15.25
字　　数：	339 千
版　　次：	2019年5月　第1版
印　　次：	2019年5月　第1次印刷
书　　号：	ISBN 978-7-114-15198-9
定　　价：	38.00 元

(有印刷、装订质量问题的图书由本公司负责调换)

总　　序

国家开放大学汽车学院是在2004年北京中德合力技术培训中心与原中央广播电视大学(现国家开放大学)共同创建的汽车专业(专科)基础上,由国家开放大学、中国汽车维修行业协会、中国汽车文化促进会、北京中德合力技术培训中心四方合作于2013年11月26日挂牌成立。旨在通过整合汽车行业、社会现有优质教育资源,搭建全国最大的汽车职业教育平台,促进我国汽车行业从业人员终身教育体系建设,以及人人皆学、时时能学、处处可学的学习型行业的形成与发展。

在2003年颁布的《教育部等六部门关于实施职业院校制造业和现代服务业技能型紧缺人才培养培训工程的通知》中,汽车维修专业被确定为紧缺人才专业。国家开放大学为了满足从业人员业余学习的需要,从2005年春季学期起开办汽车专业(维修方向)(专科)、汽车专业(营销方向)(专科),至2018年春季学期,汽车专业(专科)在32个地方电大系统、汽车行业以及部队建立学习中心,基本覆盖了全国各地。累计招生103,531人,毕业41,740人,在籍57,470人,为缓解我国对汽车行业紧缺人才的现实需求和加快培养培训做出了积极贡献。

2017年,国家开放大学增设汽车服务工程(本科)专业,汽车学院随即开展了专业建设和教学模式探索,确定了全网教学模式资源建设方案。学生将利用国家开放大学学习网和汽车学院企业微信平台完成线上学习和考试,线下完成毕业实习和毕业论文。为适应全网教学模式的需要,汽车学院组织编写了本套国家开放教育汽车类专业(本科)规划教材、全国汽车职业教育人才培养工程规划教材。这为满足汽车行业从业人员提升学历层次和职业技能的时代要求提供了必要的现实条件,为最终建成全国最大的远程开放汽车职业教育平台奠定了基础。

本套教材具有如下特点:

第一,针对性强。教材内容的选择、深浅程度的把握、编写体例严格按照国家开放大学关于开放教育教材的编写要求进行,满足成人教育的需要。

第二,专业特色鲜明。汽车服务工程(本科)专业(专科起点)是应用型专业。教材主编均来自高校长期从事汽车专业本科教学的一线专家教授,他们教学和实践经验丰富,所选内容强化了应用环节,理论和实验部分比例适当,联系紧密,实用性强。

第三,配合全网教学模式需要。全套教材是配套全网教学模式需要编写的。在内容的选取上满足全媒体网络课件制作的需要。对传统教材编写是一突破。教材配合网上资源一起使用,增加了教材的可读性、可视性、知识性和趣味性。

第四,整合优质资源。本套教材由国家开放大学出版社、人民交通出版社股份有限公司联合出版发行的国家开放教育汽车专业(本科)规划教材、全国汽车行业人才培养工程规划教材,面向国家开放大学系统和全社会公开发行,不但适合国家开放大学的需要,也适合其他高等院校汽车服务工程(本科)专业的教学需要。

在本套教材的组编过程中,国家开放大学就规划教材如何做出鲜明行业特色做了重要指示,国家开放大学出版社做了大量细致的编辑策划及出版工作。北京中德合力技术培训中心承担了教材编写、审定的组织实施及出版、发行等环节的沟通协调工作。中国汽车维修行业协会积极调动行业资源,深入参与教材的组织编写,人民交通出版社股份有限公司积极提供各种资源。中国汽车文化促进会积极推荐主编人选,参与教材编写的组织工作。各教材主编、参编老师和专家们认真负责、兢兢业业,确保教材的组编工作如期完成。没有他们认真负责的工作和辛勤的劳动付出,本套教材的编写、出版、发行就不可能这么顺利进行。借此机会,对所有参与、关心、支持本套教材编辑、出版、发行的先生、女士表示衷心感谢!

  本套教材编写时间紧,协调各方优质资源任务重,难免存有不足之处,还请使用者批评指正,不吝赐教。

2019 年 1 月

前　言

《汽车营销学》是国家开放教育汽车类专业(本科)规划教材、全国汽车职业教育人才培养工程规划教材之一。

通过对本书的学习,使学生能够了解汽车市场营销相关理论知识,掌握汽车营销战略的制定、汽车营销4P策略的分析、汽车4S店的服务流程和汽车网络营销的模式等相关知识,了解汽车市场营销调研、汽车市场营销环境和汽车消费者购买行为等。具备本专业所必需的基础理论、专业知识和技能,成为汽车技术服务和管理的复合型技术人才。

本书的编写是根据专业培养目标和培养对象的认知水平及学习特点,将汽车市场营销相关理论基础知识紧密围绕汽车产品特点展开阐述,教材实现市场营销知识与汽车专业知识的有机结合,以"必需、实用、有效、经济"为原则,对教学内容进行整合优化和深度融合,在内容编排上突出介绍市场营销理论知识在汽车专业上的运用,教材很好地体现汽车专业学习中的基础性和实用性,具有专业知识和技能培养的针对性。

本书由天津职业技术师范大学高婷婷老师和北京城市学院的尹丽丽老师共同编写,并担任统稿工作。在教材的编写过程中,承蒙国家开放大学和兄弟院校及企业有关同志的大力支持,在此向他们表示衷心的感谢。此外,本书在编写过程中参考了大量的文献资料,在此向原作者表示谢意。由于作者知识水平有限,书中难免存在疏漏之处,敬请读者批评指正。

编　者
2019年1月

学习指南

0.1 学习目标

完成本门课程的学习之后,你将达到以下目标:

1. 认知目标

(1)掌握汽车市场营销的战略以及战略分析工具。

(2)掌握汽车市场营销的4P策略。

(3)掌握汽车4S店的各部分业务的过程。

(4)掌握汽车网络营销的种类。

(5)理解汽车市场营销环境的相关要素。

(6)了解汽车市场营销的相关概念。

(7)了解汽车市场消费者行为的类型。

(8)了解汽车市场调研的过程。

2. 技能目标

(1)识别汽车网络营销的类型,并能够进行案例分析。

(2)熟悉汽车销售流程、汽车服务流程和汽车配件管理流程,并参与各部分的实操环节进行演练。

(3)能够利用战略分析工具进行汽车企业的战略分析。

(4)能够根据汽车营销4P策略基础知识,对不同品牌的汽车企业进行营销策略的制定。

(5)能够识别不同企业市场营销环境,并进行SWOT分析。

3. 情感目标

(1)具有良好的语言表达和沟通能力。

(2)具有良好的团队合作能力和解决问题、分析问题的能力。

(3)具有良好的职业道德与行为操守。

0.2 学习内容

本教材包括以下内容:

1. 汽车市场营销基础知识

本部分主要汽车市场营销相关概念、市场营销观念的变革、汽车市场营销调研相关概述等。通过本部分的学习,掌握市场营销三要素以及市场营销观念的变革过程,了解汽车市场调研的步骤。

2. 汽车营销战略与策略

本部分主要包括汽车市场营销的战略类型及其特点、汽车4P策略等内容。通过对本部分内容的学习,掌握汽车营销战略类型,重点掌握4P策略的实施过程,这是本书的重点内容。

3. 消费者行为分析

本部分主要包括汽车消费者行为的特点以及消费者的类型。通过对本部分内容的学习,了解汽车消费决策的过程,理解消费者的满意度的模型。

4. 汽车网络营销

本部分主要包括汽车电子商务相关概述和汽车网络营销等内容。通过对本部分内容的学习,重点掌握汽车网络营销的类型。

5. 汽车4S店

本部分主要包括汽车销售流程、汽车服务流程和汽车配件管理等内容。通过对本部分内容的学习,重点掌握汽车销售流程八步曲、汽车服务流程八步曲以及汽车配件管理等有关基础知识,此部分为本章的重点。

0.3　学习准备

在学习本教材之前,你应具有管理学基础知识以及使用计算机或手机进行网页浏览、资料下载等能力。

目　录

第1章　汽车市场营销相关理论 ········· 1
1.1　汽车市场营销相关概念 ········· 3
1.2　汽车市场调查 ········· 13
本章小结 ········· 20
自测题 ········· 20

第2章　汽车企业战略管理 ········· 22
2.1　企业战略概念与特征 ········· 24
2.2　汽车企业战略分析工具 ········· 25
2.3　汽车企业的竞争战略分类 ········· 30
2.4　STP目标市场营销战略 ········· 36
本章小结 ········· 40
自测题 ········· 41

第3章　汽车市场营销环境分析 ········· 43
3.1　汽车市场营销环境的概述 ········· 44
3.2　市场营销环境的构成 ········· 47
3.3　汽车市场营销环境分析 ········· 59
本章小结 ········· 66
自测题 ········· 67

第4章　汽车消费者行为分析 ········· 68
4.1　消费者购买行为概述 ········· 70
4.2　汽车消费者的购买行为模式 ········· 75
4.3　不同级别汽车市场消费者行为分析 ········· 79
4.4　汽车消费者满意度分析 ········· 82
本章小结 ········· 87
自测题 ········· 87

第5章　汽车产品营销策略 ········· 89
5.1　汽车产品策略 ········· 90
5.2　汽车产品价格策略 ········· 99
5.3　汽车分销策略 ········· 110
5.4　汽车促销 ········· 127
本章小结 ········· 145

自测题 ·· 146

第 6 章　汽车营销信息化 ·· 148
6.1　汽车行业信息化概述 ··· 151
6.2　汽车电子商务 ··· 152
　　本章小结 ·· 179
　　自测题 ·· 179

第 7 章　汽车 4S 店服务流程 ·· 181
7.1　新车销售流程 ··· 183
7.2　汽车售后服务流程 ··· 212
7.3　汽车配件管理 ··· 223
7.4　信息反馈 ·· 228
　　本章小结 ·· 229
　　自测题 ·· 229

参考文献 ·· 231

第1章 汽车市场营销相关理论

导言

本章主要介绍了汽车市场营销的相关概念、市场调查的方法以及调研问卷的设计等内容。本章的学习内容力求使学生掌握市场营销概念模型和市场调查问卷的设计等基础知识，为继续学习后续相关章节打下坚实的基础。

学习目标

1. 认知目标
(1)理解汽车市场营销观念的演变。
(2)掌握市场营销概念模型。
(3)掌握汽车市场调查问卷的设计。
2. 技能目标
(1)能够通过案例分析市场营销观念。
(2)能够进行调研问卷的设计。
3. 情感目标
(1)培养认真分析问题、解决实际问题的能力。
(2)增强理解能力和思维能力，提高学习兴趣。

福特的成功与失败

亨利·福特于1903年创办了以自己名字命名的"福特汽车公司"。1908年，福特公司设计制造的T型车，每辆售价850美元，一年售出10600辆。1913年，世界上第一条汽车流水装配线在福特汽车公司诞生(图1-1)。在福特建立流水线之前，当时的汽车工业完全是手工作坊型的，两三个人合伙，买一台发动机，设计个传动箱，然后配上轮子、制动踏板、座位，就完成了一辆车的装配。每装配一辆，卖出一辆，每辆车都是一个不同的型号。由于启动资金要求少，生产也很简单，每年都有50多家新开张的汽车作坊进入汽车制造业，但大多数的存活期不超过一年。福特的流水线使这一切发生了改变。在

图1-1 福特汽车公司流水线

手工生产时代,每装配一辆汽车要728个人工小时,而福特的简化设计,标准部件的T型车把装配时间缩短为12.5个小时。进入汽车行业的第12年,亨利·福特终于实现了他的梦想,他的流水线的生产速度已达到了每分钟一辆车的水平,5年后又把时间进一步缩短到每10秒钟一辆车。在福特之前,轿车是富人的专利,是地位的象征,售价在4700美元左右。伴随福特流水线的大批量生产而来的是价格的急剧下降,T型车在1910年销售价格为780美元,1911年降到每辆690美元,然后降到600美元、500美元,1914年降到每辆360美元。低廉的价格为福特汽车公司赢得了大批的平民用户,小轿车第一次成为大众的交通工具。福特说:"汽车的价格每下降一美元,就为我们多争取来1000名客户。"1914年福特公司的13000名工人生产了26.7万辆汽车;美国其余的299家汽车企业的66万名工人仅生产了28.6万辆汽车。福特公司的市场份额从1908年的9.4%上升到1911年的20.3%,1913年为39.6%,到1914年达到48%,月盈利600万美元,在美国汽车行业占据了绝对优势。

自从流水线方式在20世纪30年代成为主导方式,汽车行业的进入壁垒大大提高,自福特、通用、克莱斯勒三巨头之间开始垄断竞争以来,在美国,汽车业再也没有出现过新进入企业。为了实现最高限度的专业化,以最大批量的流水线生产来达到最低成本,亨利·福特不允许汽车设计上有任何他认为多余的部件和装置;为了减少因为模具更换而损失的生产时间,也为了避免品种繁多所必然带来的设备费用和库存费用,亨利·福特只生产单一型号、单一色彩的T型车。他的销售人员多次提出要增加汽车的外观颜色,亨利·福特的回答是:"客户要什么颜色都可以,只要它是黑色的。"

针对福特汽车的价格优势,由29家厂商联合组成的通用汽车公司在阿尔夫雷德·斯隆的领导下,在内部推行科学管理的同时,还采用了多品牌多品种的产品特色化策略,在联合公司的框架下,实行专业化、制度化管理,在采购、资金和管理取得规模经济效益的基础上,保留了众多相对独立的如雪佛莱、凯迪拉克(图1-2)、别克和庞蒂克这样的著名品牌,在产品的舒适性、多样化和个性化上下功夫。1924年,通用汽车公司推出了液压制动,四门上下,自动挡;1929年又推出了六缸发动机,而福特的T型车仍然是四缸、双门、手动挡。面对通用的攻势,亨利·福特根本不以为然,他不相信还有比单一品种、大批量、精密分工、流水线生产更经济更有效的生产方式。对于销售人员提出的警告,福特认为他们无非都是出于营销部门的局部利益。福特不止一次地说,福特汽车公司面临的唯一问题就是供不应求。

图1-2 1930年的凯迪拉克

每次通用汽车公司推出一个新型号,亨利·福特的策略是坚持其既定方针,以降价来应对:从1920—1924年,福特公司共降价8次。其中1924年一年内就降价两次。但是,长期沿用降价策略的前提是市场的无限扩张,而1920年以后,随着人们收入水平的提高,人们对汽车的需求转向多样化和舒适性;代步型的经济低价车的市场已经近乎饱和。同时,长期的降价经营使得福特公司利润率越来越低,继续降价的余地很小。农夫型的T型车靠降价促销,靠"生产导向型发展"的道路已经走到了尽头。1946年,亨利·福特不得不让位给孙子时,福特公司的亏损已达到每月1000万美元,只是因为福特公司的巨大规模和第二次世界大战时政府的订货才使福特公司免遭倒闭的厄运。福特公司直到1956年才成功上市,虽然以后的经营很不错,但却再也没有能够恢复福特公司在美国汽车行业的龙头老大地位。

问题:分析福特公司成功与失败的原因。

资料来源:https://wenku.baidu.com/view/a522afe950e79b89680203d8ce2f0066f5336495

1.1 汽车市场营销相关概念

1.1.1 市场营销与汽车市场营销

1. 市场营销

美国著名的营销学者菲利浦·科特勒对市场营销的核心概念进行了如下描述:"市场营销是个人或群体通过创造,提供并同他人交换有价值的产品,以满足各自的需要和欲望的一种社会活动和管理过程。"在这个核心概念中,包含了需要、欲望和需求,产品或提供物,价值和满意,交换和交易,市场和关系,营销和营销者等一系列概念。

1)需要、欲望和需求

市场营销的核心概念告诉我们,市场交换活动的基本动因是满足人们的需要和欲望。实际上,这里的"需要""欲望""需求"三个看来十分接近的词汇,其真正的含义是有很大差别的。

需要是指人们某种不足或短缺的感觉。它是促使人们产生购买行为的原始动机,是市场营销活动的源泉。人类的需要是丰富而复杂的。主要包括生存需要,如食品、服装、房屋、温暖、药品、安全等;社会需要,如归属感、影响力、情感、社交等;个人需要,如知识、自尊、自我实现等。这些需要不是由企业营销活动创造出来的,而是客观存在于人类本身的生理组织和社会地位状况之中。

欲望是指建立在不同的社会经济、文化和个性等基础之上的需要。需要对人类整体而言,具有共性,如饿思饮,寒思衣。欲望则对消费者个体而言,具有特性。个人的需要因其所处的社会地位和性格等不同而异,这种有差异的需要就是欲望。欲望和需要是有差别的,例如,人们买牙膏,从表面上看是对牙膏的欲望,但实质是洁齿、防龋、止血的需要。如果某一生产者生产出一种新品牌牙膏,售价更低,洁齿、防龋、止血的功能更强,消费者将有对新品牌牙膏的购买欲望,但实际需要仍然相同。生产者常常只是关注消费者表现出来的对产品的欲望,而忽略了掩盖在欲望下面的实质性需要。

需求是指以购买能力为基础的欲望。小轿车作为一种便捷的交通工具,人人都需要。但对没有购买能力的人来说,小轿车的需要只是一种欲望,只有对具有足够支付能力的人来说才是需求。在市场经济条件下,人类需求表现为市场需求,因此,并非所有的人类需要都能转化为需求,也并非所有的人类欲望都能得到实现,购买能力是问题的关键。人类欲望无限,而购买能力有限。当价格一定时,消费者选择购买具有最大满足效用的产品,购买效益的高低决定着市场需求的实现程度,市场需求是企业营销活动的中心。市场需求处在经常变化之中。消费者收入和价格是影响市场需求变化的两个最基本因素。一般而言,需求同收入成正方向变化,同价格成反方向变化。价格一定,当消费者收入增加,购买力增加,市场需求数量增加,选择性加强,反之亦然。收入一定,价格上升,市场需求下降,价格下降则市场需求增加。

2)产品或提供物

任何需要的满足又必须依靠适当的产品,好的产品将会在满足需要的程度上有很大提高,从而能在市场上具有较强的竞争力,实现交换的可能性也就更大。然而,产品不仅是指那些看得见摸得着的物质产品,也包括那些同样能使人们的需要得到满足的服务甚至是创意,我们把所有可通过交换以满足他人需要的事物统称为"提供物"。如人们会花几千元去购买一台大屏幕的彩电来满足休闲娱乐的需要,也可以花费同样的金钱进行一次长途旅游,同样达到休闲娱乐之目的。而在当今的社会中,一个有价值的"主意",也可能使创意者获得相当的回报。所以,如果仅仅把对产品的认识局限于物质产品,那就是经营者可悲的"营销近视症"。[1] 为顺利实现市场交换,企业经营者不仅要重视在市场需要引导下的产品设计与开发,还应当从更广泛的意义上去认识产品(或提供物)的含义。

3)价值和满意

人们是否购买产品并不仅仅取决于产品的效用,同时也取决于人们获得这一效用的代价。人们在获得使其需要得以满足的产品效用的同时,必须支付相应的费用,这是市场交换的基本规律,也是必要的限制条件。市场交换能否顺利实现,往往取决于人们对效用和代价的比较。如果人们认为产品的效用大于其支付的代价,再贵的商品也愿意购买;相反,如果人们认为代价大于效用,再便宜的东西也不会购买,这就是人们在交换活动中的价值观。市场经济的客观规律告诉我们,人们只会去购买有价值的东西,并根据效用和代价的比较来认识价值的实现程度。人们在以适当的代价获得了适当的效用的情况下,才会有真正的满足;而当感到以较小的代价获得了较大的效用时,则会十分满意;而只有在交易中感到满意的客户才可能成为企业的忠实客户。所以,企业不仅要为客户提供产品,而且必须使客户感到在交换中价值的实现程度比较高,这样才可能促使市场交易的顺利实现,才可能建立企业的稳定市场。

4)交换和交易

交换是市场营销活动的核心。人们可以通过四种方式获得其所需要的东西:一是自行生产,获得自己的劳动所得;二是强行索取,不需要向对方支付任何代价;三是向人乞讨,无须做出任何让渡;四是进行交换,以一定的利益让渡从对方那里获得相当价值产品或满足。市场营销活动仅是围绕第四种方式进行的。从交换实现的必要条件来看,必须满足以下条件:

第一,交换必须在至少两人之间进行;

第二,双方都拥有可用于交换的东西;

第三,双方都认为对方的东西对自己是有价值的;

第四,双方有可能相互沟通并把自己的东西递交给对方;

第五,双方都有决定进行交换和拒绝交换的自由。

---

[1] 营销近视症是著名的市场营销专家、美国哈佛大学管理学院李维特教授在1960年提出的一个理论。营销近视症就是不适当地把主要精力放在产品上或技术上,而不是放在市场需要(消费需要)上,其结果导致企业丧失市场,失去竞争力。

由此可以看出,需要的产生才使交换成为有价值的活动,产品的产生才使交换成为可能,而价值的认同才能使交换最终实现。我们所讨论的前几个市场营销概念的构成要素最终都是为"交换"服务的,因"交换"而变得有意义。所以说"交换"是市场营销概念中的核心要素。如何通过克服市场交换障碍,顺利实现市场交换,进而达到实现企业和社会经济效益之目的,是市场营销学研究的核心内容。交换不仅是一种现象,更是一种过程,只有当交换双方克服了各种交换障碍,达成了交换协议,我们才能称其形成了"交易"。交易是达成意向的交换,交易的最终实现需要双方对意向和承诺的完全履行。所以,如果仅就某一次交换活动而言,市场营销就是为了实现同交换对象之间的交易,这是营销的直接目的。

5) 市场和关系

市场由一切有特定需求或欲望并且愿意和可能从事交换来使需求和欲望得到满足的潜在客户组成。因此,市场从一般意义上讲,就是指商品交易关系的总和,主要包括买方和卖方之间的关系,同时也包括由买卖关系引发出来的卖方与卖方之间的关系以及买方与买方之间的关系。市场各要素之间的关系如下:

(1) 人口。人口是构成市场的最基本要素,消费人口的多少,决定着市场的规模和容量的大小,而人口的构成及其变化则影响着市场需求的构成和变化。因此,人口是市场三要素中最基本的要素。

(2) 购买力。购买力是指消费者支付货币以购买商品或服务的能力,是构成现实市场的物质基础。一定时期内,消费者的可支配收入水平决定了购买力水平的高低。购买力是市场三要素中最物质的要素。

(3) 购买欲望。购买欲望是指消费者购买商品或服务的动机、愿望和要求,是消费者心理需求和生理需求引发的。产生购买欲望是消费者将潜在购买力转化为现实购买力的必要条件。

市场的这三个要素相互制约、缺一不可,它们共同构成企业的微观市场,而市场营销学研究的正是这种微观市场的消费需求。

6) 营销和营销者

我们可以将市场营销理解为与市场有关的人类活动,即以满足人类各种需要和欲望为目的,通过市场变潜在交换为现实交换的活动。在交换双方中,如果一方比另一方更主动、更积极地寻求交换,则前者称为市场营销者,后者称为潜在客户。所谓市场营销者,是指希望从别人那里取得资源并愿意以某种有价之物作为交换的人。市场营销者可以是卖主,也可以是买主。假如有几个人同时想买正在市场上出售的某种奇缺产品,每个准备购买的人都尽力使自己被卖主选中,这些购买者就都在进行市场营销活动。在另一种场合,买卖双方都在积极寻求交换,那么,我们就把双方都称为市场营销者,并把这种情况称为相互市场营销。

有不少人将市场营销仅仅理解为销售,从我国不少企业对营销部的要求中就可以看到这一点,他们往往只是要求营销部门通过各种手段设法将企业已经生产的产品销售出去,营销部的活动并不能对企业的全部经营活动发挥主导作用和产生很大影响。然而,事实上,市场营销的含义是比较广泛的。它也重视销售,但它更强调企业应当在对市场进行充分分析和认识的基础上,以市场的需求为导向,规划从产品设计开始的全部经营活动,以确保企业的产品和服务能够被市场所接受,从而顺利地销售出去,并占领市场。市场营销模型简称为 R&D + M&S 模型,如图 1-3 所示。

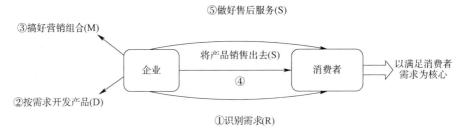

图 1-3　市场营销模型

市场营销并不等同于人们以前所认为的促销与推销。推销与市场营销的区别日益明显:推销只是市场营销的一部分,是企业围绕销售商品展开的各项活动,多指人员推销。如菲利普·科特勒指出的,推销不是市场营销最重要的部分,而只是"市场营销冰山"的最尖端,如图 1-4 所示。

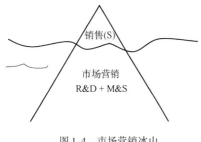

图 1-4　市场营销冰山

2. 汽车市场营销

汽车市场营销是汽车企业为了最大限度地满足市场需求、为达到汽车企业经营目标而进行的一系列市场营销活动。其基本内涵包括两方面内容:一是研究市场需求,即研究客户的需求特点和需求量;二是开展一系列更好地满足市场需求的整体营销活动。汽车市场营销的核心思想是交换,是一种买卖双方互利的交换,即卖方按买方的需要提供汽车产品或服务,使买方得到满足;而买方则付出相应的货币,使卖方得到满足,双方各得其所。

1.1.2　汽车市场营销观念变革

汽车市场营销观念是随着汽车市场的形成而产生的,并随时代的发展而逐渐演进,从历史的发展进程看,可主要归纳为五种观念,即生产观念、产品观念、推销观念、市场营销观念和社会市场营销观念。这五种营销管理观念归纳起来可分为两类:一类是传统经营观念,包括生产观念、产品观念和推销观念。其共同特点是以生产者为导向,以产定销,产生于卖方市场;另一类是现代经营观念,包括市场营销观念和社会市场营销观念。其共同特点是以市场(消费者)为导向,以销定产,产生于买方市场。

1. 生产观念

生产观念是指导销售者行为的最古老的观念之一,这种观念是在卖方市场的背景下产生的。西方资本主义国家在工业化初期,由于物资短缺,需求旺盛,产品供不应求,市场需求基本上是被动的,消费者没有选择的余地。因此,企业的主要任务是努力提高效率、扩大生产、降低成本。企业的一切生产经营活动以生产为中心,围绕生产来安排一切业务。

企业经营哲学不是从消费者需求出发,而是从企业生产出发,其主要表现是"我生产什么,就卖什么",即所谓的"以产定销"。生产观念是在卖方市场条件下产生的。在资本主义工业化初期以及第二次世界大战末期的一段时期内,由于物资短缺,市场产品供不应求,生产观念在企业经营管理中颇为流行。我国在计划经济体制下,由于市场产品短缺,企业不愁其产品没有销路,工商企业在其经营管理中也奉行生产观念,具体表现为:工业企业集中力量发展生产,轻视市场营销,实行以产定销;商业企业集中力量抓货源,工业生产什么就收购什么,工业生产多少就收购多少,也不重视市场营销。

随着现代社会生产力的提高,市场上的商品琳琅满目、丰富多彩,企业竞争日益加剧,企业在规模和成本上的竞争空间已越来越小,因此,若仅用生产观念指导企业经营管理,企业将会举步维艰。例如,福特 T 型车(图 1-5)就是典型的生产观念。

图 1-5　福特 T 型车

2. 产品观念

产品观念是与生产观念并存的一种市场观念,这一观念认为,在市场产品有选择的情况下,消费者喜欢那些质量优、功能多和具有某种特色的产品。因此,企业应该致力于对产品质量的追求,在市场竞争中以质取胜。其基本理念是:企业经营的中心工作是抓产品质量,只要产品质量过硬,就会客户盈门,企业就会立于不败之地。因此,如何比竞争对手在上述方面为消费者提供更高质量的产品就成了企业的当务之急。"酒香不怕巷子深""一招鲜,吃遍天"等都是产品观念的生动写照。

3. 推销观念

推销观念(也称销售观念)是被许多企业所采用的另一种观念,表现为"我卖什么,客户就买什么"。推销观念强调:消费者一般不会主动选择和购买商品,只能通过推销产生的刺激,诱导消费者产生购买行为。这样,推销部门的任务就是采用各种可能的手段和方法,去说服和诱导消费者购买商品。至于商品是否符合客户的需要,是否能让客户满意,客户是否会重复购买等问题,都无关紧要。

推销观念的产生,说明销售工作在企业营销管理工作中的地位大大提高了,推销观念虽然比前两种观念前进了一步,开始重视广告术及推销术,但是,从生产者和市场的根本关系来看,仍然没有跳出"以生产者为中心"的圈子。因此,仍然属于旧的营销观念。

推销观念产生于 20 世纪 20 年代末,产生于资本主义国家由"卖方市场"向"买方市场"过渡的阶段。在 1920—1945 年间,由于科学技术的进步,科学管理和大规模生产的推广,产品产量迅速增加,逐渐出现了市场产品供过于求、卖主之间竞争激烈的形势。尤其在 1929—1933 年的经济危机期间,即使有物美价廉的产品,也未必能卖得出去。因此,企业若想在日益激烈的市场竞争中求得生存和发展,就必须重视推销。

4. 市场营销观念

客户导向的市场营销观念,也称"市场导向的市场营销观念"或简称"市场营销观念",它是作为对上述几种观念的挑战而出现的一种新型企业经营哲学。这种观念以满足客户需求为出发点,即"客户需要什么,就生产什么"。尽管这种思想由来已久,但其核心原则直到20世纪50年代中期才基本定型。当时社会生产力迅速发展,市场趋势表现为供过于求的买方市场,同时广大居民的个人收入迅速提高,有可能对产品进行选择,企业之间的竞争加剧,许多企业开始认识到必须转变经营观念,才能求得生存和发展。市场营销观念认为实现企业各项目标的关键,在于正确确定目标市场的需要和欲望,并且比竞争者更有效地向目标市场传送目标市场所期望的物品或服务,从而达到比竞争者更有效地满足目标市场的需求和欲望。

日本本田汽车公司要在美国推出一款雅阁品牌新车,在设计新车前,他们派工程技术人员专程到洛杉矶地区考察路况,实地丈量路长、路宽,采集高速公路的柏油,拍摄进出口道路的设计。回到日本后,他们专门修了一条几英里长的高速公路,就连路标和告示牌都与美国公路上的一模一样。在设计行李舱时,各设计人员意见有分歧,他们就一起到停车场观察了一个下午,看人们如何取放行李。这样一来,设计人员的意见马上统一起来。结果本田公司的雅阁汽车一到美国市场就备受欢迎,被称为是全世界都能接受的好车。

5. 社会市场营销观念

社会市场营销观念是对市场营销观念的延伸和发展。它产生于20世纪70年代西方资本主义出现能源短缺、通货膨胀、失业增加、环境污染严重、消费者保护运动盛行的形势下。因为市场营销观念回避了消费者需要、消费者利益和长期社会福利之间隐含着冲突的现实。

社会市场营销观念认为,企业的任务是确定各个目标市场的需要、欲望和利益,并以保护或提高消费者和社会福利的方式,比竞争者更有效、更有利地向目标市场提供能够满足其需要、欲望和利益的物品或服务。社会市场营销观念的决策因素主要由四部分组成:用户需求、用户利益、企业利益和社会利益。事实上社会营销观念与市场营销观念并不矛盾,问题在于一个企业是否会把自己的短期行为与长远利益结合起来。社会市场营销观念要求市场营销者在制订市场营销决策时,要统筹兼顾三方的利益,即企业利润、消费者需要的满足和社会利益。一个以社会市场营销为指导思想的企业,在满足自己目标市场需求的同时,应该考虑到自己企业的长期利益和战略,把用户利益和社会利益同时纳入自己的决策系统。只有这样,企业才会永久立于不败之地。

6. 其他营销观念

1) 大市场营销观念

大市场营销,指为了进入特定市场,并在那里从事业务经营,在战略上协调使用经济的、心理的、政治的和公共关系等手段,以获得各有关方面如经销商、供应商、消费者、市场营销研究机构、有关政府人员、各利益集团及宣传媒介等的合作及支持。这里所讲的特定市场,主要是指贸易壁垒很高的封闭型或保护型的市场。在这种市场上,已经存在的参与者和批准者往往会设置种种障碍,使得那些能够提供类似产品,甚至能够提供更好的产品和服务的企业也难以进入,无法开展经营业务。大市场营销是对传统市场营销组合战略的不断发展,是在一般市场营销基础上发展的,但大市场营销又具有与一般市场营销不同的特点和作用。

大市场营销发展了市场营销观念和社会营销观念,一是在企业与外部环境关系上,突破了被动适应的观念,认为企业不仅可以通过自身的努力来影响,而且可以控制和改变某些外部因素,使之向有利于自己的方向转化;二是在企业与市场和目标客户的关系上,突破了过去那种简单发现、单纯适应与满足的做法,认为应该打开产品通道,积极引导市场和消费,创造目标客户需要;三是在市场营销手段和策略上,在原有的市场营销组合中的产品、价格、渠道和促销策略基础上,又加入了政治权利和公共关系两种策略,从而更好地保证市场营销活动的有效性。

2)关系营销观念

关系营销的指导思想是怎样让用户成为自己长期的客户,并共同谋求长远战略发展,其核心在于消费者与企业间一种连续性的关系。查理斯·古德曼曾指出:"公司不是创造购买,它们要建立各种关系。"关系营销的目的在于同客户结成长期的、相互依存的关系,发展客户与企业产品之间的连续性的交往,以提高品牌忠诚度和巩固市场,促进产品待续销售。

对于"关系营销"这一概念,主要有三种观点:

第一种:最普通、简易的看法是将关系营销界定为买卖之间依赖关系的营销。

第二种:根据 Shelth,Gummesson 和 Gronroos 等著名营销学专家的观点,所谓关系营销,是识别、建立、维系和巩固企业与客户及其他利益相关人的关系的活动,并通过企业努力,以成熟的交换及履行承诺的方式,使活动涉及各方面的目标在关系营销活动中实现。

第三种:关系营销应是个人和群体通过交换产品和价值的同时创造双方更加亲密的相互依赖关系,以满足社会需要和欲求的一种社会的和管理的过程。

比较以上三种观点,对于"关系营销"的内涵,我们可以得出这样的认识:

(1)关系营销是由许多管理"关系"的一系列活动所构成的一个社会性过程。

(2)关系营销的重点在于利益各方相互之间的交流,并形成有利、稳定、相互信任的关系。

(3)关系营销的最终实现要靠产品或价值的成熟、顺利、高质量的交换。

(4)关系营销的一系列活动都是为了达到一定的营销目标。

从实践意义上讲,关系营销已经完全突破简单的企业与消费者之间的关系,延伸到了供应商、中间商及其他与企业直接、间接联系的社会团体、政府职能部门及个人等方面。关系营销的本质特征可以概括为四点:即沟通、合作、双赢、控制。

(1)沟通:以双向为原则的信息交流。

关系营销是企业与消费者、竞争者、供应商、分销商、政府机构和社会组织发生互动作用的过程,其起点是与上述人员的沟通,广泛的信息交流和信息共享,可以使企业赢得支持与合作。交流应该是双向的,既可以由企业开始,也可以由客户或其他被营销方开始。如果仅仅是客户联系企业,那么客户往往会认为这种交流和沟通不够充分和坦率地表达他们的意见和看法,因而也无法和某一特定企业建立特殊关系。如果由企业主动和客户联系,进行双向的交流,对于加深客户对企业的认识、察觉需求的变化、满足客户特殊需求以及维系客户等有重要意义。

(2)合作:以协同为基础的战略过程。

关系的存在状态从性质上可分为两类,即对立性的和合作性的。对立性的关系状态是指企业组织与相关者之间为了各自目标、利益而相互排斥或反对,包括竞争、冲突、对抗、强制、斗争等。合作性的关系状态是指关系的主客体双方为了共同的利益和目标采取相互支持、相互配合的态度和行动。企业与相关者之间的对立与统一是并存的,但关系营销倾向于统一,即合作,它不仅要与客户建立良好的关系以吸引客户,也强调企业与企业及其他相关部门的关系,因为一个规模再大的公司,其资源和能力还是有限的,必须与其他公司进行合作分享。同行企业之间的过度竞争往往会产生一些负效应,从而增加企业的生产成本和营销成本,降低企业收益。进行某种形式的合作营销则可以避免上述情况,例如,新加坡航空公司、瑞士航空公司和美国三角洲航空公司合作,制订共同的订票系统和维护系统,统筹安排营运时间,建立统一的行李运输等地勤服务制度,通过对核心资源的共享,大大降低了企业的成本,提高了工作效率。协同是一种保持集体性的状态和趋势的因素,因而使系统保持并具有整体性、稳定性。

(3) 双赢:以互利互惠为目标的营销活动。

随着社会的发展,企业越来越受到政府"看不到的手"的宏观调控,一家公司不再仅仅只是经济实体,同时也成了社会实体,根据企业与公众关系的特点,有以下三种基本形式的利益关系:

① "共享"式。关系双方在根本利益上没有任何冲突,由于有着共同的利益,双方通过交流满足对方的需要。

② "折中"式。双方利益带有冲突的性质,任何一方的行为都会给对方利益带来损失,但只要双方以平等的态度考虑各自的利益和需要,双方都得到一定程度的满足,两者间的冲突是可以调和的。

③ "妥协"式。关系双方之间有相互冲突的利害关系,而且这种冲突是不可调和的,往往需要一方做出让步。

关系营销发生的最主要原因是买卖双方相互之间有利益上的互补。企业用产品或服务从消费者那里获取利润,消费者用货币从市场上得到企业提供的自己所需的产品和服务。如果没有各自利益的实现和满足,双方就不会建立良好的关系。关系建立在互利的基础上,使双方在利益上取得一致,并使双方的利益得以满足,这是关系赖以建立和发展的基础。真正的关系营销,是达到关系双方互利互惠的境界。因此,关系协调的关键在于了解双方的利益需求,寻找双方的利益共同点,并努力使共同的利益得到实现。从某种角度来分,可以将企业利益分为实质利益和关系利益。关系营销的基本目标是赢得公众的信赖、好感与合作。因此当关系双方的利益发生冲突时,企业只能舍弃实质利益,但换来的则是宝贵的关系利益。双赢策略不致引起报复行动,故能持久。

(4) 控制:以反馈为职能的管理系统。

建立良好的关系,需要一个反应灵敏的管理系统,用以追踪客户、经销商以及营销系统中其他参与者的态度。因此,关系营销必须具备一个反馈的循环,用以连接关系的双方,公司由此可以了解到环境的动态变化,根据合作方提供的非常有用的反馈信息,以改进产品和技术。

3) 绿色营销观念

目前,学术界对"绿色营销"概念的界定还没有形成一个统一的标准,对于绿色营销的概念有许多不同的表述方式,有的是从绿色需求出发,有的是从社会营销角度研究。在绿色营销概念的不同表述当中,它们的共同之处是:认为绿色营销是一种兼顾消费者利益、生态利益和企业利益的营销活动和理念,其实质是针对消费者日益强化的生态意识和政府对环境污染方面的管制而做出的积极反应。英国威尔士大学肯·毕提教授在其所著的《绿色营销——化危机为商机的经营趋势》一书中提出:"绿色营销是一种能辨识、预期及符合消费的社会需求,并且可以带来利润和永续经营的管理过程。广义的绿色营销是伦理营销,狭义的绿色营销是以促进经济可持续发展为目标,为实现消费者利益、企业利益与环境利益的协调统一的生态或环境营销。"

绿色营销,顾名思义,就是企业以绿色环保为中心思想的经营和销售活动,其经营哲学就是环境保护,以绿色文化为其价值观念,以满足消费者的绿色消费为出发点,实现企业、社会和生态利益相统一的新型营销观念和营销策略。在力求减少或避免环境污染,保护和节约自然资源的观念指导下,产品的创意、设计和生产以及定价与促销的策划与实施等,都要以保护生态环境为前提,减少能源浪费,实现经济与市场可持续发展。

我国企业实施绿色营销在优化宏观环境、树立绿色营销观念、培养绿色文化、加强绿色管理的同时,还应该从产品、价格、渠道、促销四个方面实施4P策略,以便更全面、更系统地开展企业的绿色营销活动。

(1)开发绿色产品。

绿色产品是绿色营销组合的基础和关键。开发绿色产品,从一开始就要紧紧抓住绿色这个主题,用环境保护和节约资源的观念进行设计、采购、生产与包装。

①绿色情报信息。情报信息是企业科学决策的基础。有了信息,企业家可以发现市场或潜在市场,企业可以生产更好的产品,更主动地参与市场竞争,赢得市场。企业应该建立有效、快捷的情报信息网络,捕捉绿色信息,分析绿色市场变化动向,绿色消费发展趋势,为绿色产品的开发和营销提供依据。

②坚持绿色采购理念。在采购设备、原材料和能源时,坚持"绿色采购"或"绿色供应链"理念,要关注供应商的环境保护状况,不从环保不力的供应商那里采购,迫使供应商采取措施改进环保状况,形成完整的绿色供应链。

③采用绿色设计方案。绿色设计是研制阶段的关键。企业在进行产品设计时应充分考虑环境保护和社会改良的要求,尽可能设计出无污染或少污染的,有利于消费者长远利益和社会整体利益的产品。

④开发绿色制造技术。企业在绿色产品制造环节实行清洁生产,清洁生产包括节约原材料和能源,淘汰有毒原材料并在全部排放物和废物离开生产过程以前减少它们的数量和毒性。

⑤采用绿色包装。绿色包装具体包括以下三点:在包装设计上,要尽可能地体现绿色化,注重环境保护功能;在包装材料上,要选用无毒害和可分解或可再生的材料;在包装风格上,要力求简单,避免过度包装。

(2)制订绿色价格。

绿色定价策略的选择除了要考虑绿色成本以外,更多的要考虑绿色产品本身的特点及消费者的接受能力等多种因素。

①根据绿色产品的特点选择定价策略。同为绿色产品,却拥有不同的特征,为消费者提供的绿色消费效用也不尽相同,绿色产品的生产企业必须根据各类绿色产品的不同特点,选择合适的定价策略,制订合理的绿色价格。

首先,对于健康绿色产品而言,由于它为消费者提供的绿色消费效用是直接的,与消费者的安全、健康乃至生命休戚相关,多数消费者愿意为这类绿色产品支付更高的价格,因此,对这类产品可以选择高位定价策略。制订较高的绿色产品价格,不仅能抵消全部绿色成本,还可以为企业创造高额利润,为绿色产品的再开发积累资金。

其次,对于环保绿色产品,带给消费者的绿色消费效用是间接的,而且经常具有外部性。这种外部性不利于激励消费者个人支付额外的绿色成本。也就是说,消费者不愿意为环保绿色产品支付过高的价格。因此这类绿色产品的定价,不应再选择高位定价策略,选择介于高价与低价之间的满意定价策略才是明智之举。略高于同类产品的价格,既可以显示绿色产品的高品质特点,树立绿色企业形象,满足消费者的绿色需求,又不至于给消费者带来过重的负担。

②根据目标客户群选择定价策略。绿色产品面对广阔的市场和纷繁复杂的消费者,进行市场细分是非常必要的。绿色市场可细分为普通消费者市场、政府市场、营利性组织市场和非营利性组织市场。根据细分市场目标客户群的特点,选择合适的绿色定价策略,有利于扩大绿色产品销售并提高企业的经济效益。

目前我国绿色消费刚兴起不久,绿色意识尚未广泛深入人心,普通消费者的需求层次不尽一致。一些对环保有着强烈认同,对目前人类所面临的生态危机认识深刻、文化和收入层次都较高的消费者,对绿色产品往往怀有特别的偏好,他们愿意为绿色产品支付更高的价格。另有一些消费者,他们也有一定的环保意识,当绿色产品与同类产品价格相同时,对绿色产品也有一定程度的偏好,但不愿意为绿色产品支付额外的成本。因此,绿色产品的生产企业可以针对目标客户群的支付意愿,采取差别定价策略,以适应不同层次消费者的绿色需求,最大限度地占有市场。

政府市场是一个潜在的、巨大的绿色市场。因为政府是环保的坚强支持者,应该优先购买绿色产品并乐意支付较高的绿色价格,以表明其立场。绿色产品在面向政府市场时可以制订相对较高的价格。营利性组织虽然也可能接受绿色产品,但对价格往往非常敏感;非营利性组织,如机关、学校等,容易接受绿色产品,但由于预算的有限性,也难以接受较高的绿色价格。因此,面向这两个子市场的绿色产品,适宜制订较低的价格,期待从大量购买中获得较高的回报。

(3)选择绿色渠道。

根据绿色产品的特殊性,应选择不同的分销渠道,确定采用直接分销或间接分销。在进行绿色分销或选择中间商时,应注意以下几方面的问题:

第一,选择那些关心环保,热心服务社会,在消费者心中具有良好绿色信誉的中间商。借助中间商良好的绿色信誉,及时推出绿色产品,提高和维护绿色产品的形象。同时,要注意中间商所经营的非绿色产品与绿色产品之间的相互补充与排斥或竞争性,以使其能虔心推销绿色产品。

第二,建立有效、合理的绿色销售网络,不断提高市场占有率,增强绿色产品的市场辐射力。对于有实力的企业,应尽可能建立自己的绿色分销系统,由于直接面向消费者,并对分销渠道的完全控制,能最大限度地减少分销过程中的二次污染和社会资源的损失。

第三,使用绿色标志,设立绿色专柜,推出系列绿色产品,或者建立绿色产品专营网络。通过产生群体效应,方便消费者识别与购买。

第四,优化供应配送系统及环节。设置合理、有效的供应配送中心,使用既污染少又节能的运输工具,实现绿色产品的绿色流通。

第五，重视绿色销售人员的绿色意识培训。只有热爱本职工作并具有绿色营销意识的员工，才能尽心去熟悉环保有关问题，才能在传递绿色价值的过程中尽心尽力。

(4) 开展绿色促销。

我国企业绿色促销的核心，就是通过充分的信息传递树立企业及其产品的绿色形象，使之与消费者的绿色需求相协调，从而巩固企业的市场地位。企业在开展绿色促销时，应注意以下几方面的问题：

第一，绿色人员推销与销售推广。绿色产品作为一种新产品，很多潜在的消费者并不十分了解，缺乏绿色商品知识。通过推销人员可以直接向消费者宣传产品的功能、使用方法及对环境的保护作用。绿色销售推广是企业用来传递绿色信息的补充形式，主要通过免费试用样品、竞赛、赠送礼品等形式来鼓励消费者试用新的绿色产品，以提高企业知名度。

第二，绿色营销广告。同其他广告相比，绿色广告更要强调企业产品的"绿色"特性，宣传企业的绿色形象，将绿色产品信息传递给广大消费者，刺激绿色消费需求。绿色广告应同时具备以下四个特点：首先，绿色广告的创作要真实、科学、具有思想性；其次，绿色广告中要准确描述绿色产品的环保利益；再次，广告中要解释绿色产品或服务的绿色特征是如何对环境产生影响的；最后，绿色广告播放应适时适量进行，以节约广告费用，减少资源的浪费，迎合消费者的消费习惯。

第三，绿色公共关系。在绿色营销活动中，企业应通过良好的公共关系，显示自己在绿色领域的努力，在公众心目中树立良好形象。在公共关系中，树立绿色形象的途径多种多样，可以通过公共关系，与环境保护组织、社会公众（消费者协会）、政府等保持和谐的合作关系；或争取获得"绿色标志"认证，积极参与各种环保活动，大力支持环保事业的发展等。

1.2 汽车市场调查

1.2.1 汽车市场调查的概念与方法

1. 汽车市场调查的概念

汽车市场调查是指对汽车用户及其购买力、购买对象、购买习惯、未来购买动向和同行业的情况等方面进行全面或局部的了解，从而掌握汽车市场现状及其发展趋势的一种经营活动。

汽车营销管理人员对企业自身情况比较了解，因此，汽车营销调研常以获取外部环境信息为主要目的。虽然营销调研的范围极为广泛，但其主要内容有：市场环境调研、需求调研、汽车产品调研、营销活动调研和竞争对手调研，如图1-6所示。

1）市场环境调研

汽车市场环境调研主要指汽车营销的宏观环境，它是影响企业及其市场营销的重要因素，同时也对市场需求产生影响。调研分析宏观环境变化及其趋势，是寻求市场机会的重要途径。汽车营销宏观环境调研的主要内容见表1-1。

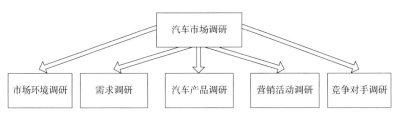

图 1-6 营销调研的主要内容

汽车营销宏观环境调研的主要内容　　　　　　　　　　表 1-1

环境调研要素	调研的主要内容
人口因素	人口总数、人口密度与分布状况、人口流动及其流动趋势、消费的基本单位等
经济因素	(1)国家、地区或城市的经济特性,包括经济发展规模、趋势、速度和效益; (2)所在地区的经济结构、人口及其就业状况、交通条件、基础设施情况、同类行业竞争的状况; (3)一般利率水平,获得贷款的可能性以及预期的通货膨胀; (4)国民经济产业结构和主导产业; (5)社会购买力水平、居民收入水平、消费结构和消费水平
政治因素	(1)国家整体的政治局面、政治形势、政治体制、政府的经济政策、法令、法规和政府行为、国家有关国民经济和社会发展的规划及计划; (2)政府颁布的有关汽车方面的方针、政策和各种法令、条例等,可能影响企业的诸多因素的调查,如汽车价格策略、汽车税收政策、信贷政策等; (3)调查有关部门及其领导人、关键人的情况
科技因素	(1)国际、国内新技术、新工艺、新材料、新车型的发展趋势和发展速度; (2)国家有关科研和技术发展的方针政策及规划
自然因素	自然资源、基础设施建设、环境保护措施、气候状况等
文化因素	(1)了解一个社会的文化习惯、文化差异、思维方式、风气、时尚、爱好、宗教信仰、价值观念和教育发展水平; (2)调查当地人的文化水平; (3)调查民族特点情况

2）需求调研

需求调研是市场营销调研的核心内容,其目的是了解市场需求量和客户需求。其主要内容包括:客户调查分析、市场需求及其变化、市场需求倾向及其变化、消费心理及其变化、消费结构及其变化和消费者购买行为等。需求调研步骤如下:

首先是市场容量调查,主要包括现有和潜在人口变化、收入水平、生活水平、本企业的市场占有率、购买力投向、客户对某类汽车的总需求量及其饱和点、汽车市场需求的发展趋势。

其次是汽车市场需求影响因素调查,如国家关于国民经济结构和汽车产业结构的调整和变化;客户的构成、分布及其消费需求状况;客户的现实需求和潜在需求的情况;客户的收入水平变化及其购买能力与投向。

再次是调查客户的购车动机和购车意向。

最后是客户购车行为的调查,如调查各阶层客户的购车欲望、购车动机、购车习惯、购车爱好、品牌偏好,客户对本企业和其他提供同类车辆的企业的欢迎程度等。

3）汽车产品调研

汽车产品调研包括对汽车新产品的设计、开发和试销;对现有汽车产品进行改良;对目标客户在产品款式、性能、质量、包装等方面的偏好进行调查;对汽车产品的供求形势及影响价格的其他因素变化趋势进行调查。

4)营销活动调研

汽车营销活动调研主要包括产品调研、分销渠道调研、价格调研、促销活动调研和售后服务调研。

(1)产品调研。

产品调研如产品生产能力调研、功能和用途调研;产品品牌命名、设计及决策调研、产品质量调研;产品使用的方便性、操作的安全性调研;产品生命周期调研及市场占有率调研等。

(2)分销渠道调研。

分销渠道调研如分销渠道现状调研,中间商销售情况,用户或消费者对经销商的印象及评价,分销渠道及策略的实施、评估、控制与调整等。

(3)价格调研。

价格调研如市场供求趋势以及对产品价格的影响、制约营销价格政策的有关因素、产品价格的供给弹性和需求弹性、新产品的价格政策、目标市场对本企业产品价格水平的反映。

(4)促销活动调研。

促销活动调研如推销人员的安排和使用情况、营销人员的销售业绩、各种促销措施对用户和消费者产生的影响、有效的人员促销战略与战术调研、各种公关活动和宣传措施对产品销售量的影响等。

(5)售后服务调研。

售后服务调研如消费者需要在哪些方面得到服务、服务质量如何、服务网点分布情况及主要竞争对手提供服务的内容与质量等。

5)竞争对手调研

竞争对手调研主要包括:竞争者的产品有何优势、竞争者所占的市场份额、竞争是直接竞争还是间接竞争、竞争者的生产能力和市场营销计划、竞争者的类型及主要竞争者、消费者对主要竞争者的产品的认可程度、竞争者产品的缺陷、消费者的需求中还有哪些未在竞争者的产品中得到满足等。主要内容见表1-2。

竞争对手调研主要内容　　　　　　　　表1-2

调研要素	调研的主要内容
竞争者的确认	有没有直接或间接的竞争对手?有哪些?
竞争者基本情况调研	(1)竞争对手的所在地和活动范围; (2)竞争对手的经营规模和资金状况; (3)竞争对手经营的车辆品种、价格、服务方式及在客户中的声誉和形象; (4)竞争对手新车型的经营情况; (5)潜在竞争对手的状况
竞争者的实力	按照竞争者力量对比,可分为强力竞争和弱力竞争。前者构成较大威胁,后者暂不构成较大威胁
竞争者的优劣势	竞争者经营管理的优劣势、经营车型与品牌的优劣势、网点、服务优劣势调查
竞争者的营销策略	竞争者的营销方式与策略、品牌与服务、价格、广告与促销、分销等策略的现状、应用及效果等

2. 汽车市场调查的方法

汽车市场调查通常采取问卷调查。问卷调查分为现场问卷、邮寄问卷、置留问卷和网络问卷等四种形式,现在大多以现场问卷和网络问卷为主。表1-3是网络调查和传统调查的优缺点对比。

网络调查与传统调查比较分析　　　　　　　表1-3

调查要素	网络调查	传统调查
调研费用	较低,主要是设计费和数据处理费。每份问卷所要支付的费用几乎是零	昂贵,需要支付的费用包括:问卷设计、印刷、发放、回收、聘请和培训访问员、录入调查结果和有专业市场研究公司对问卷进行统计分析等诸多方面
调查范围	全国乃至全世界,样本数量庞大	受成本限制,调查地区和样本均有限制
运作速度	很快,只需搭建平台,数据库自动生成,几天就可能得出有意义的结论	慢,至少需要2~6个月才能得出结论
调查时效	全天候进行	不同的被访者对其进行访问的时候不同
被访者的便利性	非常便利,被访者可自行决定时间地点回答问卷	不方便,要跨越空间障碍,到达访问地点
调查结果的可信性	相对真实可信	一般有督导对问卷进行审核,措施严格,可信性高
实用性	适合长期的大样本调查,适合要迅速得出结论的情况	适合面对面的深度访谈

网络市场调查,又称网上市场调查或联机市场调查,它指的是通过网络进行有系统,有计划,有组织地收集、调查、记录、整理、分析与产品、劳务有关的市场信息,客观地测定及评价现在市场及潜在市场,用以解决市场营销的有关问题,其调研结果可作为各项营销决策的依据。现如今,互联网的使用已经普及,由此网络市场调查也越来越受到调查者的青睐和受调查者的认可。

网络市场调查综合利用互联网的各种特点和优势,收集客户和潜在客户的有关信息,为网络营销的实施提供依据,其与传统市场调查相比,表现出明显不同。

1)调查员、被调查者的角色发生变化

在传统市场调查中,不管采用什么方法,最后总是要通过调查员对被调查者进行访问实施。传统调查所注重的是对调查员本身的训练和培养,如基本素质、沟通技巧、专业的训练等;而网络调查所要求的是电子问卷即网站、网页的设计,只要网站的内容能使上网者感兴趣,上网者就能主动参与网络市场调查。

2)调查样本以及选择方式的变化

传统的市场调查可以有多种随机选择样本的方法,这样能够保证市场调查具有一定的精确度,具体可根据不同的调查项目而采取简单随机抽样法、等距抽样法、分层抽样法、整群抽样法和多阶段抽样法等。但在网络市场调查中,由于没有了传统意义上的被调查者,上述的抽样方法也就失去了存在的基础。网络市场调查面临的是隐藏在显示器后面的各种上网者。虽然选择样本的方式不同于传统的市场调查,但网络市场调查最终会演变成对实实在在潜在消费者的调查。虽然整体代表性会有一定的差距,但是对于特定产品网络市场调查的样本仍然具有较高的代表性。这样网络市场调查就有与传统市场调查同样的意义和作用。

3)调查方法的改变

网络市场调查以网络为主要调查媒介。传统市场调查的具体实施方法有许多分类,从调查的手段来看有询问法、观察法和实验法,其中询问法还可以分为个别访谈法、深层访谈法、电话调查和邮寄调查等。在这些方法中,询问法是应用最为广泛的市场调查方法,各种询问法的具体方法会根据调查项目的实际情况而加以应用。

4)调查区域的变化

传统市场调查由于需要大量的人力、财力和时间,因此调查的范围一般局限在一个城市或一个地区进行;而网络市场调查,调查者只需在网络上发出自己的电子调查问卷即可,网络技术帮助了这种无区域调查的实施。

5)调查的形式更为复杂、形象

传统市场调查由于调查媒介的局限,调查问卷或调查方法都只能设计成简单易行的。但由于计算机技术的发展,可以在网上设计更复杂和多样化的多媒体调查问卷,以满足网络时代对市场调查的更高需求。与传统市场调查相比,网络市场调查具有一定优势,如:组织简单、费用低廉、调查结果客观性高、具有及时性与共享性、信息采集的可靠性较高、没有时空限制、其调查的周期大大缩短。

调查者除了应注意选择效果好的调研形式外,还应根据不同的调研目标,选择适宜的调查方法。现代调查理论提供了多种调查方法,如图 1-7 所示,调研者应结合具体调查特点选择使用一种或几种方法。

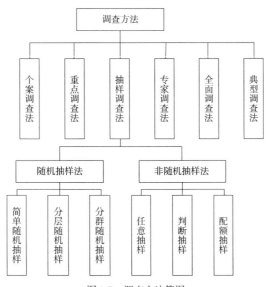

图 1-7 调查方法简图

各种调查方法的主要特点如下:

(1)个案调查法。以个别案例进行深入剖析,适合需要深入了解的调查对象。

(2)重点调查法。选择重点调查对象进行深入调查,有时可与个案调查同时进行。

(3)抽样调查法。即从调查对象整体中选取部分样本,通过对样本的调查,推测整体信息。这种方法又分为随机抽样法和非随机抽样法。适合于调查样本有很多的情况。

(4)专家调查法。即向专家进行的调查,调查结论一般具有较强的权威性。

(5)全面调查法。即对确定的对象逐一进行调查。这种方法可获得有关对象的全面、精确的信息,但耗费大量人力、物力、财力和时间。通常适用于调查对象较少的情况。

(6)典型调查法。即根据调研任务和被调查者进行科学分析,选择具有代表性的样本进行调查,有意识地选择其中的典型对象作为调研对象。若样本代表性强,可起到事半功倍的效果。

1.2.2 汽车市场调查问卷设计

1. 问卷的基本结构

1)问候及填写说明

应以亲切的口吻问候被调查者,使被调查者感到礼貌、亲切,从而增加回答问题的热情。简要说明填写要求,以提高调查结果的准确性。

在写导语时,可参照以下格式:

(1)感谢语:如,各位受访者大家好!(或感谢您阅读这份调查问卷或对您给予这一调查活动的帮助表示诚挚的感谢!)

(2)调查目的说明语:如,此卷是为了解现代人的消费现状而设计的。

(3)指导提示性语言:如,请您仔细阅读此调查问卷,在您认可项目□内画√并将您的选项填在括号内。

2)调查内容

调查内容即问卷的主体部分,一般设计若干问题要求被调查者回答。

3)被调查者的基本情况

被调查者的基本情况包括被调查者的性别、年龄、职业、文化程度等,根据调查需要,选择性列出,其目的是便于进行资料分类和具体分析。

2. 问卷的提问技术

1)封闭式提问

封闭式提问是指在问卷中已拟定了各种可能的答案,被调查者只能从中选择。这种提问方式的优点是被调查者回答容易,所得资料较为准确,因而成为目前进行问卷调查中提问的主要方式。

2)开放式提问

开放式提问是指调查的问题不列出答案,由被调查者根据自己的体会或看法随意填写。其优点是设计问题容易,并可以得到被调查者建设性的意见。缺点是被调查者不易回答问题,而且还受被调查者文化水平、态度等的影响,有可能得不到准确的信息。

3. 问卷设计的方式

目前常见的问题设计方式主要有自由回答式问题、是非题、量度答案题、等级答案题、多项选择题等。

1)自由回答式问题

让调查对象不受约束,自由回答问题。例如:

(1)您认为什么是女性轿车?

(2) 您认为中国女性汽车市场的发展前景如何?
(3) 您认为华普如果出女性车的话,其市场定位(或目标群体)应该是什么?
(4) 基于以上目标市场,您认为华普女性车的市场发展前景如何?
(5) 您对华普女性车的市场推广有什么建议和意见?

2) 是非题

让调查对象表明态度,好与不好、是与不是、实与不实等,因而又称简单选择题。例如:

(1) 您对华普女性车内饰配色是否喜欢? □喜欢 □不喜欢
(2) 您对华普女性车整体是否满意? □满意 □不满意
(3) 您认为本店接待服务是否热情? □热情 □不热情

3) 量度答案题

将问题答案按不同程度列出,供调查对象选填,则可以找到调查对象满意的评价,调查者亦可获得定量评价,例如,您认为华普女性车:

前照灯设计: □非常喜欢 □喜欢 □一般 □不喜欢
雾灯设计: □非常喜欢 □喜欢 □一般 □不喜欢
保险杠设计: □非常喜欢 □喜欢 □一般 □不喜欢

4) 等级答案题

让调查对象对不同商品服务排列先后次序或等级的问题方式,称为等级答案题,又称顺位法。例如,您认为华普女性车首先要提高质量的三项是:

□发动机 □制动性 □车身
□车门 □车窗 □车轮
□内饰 □座椅 □散热器

5) 多项选择题

问卷对问题列出多种答案,供调查对象选择符合自己意向的一种,对于了解客人消费动机和评价商品和服务的竞争力及所处地位这些多因素问题更为有效。例如,您来本店是因为:

□形象好 □设施完善 □服务热情
□环境美 □卫生 □舒适
□价格合理 □位置 □通信方便

4. 问卷的设计原则

问卷设计应具备下面八个方面的原则:

(1) 相关原则——紧扣调查的主题,调查问卷中除了少数几个提供背景的题目外,其余题目必须与研究主题直接相关。

(2) 逻辑性原则——上下连贯,各问题间要有一定的逻辑性。

(3) 礼貌原则——设计被调查者愿意回答的问题,调查问卷中尽量避免涉及个人隐私的问题,如收入来源;避免涉及会给答卷人带来社会或职业压力的问题,使人感到不满。

(4) 简洁原则——被调查问题要回答方便,调查问卷中每个问题都应力求简洁而不繁杂、具体而不含糊,尽量使用简短的句子,每个题目只涉及一个问题,不能兼问。

(5) 普遍性原则——问题要有普遍性。

(6) 准确性原则——问题界定要准确。调查问卷中如果要收集数量信息,则应注意要求调查对象答出准确的数量而不是平均数。例如,"在您的班级中六岁入学的有几人"和"在您的班级里学生平均几岁入学"。

(7)非导向性原则——问题不应带有引导性,调查问卷中所提出的问题应该避免隐含某种假设或期望的结果,避免题目中体现出某种思维定式的导向。例如:"作为教师,您认为素质教育能够更好地促进学生的健康成长吗?"。

(8)方便原则——调查问卷中的题目应该尽量方便调查对象回答,不必浪费过多笔墨,也不要让调查对象觉得无从下手,花费很长时间去思考。

本章小结

1. 本章从市场营销概述性知识入手,对于有一定的营销学基础知识的学生来说理解起来较容易。

2. 对于市场营销概述这部分知识,需要了解什么是市场,市场的三要素分别是什么;掌握市场营销的 R&D + M&S 模型,此模型主要讲述的是市场营销源于识别消费者的需求,按照消费者的需求进行开发研究产品工作,研究出的产品进行营销组合策略的制订,最后将商品进行销售和对商品进行售后服务。

3. 对于市场营销观念发展这部分知识,要求掌握汽车市场营销观念的类型,从最为传统的以量取胜的生产观念到以质取胜的产品观念,到以推销为主的推销观念,再到以客户为中心的市场营销观念,最后是可持续的社会营销观念,要求能够对案例进行分析。

4. 本章的另一重要内容是市场营销的调研。营销调研是指系统地、客观地收集、整理和分析市场营销活动的各种资料或数据,用以帮助营销管理人员制订有效的市场营销决策。这里的"系统"指的是对市场营销调研必须有周密的计划和安排,使调研工作有条理地开展下去。"客观"指对所有信息资料,调研人员必须以公正和中立的态度进行记录、整理和分析处理,应尽量减少偏见和错误。"帮助"指调研所得的信息以及根据信息分析后所得出的结论,只能作为市场营销管理人员制订决策的参考,而不能代替他们作出决策。

5. 通过本章的学习,力争使学生能够在线制订调研问卷,对于汽车市场营销的有关问题进行收集、分析,力求问卷的合理性、有效性。可以进行的调研问卷网站有问卷星(https://www.wjx.cn/)和问卷网(https://www.wenjuan.com/)等。

6. 探索新型的营销理念,能够利用案例分析大市场营销理念和绿色营销理念。开展与汽车有关的网络问卷收集,并分析所调研问题的结果。

自测题

一、单项选择题

1. 产生于资本主义国家,由"卖方市场"向"买方市场"的过渡阶段的营销观念是( )。

  A. 生产观念   B. 产品观念

  C. 推销观念   D. 市场营销观念

2. 推销观念和营销观念最本质的区别在于(　　)。
   A. 推销观念已经不适用于当今市场,而营销观念会有更广阔的前途
   B. 推销观念考虑如何把产品变成现金,而营销观念则考虑如何来满足客户的需要
   C. 推销观念产生于卖方市场,而营销观念产生于买方市场
   D. 推销观念注重卖方需要,营销观念则注重买方需要
3. 最容易导致企业出现"市场营销近视"的营销观念是(　　)。
   A. 生产观念　　　　　　　　B. 产品观念
   C. 推销观念　　　　　　　　D. 市场营销观念

二、多项选择题

1. 市场的构成要素包括(　　)。
   A. 人口　　　　　　　　　　B. 价格
   C. 购买力　　　　　　　　　D. 购买愿望
2. 下列选项中,属于传统经营观念的有(　　)。
   A. 生产观念　　　　　　　　B. 产品观念
   C. 推销观念　　　　　　　　D. 市场营销观念
3. 下列对于网上调查的缺点描述正确的是(　　)。
   A. 在安全上存在很大的风险　　B. 可靠性差
   C. 范围小　　　　　　　　　D. 效率低

三、判断题

1. 开放式问题一般是为了确认结果,在调研问卷时可以尽可能多地使用。　　(　　)
2. 福特T型车的生产属于典型的产品营销观念。　　(　　)
3. 绿色营销观念主要指的是生产绿色产品。　　(　　)

四、简答题

1. 简称市场营销与推销的区别。
2. 简称解释 R&D + M&S 的模型。
3. 举例说明在汽车销售过程中的开放性问题和封闭性问题。

第2章　汽车企业战略管理

导言

本章主要介绍了汽车市场营销战略相关概念、市场营销战略分析工具、战略种类以及STP战略。本章的学习内容力求使学生掌握如何进行战略分析等基础知识以及如何对相关的案例进行战略的确定。

学习目标

1. 认知目标
(1) 理解战略的特征。
(2) 掌握营销战略的概念。
(3) 掌握波士顿矩阵分析汽车企业的不同产品的方法。
(4) 掌握汽车营销战略的种类以及STP战略分析。
2. 技能目标
(1) 能够对案例进行波士顿矩阵分析。
(2) 能够对案例进行战略种类的确定。
3. 情感目标
(1) 培养认真分析问题、一丝不苟的学习习惯。
(2) 增强理解能力、思维能力和案例分析能力，提高学习兴趣。

克莱斯勒的起死回生

在美国,李·艾柯卡(图2-1)曾经是位英雄般的人物。他用3年时间把一个即将宣告破产的公司——美国三大汽车公司之一的克莱斯勒拯救过来。

艾柯卡从22~54岁,长达32年的时间里,他一直为福特效力。艾柯卡在福特的第一份工作是推销员,此后每隔几年上一个台阶,25岁的时候成为地区销售经理,38岁成为福特公司副总裁兼总经理,46岁升为公司总裁。

1978年,54岁的艾柯卡被老东家亨利·福特二世解雇。之后,艾柯卡接受了一个新挑战——应聘到濒临破产的克莱斯勒汽车公司出任总经理。他接手的是一个远远超过了他预期

图2-1　艾柯卡

的烂摊子。公司竟然有35位副总裁,而且各把一方,管理极为混乱,产品积压严重。迫在眉睫的麻烦是公司现金已经枯竭。经过调查,艾柯卡首先在精兵简政方面毫不手软地砍了"三板斧":第一斧,砍公司高层领导,公司35个副总裁先后辞退了33个,高层部门的28名经理撤掉了24个;第二斧,精简机构,压缩企业规模;第三斧,削减雇员。他先后解雇9万多人,裁员率超过50%,经纪人由5800人减少到3700人。其次,开源节流,共渡难关。他首先把原来定好的自己36万美元的年薪主动降为1美元,以换取管理层和普通员工同意减薪。他强调:"作为企业的领导,最重要的一点就是身先士卒,做出样子。这样员工的眼睛都看着你,大家都会模仿你。"1美元薪酬的做法在美国企业界是个先例,在后来有不少企业家在接手亏损严重企业时都学习这种做法,甚至已经成为惯例。例如,在日本被称为"经营之圣"的稻盛和夫,在金融危机后接手全日空航空,也是领1美元薪酬。最后,艾柯卡在这里开创了又一个先例——说服政府为濒临破产的企业提供贷款担保。在此之前,没有人敢想过,会有政府为一家企业提供贷款担保的可能性。在许多美国人,尤其是企业家群体和共和党政客眼里,克莱斯勒公司的请求违背了公平竞争的原则,是对美国传统和美国宪法精神的违背。但天才的营销大师艾柯卡成功化解了反对意见,并促使国会批准了看起来根本不可能通过的救助法案。艾柯卡的第一招是诉苦。他对媒体说"我这一辈子一直都是自由企业的拥护者,我是极不情愿来到这里的。但我们目前的处境进退维谷,除非我们能取得联邦政府的某种保证贷款,否则我根本没办法去拯救克莱斯勒。"艾柯卡的第二招是制造"日本汽车大举进攻,美国汽车公司全线陷落"的舆论攻势。他反复强调丰田等日本汽车对美国汽车市场咄咄逼人,导致三大汽车公司损失惨重。如果政府听任克莱斯勒破产,那么无疑会帮助日本汽车扩大市场,削弱美国汽车业的集团力量。美国政府如果不保护本国工业,将让曾经代表着美国企业光荣与梦想的汽车行业陷入深渊,并最终削弱美国的国力。艾柯卡的第三招是用数据吓唬国会和老百姓。他组织相关人员统计出如果公司破产,美国政府将在失业救济、社会福利等方面出现巨额开支,艾柯卡给出的数字是160亿美元。160亿美元的真金白银支出和15亿美元的贷款担保,对于美国政府来说必然会选择后者。1979年《纽约时报》的一篇报道的导语为:"国会今天早些时候通过了一项立法,向处于挣扎中的克莱斯勒公司提供15亿美元的联邦担保,这是有史以来最大的一项针对一家公司的援助计划。这项法案已经提交给卡特总统,他预计在圣诞节之前签署该法案。"

另外,艾柯卡是一个深谙人性的营销天才,他的另外一项天才创新是提出了汽车的分期付款销售方式。在福特担任销售经理的时候,他想出了一个推销汽车的绝妙办法:谁购买一辆福特汽车的新车型,只要先付20%的货款,其余部分可每月付56美元,3年付清。这一招使福特汽车在销量上呈火箭般直线上升趋势。福特迅速将这种分期付款方式在全国各地推广,公司的年销量猛增了7.5万辆。

1984年,艾柯卡为克莱斯勒赢得了24亿美元的利润,这比克莱斯勒汽车公司此前60年利润的总和还要多!

问题:艾柯卡能够拯救克莱斯勒的最主要的原因是他具有什么思想?

资料来源:http://www.tmtpost.com/499465.html

2.1 企业战略概念与特征

2.1.1 战略概念

迈克尔·波特(图2-2)是当今全球第一战略权威,被誉为"竞争战略之父",是现代最伟大的商业思想家之一,是当今世界上竞争战略和竞争力方面公认的权威。目前,他拥有瑞典、荷兰、法国等国大学的8个名誉博士学位。迈克尔·波特的三部经典著作《竞争战略》《竞争优势》《国家竞争优势》被称为竞争三部曲。迈克尔·波特认为:战略就是企业通过差异化的一体化经营活动创造持续的、独特的、有价值的竞争优势。它来自于企业完整的动态系统。这个系统是由竞争对手、客户、资金、人力、技术和资源适应性的互动过程所构成的。

图2-2 迈克尔·波特

2.1.2 战略特征

企业战略主要有以下五个特征:

(1)全局性。企业战略是以企业全体为对象,根据企业的不同时期、不同市场、不同情况下的发展需要而定制,它所体现的是企业未来发展的总体效果,也包括在全局发展过程中的关键性策略。

(2)指导性。企业的战略体现了企业主要的经营方向和远景目标,明确了企业经营的具体方针,并制订了为实现相关目标而采取的措施,在企业经营、管理等活动中起着重要的导向作用。

(3)长期性。企业战略是企业谋求长远发展要求的反映。为了完成企业的远景目标,企业战略必须经历一个长久的奋斗过程。除了根据市场变化进行必要的调整外,为了远景目标的更好实现而制订的发展战略是不允许朝夕令改的,因此它具有长效的稳定性。

(4)系统性。系统性是指企业立足于长远发展,确立了远景目标,制订了企业发展的总体战略,根据企业的发展战略设立各个阶段的目标及各阶段目标实现的相关策略,通过各个战略目标之间的相互联系,构成一个环环相扣的体系。

(5)风险性。企业做出任何一项决策都存在风险,战略决策也不例外,而且风险的影响最大。企业在制订发展战略时,必须深入研究市场、行业发展的趋势,确定的远景目标必须客观、实际,各个战略阶段的人力、财力、物力等资源必须调配得当,科学的选择适合企业发展的战略形态,这样制订出来的战略才能引导企业健康、快速发展。反之,会给企业带来严重的危机,甚至破产。

【资料】日本丰田汽车刚刚踏入美国市场时,并不成功,而且输得很惨。在20世纪60年代以前,"日本制造"往往是"质量差的劣等货"的代名词。此间首次进军美国市场的丰田车,同样难逃美国人的冷眼。丰田公司不得不卧薪尝胆,重新制订市场规划,投入大量人力和资金,有组织地收集市场信息,然后通过市场细分和对消费者行为的深入研究,去捕捉打入市场的机会。其具体策略有二:一是钻对手的空子。要进入几乎是"通用""福特"独霸的美国汽车市场,对初出茅庐的丰田公司来说,无疑是以卵击石。但通过调查,丰田公司发现美国的汽车市场并不是铁板一块。随着经济的发展和国民生活水平的提高,美国人的消费观念、消费方式正在发生变化。在汽车的消费上,已经摆脱了把车作为身份象征的旧意识,而逐渐把它视为一种纯交通工具;许多移居郊外的富裕家庭开始考虑购买第二辆车作为辅助;石油危机着实给千千万万个美国家庭上了一堂节能课,美国车的大功率并不能提高其本身的实用价值,再加上交通阻塞、停车困难,从而引发出对低价、节能车型的需求,而美国汽车业继续生产以往的高能耗、宽车体的豪华大型车,无形中给一些潜在的对手制造了机会。二是找对手的缺点。丰田公司定位于美国小型车市场。即便小型车市场也并非是没有对手的赛场,德国的大众牌小型车在美国就很畅销。丰田公司雇用美国的调查公司对大众牌汽车的用户进行了详细调查,充分掌握了大众牌汽车的长处与缺点。除了车型满足消费者需求之外,大众牌高效、优质的服务网打消了美国人对外国车维修困难的疑虑;而暖气设备不好、后座空间小、内部装饰差是众多用户对大众车的抱怨。对手的"空子"就是自己的机会;对手的缺点就是自己的目标。于是,丰田公司把市场定位于生产适合美国人需要的小型车,以国民化汽车为目标,吸收其长处而克服其缺点,如按"美国车"进行改良的"光冠"小型车,性能比大众牌汽车好,车内装饰也高出一截,连美国人个子高、手臂长、需要的驾驶室大等因素都考虑进去了。通过这样细腻和全面的战略规划,丰田汽车公司在美国终于站稳了脚跟。

资料来源:https://wenku.baidu.com/view/1595eb25ec3a87c24128c43c.html

2.2 汽车企业战略分析工具

2.2.1 五力模型

著名的管理大师迈克尔·波特提出的五种力量模型,从某种意义上来说属于外部环境分析方法中的微观分析。波特的五力模型主要用于竞争战略的分析,可以有效地分析出客户所处的市场竞争环境。波特的五力模型是对一个产业盈利能力和吸引力的有效分析。通常,这种分析法也可以用于企业创业能力的分析,以说明该企业在相关的产业或行业中具有何种盈利空间。五力模型如图2-3所示。

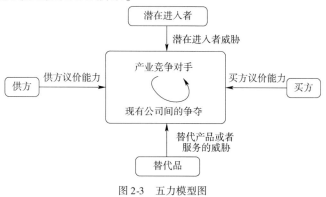

图2-3 五力模型图

1. 潜在进入者威胁分析

市场之外部分企业随市场的变化而进入本市场参与竞争,对本市场的现有企业构成威胁,这种威胁的大小主要取决于国家政策、法律、企业资金和相关技术状况等进入壁垒的高低以及目前市场中的企业的反应程度。进入门槛较高,会使竞争者相对较少,容易形成企业垄断,进入门槛较低,则会使进入者较多,企业之间的竞争会加剧。

进入障碍主要包括规模经济、产品差异、资本需要、转换成本、销售渠道开拓、政府行为与政策(如国家综合平衡统一建设的石化企业)、不受规模支配的成本劣势(如商业秘密、产供销关系、学习与经验曲线效应等)、自然资源(如冶金业对矿产的拥有)和地理环境(如造船厂只能建在海滨城市)等方面,其中有些障碍是很难借助复制或仿造的方式来突破的。预期现有企业对进入者的反应情况,主要是采取报复行动的可能性大小,这取决于有关厂商的财力情况、报复记录、固定资产规模、行业增长速度等。总之,新企业进入一个行业的可能性大小,取决于进入者主观估计进入所能带来的潜在利益、所需花费的代价与所要承担的风险这三者的相对大小情况。

2. 供方讨价还价能力分析

供方讨价还价的能力主要取决于供方产业的集中程度,相关货品的交易量以及产品差异化的程度。在五力模型中,供方产业的集中度越高,供方的供应量占购买者的比重越大,所供产品差异化程度越大,则供方讨价还价能力越强,企业的盈利额度就越小。一般来说,满足如下条件的供方集团会具有比较强大的讨价还价力量:

(1)供方行业为一些具有比较稳固市场地位而不受市场激烈竞争困扰的企业所控制,其产品的买主很多,以至于每一单个买主都不可能成为供方的重要客户。

(2)供方各企业的产品各具一定特色,以至于买主难以转换或转换成本太高,或者很难找到可与供方企业产品相竞争的替代品。

(3)供方能够方便地实行前向联合或一体化,而买主难以进行后向联合或一体化。

3. 买方讨价还价能力分析

对市场中买方讨价还价的能力产生影响的主要因素有买方集中度、买方购买的产品在其成本中所占比重、产品的标准化程度、产品的转换成本、买方的盈利能力和买方后向一体化的可能。其中,当买方企业相对集中,且购买的数量占很大比重,产品的标准化程度相对较高,转换成本相对较低,买方的盈利能力相对较低,买方可能后向一体化程度越高时,则买方讨价还价的能力越强。满足如下条件的购买者可能具有较强的讨价还价力量:

(1)购买者的总数较少,但每个购买者的购买量较大,占了卖方销售量的很大比例。

(2)卖方行业由大量相对来说规模较小的企业所组成。

(3)购买者所购买的基本上是一种标准化产品,同时向多个卖主购买产品在经济上也完全可行。

(4)购买者有能力实现后向一体化,而卖主不可能前向一体化。

4. 替代品压力分析

替代品指消费市场中具有近似的功能的几种商品,它们具有能够相互替代的性质。替代品竞争的压力越大,对企业的威胁越大。因为对于企业而言,如果市场中缺乏其他替代品,本企业产品就有市场。两个处于同行业或不同行业中的企业,可能会由于所生产的产品是互为替代品,从而在它们之间产生相互竞争行为,这种源自于替代品的竞争会以各种形式影响行业中现有企业的竞争战略。首先,现有企业产品售价以及获利潜力的提高,将由于存在着能被用户方便接受的替代品而受到限制;其次,由于替代品生产者的侵入,使得现有企业必须提高产品质量,或者通过降低成本来降低售价,或者使其产品具有特色,否则其销量与利润增长的目标就有可能受挫;最后,源自替代品生产者的竞争强度受产品买主转换成本高低的影响。总之,替代品价格越低,质量越好,用户转换成本越低,其所能产生的竞争压力就强;而这种来自替代品生产者的竞争压力的强度,可以具体通过考查替代品销售增长率、替代品厂家生产能力与获利扩张情况来加以描述。

5. 企业间竞争的分析

企业间的竞争是指某一产业内各个企业之间的竞争关系和程度。决定产业内企业间竞争激烈程度的主要因素有竞争者的多寡及力量对比、市场增长率、固定成本或库存成本、产品差异性及转换成本。在市场中,竞争者越多,产业进入成熟期时间越久,固定成本越高,产品差异性越低,则企业间的竞争越激烈。

一般来说,出现下述情况将意味着行业中现有企业之间竞争的加剧:行业进入障碍较低,势均力敌的竞争对手较多,竞争参与者范围广泛;市场趋于成熟,产品需求增长缓慢;竞争者企图采用降价等手段促销;竞争者提供几乎相同的产品或服务,用户转换成本很低;一个战略行动如果取得成功,其收入相当可观;行业外部实力强大的公司在接收了行业中实力薄弱的企业后,发起进攻性行动,结果使得刚被接收的企业成为市场的主要竞争者;退出障碍较高,即退出竞争要比继续参与竞争代价更高。在这里,退出障碍主要受经济、战略、感情以及社会政治关系等方面考虑的影响,具体包括资产的专用性、退出的固定费用、战略上的相互牵制、情绪上的难以接受、政府和社会的各种限制等。

行业中的每一个企业或多或少都必须应付以上各种力量构成的威胁,而且客户必须面对行业中的每一个竞争者的举动。除非认为正面交锋有必要而且有益处,例如,要求得到很大的市场份额,否则客户可以通过设置进入壁垒,包括差异化和转换成本来保护自己。当一个客户确定了其优势和劣势时(参见 SWOT 分析),客户必须进行定位,以便因势利导,而不是被预料到的环境因素变化所损害,如产品生命周期、行业增长速度等,然后保护自己并做好准备,以有效地对其他企业的举动做出反应。

2.2.2 波士顿矩阵

波士顿矩阵,是由美国著名的管理学家、波士顿咨询公司创始人布鲁斯·亨德森于1970年首创的一种用来分析和规划企业产品组合的方法。波士顿矩阵认为决定产品结构的基本因素主要有两个,即市场引力与企业实力。市场引力包括企业销售增长率、目标市场的容量、竞争对手的强弱及产品的利润高低等。企业实力包括相关市场占有率,相关技术、设备投资和资金利用情况等。

1. 基本原理

波士顿矩阵将企业所有产品从销售(需求)增长率和市场占有率角度进行再组合。在坐标图上,以纵轴表示企业销售增长率,横轴表示市场占有率,各以 10% 和 20% 作为区分高、低的中点,将坐标图划分为四个象限,依次为山猫类产品(?)、明星类产品(★)、金牛类(¥)、瘦狗类产品(×)。其目的在于通过产品所处不同象限的划分,使企业采取不同决策,以保证其不断地淘汰无发展前景的产品,保持"山猫类""明星""现金牛"产品的合理组合,实现产品及资源分配结构的良性循环。波士顿矩阵如图 2-4 所示。

图 2-4 波士顿矩阵图

2. 基本步骤

1)核算企业各种产品的销售增长率和市场占有率

销售增长率可以用本企业的产品销售额或销售量增长率。时间可以是 1 年或是 3 年甚至更长时间。市场占有率,可以用相对市场占有率或绝对市场占有率,但是用最新资料。基本计算公式为:

本企业某种产品绝对市场占有率 = 该产品本企业销售量/该产品市场销售总量

本企业某种产品相对市场占有率 = 该产品本企业市场占有率/该产品市场占有份额最大者(或特定的竞争对手)的市场占有率

2)绘制四象限图

通常以 10% 的销售增长率和 20% 的市场占有率为高低标准分界线,将坐标图划分为四个象限。然后把企业全部产品按其销售增长率和市场占有率的大小,在坐标图上标出其相应位置(圆心)。定位后,按每种产品当年销售额的多少,绘成面积不等的圆圈,按顺序标上不同的数字代号以示区别。定位的结果即将产品划分为四种类型。

3. 战略对策

波士顿矩阵对于企业产品所处的四个象限具有不同的定义和相应的战略对策。

1)明星产品

明星产品是指处于高增长率、高市场占有率象限内的产品群,这类产品可能成为企业的现金牛产品,需要加大投资以支持其迅速发展。采用的发展战略:积极扩大经济规模和市场机会,以长远利益为目标,提高市场占有率,加强竞争地位。发展战略以及明星产品的管理与组织最好采用事业部形式,由对生产技术和销售两方面都很内行的经营者负责。

2)现金牛产品

现金牛产品又称厚利产品。它是处于低增长率、高市场占有率象限内的产品群,已进入成熟期。其财务特点是销售量大,产品利润率高、负债比率低,可以为企业提供资金,而且由于增长率低,无须增大投资。因而成为企业回收资金,支持其他产品,尤其是明星产品投资的后盾。①把设备投资和其他投资尽量压缩;②采用榨油式方法,争取在短时间内获取更多利润,为其他产品提供资金。对于这一象限内的销售增长率仍有所增长的产品,应进一步进行市场细分,维持现存市场增长率或延缓其下降速度。对于现金牛产品,适合于用事业部制进行管理,其经营者最好是市场营销型人物。

现金牛业务指低市场成长率、相对市场份额高的业务,这是成熟市场中的领导者,它是企业现金的来源。由于市场已经成熟,企业不必大量投资来扩展市场规模,同时作为市场中的领导者,该业务享有规模经济和高边际利润的优势,因而给企业带来大量财源。企业往往用现金牛业务来支付账款并支持其他三种需大量现金的业务。如果公司只有一个现金牛业务,说明它的财务状况是很脆弱的。因为如果市场环境一旦变化导致这项业务的市场份额下降,公司就不得不从其他业务单位中抽回现金来维持现金牛的领导地位,否则这个强壮的现金牛可能就会变弱,甚至成为瘦狗。

3)山猫类产品

山猫类产品也称问号类产品。它是处于高增长率、低市场占有率象限内的产品群。前者说明市场机会大,前景好,而后者则说明在市场营销上存在问题。其财务特点是利润率较低,所需资金不足,负债比率高。例如,在产品生命周期中处于引进期、因种种原因未能开拓市场局面的新产品即属此类问题的产品。对问题产品应采取选择性投资战略。因此,对问题产品的改进与扶持方案一般均列入企业长期计划中。对问题产品的管理组织,最好是采取智囊团或项目组织等形式,选拔有规划能力,敢于冒风险、有才干的人负责。

4)瘦狗产品

瘦狗产品也称衰退类产品。它是处在低增长率、低市场占有率象限内的产品群。其财务特点是利润率低、处于保本或亏损状态,负债比率高,无法为企业带来收益。对这类产品应采用撤退战略:首先,应减少批量,逐渐撤退,对那些销售增长率和市场占有率均极低的产品应立即淘汰。其次,将剩余资源向其他产品转移。最后,整顿产品系列,最好将瘦狗产品与其他事业部合并,统一管理。

一般来说,相对市场占有率越高,这个单位的盈利能力就越强。此外,市场增长率越高,经营单位的投资需要量也越大,因为它需要发展和巩固市场地位。所以,一个企业的瘦狗和问题类产品不宜太多,明星类和金牛类产品不宜太少。同时各产品所处的情况也会变化,最初的"问题"产品,提高相对市场占有率后可能会成为"明星"产品。"瘦狗"产品经营得法,也可能转化为"问题"产品或"金牛"产品。因此,企业要从总体角度规划资金投入的数量和比例。

4. 运用

通常有四种战略目标分别适用于不同的业务。

1)发展

以提高业务单位的相对市场占有率为目标,有时甚至放弃短期收益。特别适用于"问题"类单位,通过增加投入,使其尽快成为"明星"类单位。

2)保持

以维持业务单位的相对市场占有率为目标。适用于"金牛"类单位,尤其是较大的"金牛"。其正处于成熟时期,维持更长时间,会提供更多的收益。

3)收割

以获取短期效益为目标,不顾长期效益。特别适用于弱小的"金牛"单位,因为其很快就会由成熟期转入衰退期。要趁其在市场上仍有一定地位时尽可能从它们身上获取更多的现金收入。这类战略也适用于下一步计划放弃的"问题"类和"瘦狗"单位。具体方法包括减少投资、降低质量、减少促销费用、提高价格等。

4）放弃

清理、撤销某些业务单位,减轻负担,以便把有限的资源用于效益较高的业务。这种战略尤其适合于没有前途或妨碍企业增加盈利的某些"问题"或"瘦狗"单位。波士顿矩阵战略具体如图 2-5 所示。

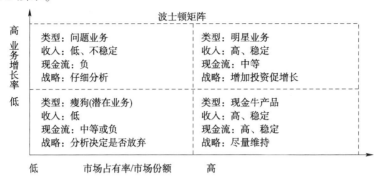

图 2-5 波士顿矩阵战略

在投资组合中,由于收割、放弃的业务而使企业目前现有的业务组合相对减少,因此,想要扩大企业现有的规模,必须要求企业建立一些新的业务,以代替旧业务进行组合,否则,就不能实现企业预定的利润目标。企业谋求新业务发展战略思路如下：首先,在现有市场业务范围内,寻找能够有进一步发展的机会；其次,分析从事某些与目前存在且利润良好的业务有关的新业务的可能性；最后,考虑开发与目前业务无关,但具有较强市场活力的新业务。这样,就形成了密集性发展、一体化发展、多角化发展三种新业务发展战略。

（1）密集性发展。

密集性发展是指在目标市场的全部潜力尚未达到极限时,企业充分利用现有的生产条件,加速发展。这种发展可用"产品—市场矩阵"来研究。它包括市场渗透、市场开发以及产品开发。

（2）一体化发展。

一体化发展是指企业将生产扩展到自己的原材料生产和探究产品的深加工,甚至扩展到同行业中其他企业的生产、经营领域的发展战略。一体化发展可分为向后一体化发展、向前一体化发展、水平一体化发展。

（3）多角化发展。

多角化发展是指企业利用经营范围以外的机遇,扩展市场,增加新产品业务或产品组合,实现跨行业、跨市场的多样化经营策略,使企业的人力、物力、财力等资源得到充分利用,以实现企业业务的快速增长。这种发展战略有三种形式,即同心多元化、水平多元化以及综合多元化。

2.3 汽车企业的竞争战略分类

战略规划是指按一定的步骤,使用合理的战略规划方法和工具,对企业经营的数据与资料进行有效地分析,最后得出一个完整的战略方案,该方案将使企业的经营目标与经营能力以及市场中变化中的营销机会相互适应与匹配,有机组合成一个整体。汽车企业的竞争根据企业自身的软硬件条件、目标市场规模以及目标市场的认可,在制订竞争战略时可以分为以下几种类型。

1. 成本领先战略

成本领先战略又称低成本战略,是指通过有效的途径,例如,加强成本控制,在生产研发、财务、营销等方面最大限度地降低产品、服务和管理成本等,使企业的全部成本明显低于竞争对手的成本,以获得同行业平均水平以上的利润,从而成为行业中的成本领先者。成本领先战略的具体内容见表2-1。

成 本 领 先 战 略 表 2-1

	要点	该战略的目标是成为整个行业中成本最低的制造商,以赚取更高单位利润,获取竞争优势
成本领先战略	优势	(1) 抵御竞争对手的进攻; (2) 具有较强的对供应商的议价能力; (3) 形成了进入壁垒
	适用情形	(1) 市场中存在大量的价格敏感用户; (2) 产品难以实现差异化; (3) 购买者不太关注品牌; (4) 消费者的转换成本低
	所需资源和技能	(1) 建立生产设备实现规模经济; (2) 能够在降低成本的同时满足消费者的需求; (3) 采用最新的技术来降低成本和改进生产力,或在可行的情况下采用廉价的劳动力; (4) 专注于生产力的提高; (5) 在高新技术行业中要充分利用学习曲线效应; (6) 将制造成本降到最低; (7) 获得更优惠的供应价格
	风险	(1) 可能被竞争者模仿,使得整个产业的盈利水平降低; (2) 技术变化导致原有的成本优势丧失; (3) 购买者开始关注价格以外的产品特征; (4) 与竞争对手的产品产生了较大差异; (5) 采用成本集中战略者可能在细分市场取得成本优势
	举例	(1) 快捷酒店采用成本领先战略与普通商务酒店竞争; (2) 电子产品抛弃部分华而不实的功能而降低成本; (3) 一些廉价航空公司通过多种途径实现成本领先等

成本领先战略在不同的企业和同一企业的不同发展阶段,所追求和所能达到的目标是不同的,其目标是多层次的。企业应当根据自身的具体情况,整体筹划,循序渐进,最终实现最高目标。此种战略的主要问题有以下几方面。

1)低成本所要求的大规模生产与消费者需求多样化难以同时兼顾

20世纪初期,福特汽车公司曾经是全世界销量排名第一的汽车公司。该公司通过投入高度自动化的设备,标准化的大规模生产等手段推行成本领先战略,它生产的T型车曾风靡全球,共销售了1500万辆,缔造了一个世界纪录。然而,随着人们收入水平的提高,市场开始更偏爱时髦式样、多变型号、舒适型的汽车。福特汽车公司没有重视这一市场需求的变化,而它的竞争对手通用汽车公司看到了这种趋势,投资开发型号齐全的各种汽车,并迅速占领了市场,最终取代了福特汽车公司排行第一名的位置。

2)低成本与高质量难以兼得

随着汽车市场的竞争日趋激烈,许多厂家被迫采用低成本战略展开竞争,于是汽车市场上的降价浪潮一浪接一浪。然而,一些车型降价了,但市场反应却很平淡,究其原因是因为产品降价的同时厂家降低了车型的配置,有些厂家甚至连基本的安全配置也删除了。消费者是很理性的,他们更注重汽车的安全系数,因此,推行成本领先战略必须从产品价值链的各个环节上下功夫,而不是在产品质量上耍"小聪明"。

3)降价可能引发本企业与同行之间的恶性竞争

低价占领市场是实施低成本战略的重要手段。然而,企业的一举一动都会引发竞争对手一连串的连锁反应。一个企业宣布降价,可能引起整个行业的价格跳水,而且在这场博弈中可能没有赢家。

2. 差异化战略

差异化战略又称别具一格战略,是指通过进行产品设计、品牌形象设计、产品技术特性设计、用户服务等途径,使企业产品、服务、企业形象等与竞争对手有明显的区别,以获得竞争优势而采取的战略。这种战略的重点是创造被全行业和客户都视为是独特的产品和服务。实现差异化战略,可以培养用户对品牌的忠诚度。在此需要强调的是,差异化战略并不意味着公司可以忽略成本,但此时成本不是公司的首要战略目标。差异化战略的具体内容见表2-2。

差 异 化 战 略　　　　　　表2-2

特点	(1)针对大规模市场,通过提供有差异的产品或服务取胜; (2)差异化来自于设计、品牌形象、技术、性能、营销渠道或客户服务; (3)吸引品牌忠诚度高且对价格不敏感的客户; (4)获得超过行业平均水平的收益,有可能获得比成本领先战略更高的利润率
适用情况	(1)产品能够充分地实现差异化,且为客户所认可; (2)客户的需求是多样化的; (3)企业所在产业技术变革较快,创新成为竞争的焦点
应具备的资源和技能	(1)强大的研发能力; (2)较强的产品设计能力; (3)富有创造性; (4)很强的市场营销能力; (5)企业在质量和技术领先方面享有盛誉; (6)能够获得销售商的有力支持
风险	(1)竞争者可能模仿,使得差异消失; (2)产品或服务差异对消费者来说失去了重要意义; (3)与竞争对手的成本差距过大; (4)采用差异化集中战略者能够在细分市场实现更大的差异化
举例	(1)某搜索网站专门提供不同于其他一般搜索服务的"即搜即用"信息; (2)某汽车公司提供时尚迷你汽车和彩色汽车; (3)某汽车客运公司通过超市销售车票; (4)某保险公司专打"亲情"题材和"一对一服务",提高客户忠诚度; (5)某制衣公司为客户提供定做时尚成衣

企业决定实施差异化战略,必须仔细研究客户的需求或偏好,以便决定将一种或多种差异化特色结合在一起形成独特的产品、技术或服务中心以满足客户的需要。同时,差异化与高市场占有率是不相容的,企业实施差异化战略有可能要放弃较高的市场占有率目标。

在现阶段,规模化已经成为汽车产品营销的重要特点之一。进行正确的客户分类是汽车产品差异化营销的正确方法。厂家和经销商首先要对市场进行科学合理的细分,在充分进行市场调研的基础上,对消费者行为和习惯,以及竞争对手的产品特点有一个充分的了解和把握。在此基础上进行科学的市场细分,随后建立一套消费者的汽车选择与评价标准。这种标准必须能够得到客户的认同。例如,居住在偏远山区的消费者,选择汽车产品时,重要标准之一就是发动机的输出转矩是否足够,否则在爬坡的时候会出现动力不足的情况。同时这部分客户群体对安全性的要求也是较高的。如果这些方面都得到了消费者的认同,那么其他的产品就会被消费者排除在外,企业也就取得了差异化营销的成功。

汽车产品的差异化营销策略可以从很多方面入手进行操作,下面仅就外形、价格、安全性和舒适性四个方面卖点的开发进行分析。

1)汽车外形方面卖点的开发

消费者往往通过外形来判断一部汽车的品牌、价值和品位。人们也可以通过外形来判断车主的个性与气质。成功的汽车品牌都十分注意外形方面的研发。在高端汽车市场上,宝马一向以敢于创新著称,从新7系开始,宝马大刀阔斧地对旗下各车型进行外形上的创新和修改。汽车产品的外形设计是最能体现汽车制造商水平的因素之一,也是汽车产品最直接的卖点。汽车厂商应该不断关注消费者对外形的需求,寻找消费者感兴趣的卖点,并把这些卖点和他们的利益之间建立一种必然的联系,强化消费者的认同感,从而影响其决策倾向。

2)汽车价格方面卖点的开发

价格是另一个进行差异化营销的突破口。产品定价对汽车市场的影响不言而喻。韩国现代汽车就以很高的配置、很低的价格风靡世界。降价是一把双刃剑,汽车企业应该把握好价格的艺术,充分切合市场形势和消费者的需求。当产品试图获得更高的销量,从而赢得更大的市场占有率的时候,可以试图在定价上与竞争对手拉开差距,从而获得性价比上的竞争优势。价格卖点是汽车生产企业打压竞争对手,获得更大市场销量和市场份额的有效武器,一向得到很多国内汽车企业的青睐。比如,国产的奇瑞、吉利和长安等汽车就以其价格优势占领了东南亚、南美、俄罗斯等发展中国家市场。

3)汽车安全性方面卖点的开发

汽车的安全性是衡量汽车档次与价值的重要因素之一,也是保障驾驶员与乘客安全的一项重要指标。目前,消费者对安全性的要求越来越高。汽车安全性方面的卖点主要分为车身安全保障与人身安全保障两部分。以宝马汽车为例,其超乎寻常的车身强度和刚性是提高驾驶员安全的一个重要因素,宝马的车身部件包括可逆碰撞减振器、更换非常省力的变形部件和整体式侧面碰撞保护系统等。

4)汽车舒适性方面卖点的开发

汽车驾乘的舒适性也成为衡量汽车档次与价值的重要指标。越是高端的汽车,其在舒适性方面投入所占比重越大。各个汽车品牌日益形成了各具特色的舒适性卖点的差异化营销。很多汽车厂商纷纷推出了适应人体动力学原理的舒适性座椅,乘坐起来非常舒适,比如,大众辉腾增加了靠背顶部,座椅的深度调节,并且座椅带有单独的空调,可以将空气加热或者冷却到需要的温度。雷克萨斯作为高端汽车品牌之一,使用最高端的音响系统,其音质足以与一套顶级家庭音响系统相媲美。

3. 集中化战略

集中化战略即聚焦战略,是指汽车企业把经营的目标重点放在某一特定购买群体,或者某种特殊用途的产品,或在某一特定区域上建立企业的竞争优势及市场地位。该战略的前提是:该汽车企业业务的专一化,能以更高的效率和更好的效果为某一狭窄的细分市场服务,从而超越在较广阔范围内的竞争对手。这样可以避免分散投资成大而弱的局面,容易形成企业的核心竞争力。集中化战略的具体内容见表2-3。

集 中 化 战 略　　　　　表2-3

特点	(1)针对某一特定购买群体、产品细分市场或区域市场; (2)采用成本领先或产品差异化来获取竞争优势的战略; (3)将资源和能力集中于目标细分市场,实现成本领先或差异化; (4)集中化战略一般是中小企业采用的战略
适用情况	(1)企业资源和能力有限,难以在整个产业实现成本领先或差异化,只能选定个别细分市场; (2)目标市场具有较大的需求空间或增长潜力; (3)目标市场的竞争对手尚未采用同一战略
风险	(1)竞争者可能模仿; (2)目标市场由于技术创新、替代品出现等原因导致需求下降; (3)由于目标细分市场与其他细分市场的差异过小,大量竞争者涌入细分市场; (4)新进入者重新瓜分市场
举例	(1)某手机制造商专门针对老年人而研发的手机,包括技术、服务、营销、售后增值等一系列举措; (2)专门针对"男女白领"而推出的旅游产品; (3)专门针对年轻人而提供的时尚、环保、多功能家具等

集中化战略的优点是适应了本企业资源有限这个特点,可以集中企业的全部力量向某一特定的市场提供最为优质的服务,而且经营相对目标集中,管理也非常方便,从而使企业经营成本降低,有利于企业资源的集中使用,实现企业生产的专业化,较大的实现企业规模经济的效益。

【案例】美国西南航空公司案例分析

20世纪90年代,西方经济进入衰退期,美国航空业因此受到极大影响。1991年、1992年两年,美国航空公司的赤字总额累计达80亿美元。曾经盛极一时的TWA、大陆、西北3家航空公司均因经营不善而宣告破产。但一家名叫西南航空公司的小企业却在一片萧条气氛中异军突起,并在1992年取得了营业收入增长25%的令人难以置信的佳绩。

西南航空公司的成功得益于该公司一贯坚持的营销战略和赫伯特·克莱尔的出色领导。这是一个小企业战胜大企业的经典案例。

第二次世界大战结束后,美国经济进入高速发展的繁荣期。在世界第三次科技革命的推动下,航空业等新兴工业蓬勃兴起。20世纪60年代末,美国GNP高达9741亿美元,人均收入为2579美元。生活水平的提高使人们对交通工具有了更高的要求,而飞行以快速舒适的特点受到人们的广泛青睐。20世纪60年代中期,美国有约莫7条国内定期航线。但当时的大航空公司更热衷于跨洋长途飞行,对短程空运业务则不屑一顾。而国内日趋频繁的商务旅行与美国过于广阔的疆土使短程运输业变成了有利可图的"战略性机会窗口"。1967年,克莱尔律师与罗林·金在餐桌上发现了这个窗口。他们以56万美元建立起西南航空公司,开始在大航空公司的夹缝中生存。

1968年,西南航空公司成立后,只经营达拉斯、休斯敦和圣安乐尼奥3个城市间的短程航运业务。在巨人如林、竞争残酷的美国航空界,克莱尔对战略性营销初始战略的选择无疑是明智的。在寻找"战略性机会窗口"即市场切入点时是通过SWOT分析法来实现的。S即Strengths(长处),W即Weaknesses(弱点),O即Opportunities(机遇)以及T即Threats(威胁)。前两者为企业内部因素,属可控变量;后两者是外部因素,属非可控变量。但是,它们可以被利用。

通过SWOT的系统分析法,西南航空公司进行了正确的市场定位。20世纪70年代,西南航空公司只将精力集中于得克萨斯州之内的短途航班上。它提供的航班不仅票价低廉,而且班次频率高,乘客几乎每个小时都可以搭上一架西南航空公司的班机。这使得西南航空公司在得克萨斯航空公司市场上占据了主导地位。

尽管大型航空公司对西南航空公司进行了猛烈的反击,但由于西南航空公司的经营成本远远低于其他大型航空公司,因而可以采取价格战这种最原始的方法,而且做到了任何一家大型航空公司都无法做到的低成本运营。

不论如何扩展业务范围,西南航空公司都坚守两条标准,即短航线和低价格。1987年,西南航空公司在休斯敦至达拉斯航线上的单程票价为57美元,而其他航空公司的票价为79美元。20世纪80年代是西南航空公司迅猛发展的时期,其客运量每年增长300%,但它的每英里运营成本不足10美分,比美国航空业的平均水平低了近5美分。

西南航空公司在选准战略性机会窗口后,低价格是保证它打赢这场战争的关键。为了维持运营的低成本,西南航空公司采取了多方面的措施。在机型上,该公司全部采用节省燃油的机型,节约了油钱,而且该公司在人员培训、维修保养、零部件购买上均只执行一个标准,大大节省了培训费、维护费。

同时,由于员工的努力,西南航空公司创下了世界航空界最短的航班轮转时间。当别的竞争对手需用1h才能完成乘客登机、离机及机舱清理工作时,西南航空公司的飞机只需要15分钟。在为客户服务上,西南航空公司针对航程短的特点,只在航班上为客户提供花生米和饮料,而不提供用餐服务。

一般航空公司的登机卡都是纸质的,上面标有座位号,而西南航空公司的登机卡是塑料的,可以反复使用。这既节约了客户的时间又节省了费用。

西南航空公司没有计算机联网的订票系统,也不负责将乘客托运的行李转机。对于大公司的长途航班来说,这是令客户无法忍受的,但这恰恰是西南航空公司的优势与精明之所在。它选择并进入这样一个狭小的战略性窗口,使大型航空公司空有雄厚的实力却无法施展。为了降低成本,它在服务和飞机舒适性上做了某些牺牲。但是,只要质量、安全、服务不是太差,客户还是很欢迎低价格的。

对于服务类企业来说,对自身及外界各基本要素进行深入分析,建立起战略性服务观是在竞争中处于不败之地的关键。到1993年,西南航空公司的航线已拓展到15个州的34座城市。它拥有141架客机,这些客机全部采用相对节油的波音737,每架飞机每天要飞11个起落,由于飞行起落频率高、精心选择的航线客流量大,所以西南航空公司的经营成本和票价依然是美国最低的,其航班的平均票价仅为58美元。而当西南航空公司进入加利福尼亚州后,几家大型航空公司不约而同地退出了洛杉矶—旧金山航线,因为它们无法与西南航空公司58美元的单程票价格展开竞争。在西南航空公司到来之前,这条航线的票价高达186美元。西南航空公司的低价格战略战无不胜,1991年,当克莱尔发现已找不到竞争对手时,他说:"我们已经不再与航空公司竞争,而要与行驶在公路上的福特车、克莱斯勒车、丰田车、日产车展开价格战,我们要把高速公路上的客流搬到天上去。"

在西南航空公司的发展过程中,克莱尔一直坚持稳健的发展战略。对于实力弱小的中小企业来说,四处出击乱铺摊子的"游击战"是无法取得战略性胜利的。克莱尔主张集中力量、稳扎稳打,看准一个市场后就全力投入进去,直至彻底占领该市场。他拒绝了开通高利润的欧洲航线的邀请,坚定不移地坚守短途航线,以避免与大航空公司兵刃相见,克莱尔对开通航线的城市也有着严格的标准。对每天低于10个航班客运量的城市,西南航空公司是不会开辟航线的。

资料来源:http://blog.sina.com.cn/s/blog-0481578f01019mco.html

2.4　STP目标市场营销战略

2.4.1　目标市场细分

1. 市场细分的含义

将市场划分成有意义的、相似的、可识别的部分或群体的过程叫作市场细分。

市场细分的目的是使营销人员能够调整营销组合来满足一个或多个细分市场的需求。

2. 市场细分的客观基础

首先,客户需求的异质性是市场细分的内在依据,如图2-6所示。

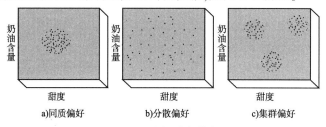

图2-6　不同的偏好模式

其次,企业的资源限制和有效的市场竞争是市场细分的外在强制条件。

3. 消费者市场细分的依据

市场细分要依据一定的细分变量来进行。消费者市场的细分变量主要有地理变量、人口变量、心理变量和行为变量四类,相应地,有四种消费者市场细分方法。

1)地理细分

所谓地理细分,就是根据消费者所在的地理位置以及其他地理变量(包括城市农村、地形气候、交通运输、人口密度等)来细分消费者市场。

2)人口细分

所谓人口细分,就是根据消费者的年龄、性别、家庭人口、家庭生命周期、收入、职业、教育、宗教、种族、国籍等人口变量来细分消费者市场。

3)心理细分

所谓心理细分,就是根据消费者的生活方式、个性等心理变量来细分消费者市场。

4)行为细分

所谓行为细分,就是根据消费者购买或使用某种产品的时机、所追求的利益、使用者情况、使用率、购买者待购阶段、品牌忠诚度、对产品的态度等行为变量来细分消费者市场。

(1)购买或使用某种产品的时机细分。时机可以被定义为某一特定时段。时机细分就是根据消费者产生需求、购买产品或使用产品的时机来细分市场。比如,贺岁档电影消费市场、黄金周市场、月饼市场等。

(2)所追求的利益细分。利益细分是根据客户从产品中寻求的利益而将他们分成不同的市场部分的过程。采用利益细分法的最好例子之一便是在牙膏市场中。调查发现有四种利益细分市场:经济型、药物型、化妆型和口感型。每一个利益群都有特殊的人口、行为和心理特征。

(3)使用者情况细分。许多商品市场都可以按照使用者情况,如非使用者、曾经使用者、潜在使用者、初次使用者和经常使用者等来细分。企业对潜在使用者和经常使用者要酌情运用不同市场营销组合,采取不同的市场营销措施。资金雄厚、市场占有率高的大公司,一般都对潜在使用者这类消费者群体感兴趣,它们着重吸引潜在使用者,以扩大市场阵地;小企业资金薄弱,往往看重吸引经常使用者。

(4)使用率细分。许多商品的市场还可以按照消费者对某种产品的使用率,如少量使用者、中量使用者和大量使用者来细分。这种细分战略又叫作数量细分。

(5)购买者待购阶段细分。消费者对某一产品的购买决策过程总是处于不同的阶段。有些人还不知道该种产品,有些人刚知道,有些人已产生兴趣,有些人已有购买欲望,有些人则决定购买。企业应根据消费者所处的不同阶段,采取相应的营销对策。

(6)品牌忠诚度细分。所谓品牌忠诚,是指由于价格、质量等诸多因素的引力,使消费者对某一品牌的产品情有独钟,形成偏爱并长期地购买这一品牌产品的行为。提高品牌的忠诚度,对于扩大市场占有率极其重要。

按照消费者对品牌的忠诚度这种行为变量来细分,可以把所有的消费者细分为四类不同的消费者群:铁杆品牌忠诚者、有限品牌忠诚者、游移忠诚者和非忠诚者。

(7)对产品的态度细分。消费者对企业产品的态度可以分为热衷、肯定、不关心、否定和敌视五种。

4. 市场细分的原则

(1)可衡量性。可衡量性是指细分市场的规模、购买力和特征是可以被测量和预测的。

(2)可进入性。可进入性是指企业有能力进入所选定的子市场。

(3)可盈利性。可盈利性指企业进行市场细分后所选定的子市场的规模足以使企业有利可图。

(4)可区隔性。细分出的市场在需求特点、购买要求等方面是有差异的。

2.4.2 目标市场选择

市场细分之后,企业就应该对细分市场进行评估,结合自身的实际情况,选择最具优势的子市场作为自己的目标市场。

1. 评估细分市场

1)细分市场的规模和增长程度

企业必须首先收集并分析各类细分市场的现行和预期的销售量、增长率。企业只对有适当规模和增长特征的市场感兴趣。

2)细分市场结构的吸引力

细分市场可能具备理想的规模和增长速度,但是在利润方面还缺乏吸引力。企业必须查明有关竞争的影响细分市场长期吸引力的重要结构因素。

3)企业目标和资源

即使某个细分市场具有合适的规模和增长速度,也具备结构性吸引力,企业仍需将本身的目标和资源与其所在的细分市场的情况结合在一起考虑。

2. 目标市场选择的模式

在评估不同的细分市场之后,企业就需决定选择哪些和选择多少细分市场。这就是目标市场选择问题。目标市场是指企业决定进入的、具有共同需要或特征的购买者集合。企业可以考虑下列五种目标市场选择模式:单一市场集中化、选择性专业化、产品专业化、市场专业化和整体市场覆盖化(图2-7)。

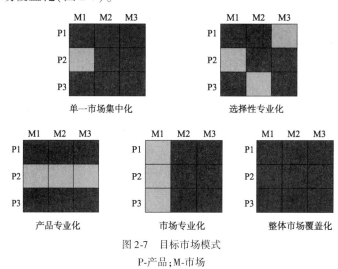

图2-7 目标市场模式
P-产品;M-市场

3. 目标市场覆盖战略的种类

1)无差异营销

无差异营销是指企业在市场细分之后,不考虑各子市场的特性,而只注重子市场的共性,决定只推出单一产品,运用单一的市场营销组合,力求在一定程度上满足尽可能多的客户的需求。无差异营销模式如图 2-8 所示。

图 2-8　无差异营销模式

2)差异性营销

差异性营销是指企业决定同时为几个子市场服务,设计不同的产品,并在渠道、促销和定价方面都加以相应的改变,以适应各个子市场的需要。差异营销模式如图 2-9 所示。

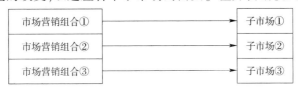

图 2-9　差异营销模式

3)集中性营销

集中性营销是指企业集中所有力量,以一个或少数几个性质相似的子市场作为目标市场,试图在较少的子市场上占有较大的市场占有率。集中性营销模式如图 2-10 所示。

图 2-10　集中性营销模式

2.4.3　目标市场定位

市场定位是指企业为了使自己生产或销售的产品获得稳定的销路,要从各方面为产品培养一定的特色,树立一定的市场形象,以求区别于竞争对手并在客户心目中形成一种特殊的偏爱。

1. 市场定位的步骤

(1)识别潜在竞争优势。

(2)选择相对竞争优势。

(3)显示独特竞争优势。

2. 市场定位的方法

(1)根据产品属性和利益定位。如大众汽车的"豪华气派",丰田汽车的"经济可靠",沃尔沃汽车的"安全"。

(2)根据产品价格和质量定位。

(3)根据产品用途定位。

(4)根据使用者定位。

(5) 根据产品档次定位。

(6) 根据竞争地位定位。

(7) 多重因素定位。

3. 市场定位的误区

1) 定位过低

定位过低是指目标客户对企业产品只有一个比较低档的印象,客户并没有真正地感觉到它有什么特别之处。

2) 定位过高

有些企业为了树立高档的形象,会为自己的某些高档产品和品牌做过分的宣传,从而冷落了也许是其销售额和利润最稳定来源的大众化产品的宣传。

3) 定位混乱

目标客户可能对企业产品的印象模糊不清,这就是企业产品定位混乱。

4) 定位漂浮

有些企业的定位让人感觉"不踏实",客户可能发现很难相信其在产品特色、价格或制造商方面的一些宣传。

4. 市场定位战略

1) 初次定位

初次定位是指新成立的企业初入市场,企业新产品投入市场,或产品进入新市场时,企业必须从零开始,运用所有的市场营销组合,使产品特色确定符合所选择的目标市场。

2) 重新定位

重新定位是指企业变动产品特色,改变目标客户对其原有的印象,使目标客户对其产品的新形象有一个重新的认识过程。

3) 迎头定位

迎头定位是指企业选择靠近于现有竞争者或与现有竞争者重合的市场位置,争夺同样的客户,彼此在产品、价格、分销及促销等方面差别不大。

4) 避强定位

避强定位是指企业回避与目标市场上的竞争者直接对抗,将其位置确定于市场"空白点",开发并销售目前市场上还没有的某种特色产品,开拓新的市场领域,或者运用不同的营销战略占领不同的市场。

本章小结

1. 本章主要讲述了汽车市场营销战略的特点、战略分析工具和三大市场营销战略。通过本章的学习,首先需要了解汽车市场营销战略的概念和特征,营销战略具有定位性、长期性、系统性和未来性等特征。

2. 本章另外一个主要内容是营销战略分析工具五力模型和波士顿分析工具,五力模型将大量不同的因素汇集在一个简单的模型中,以此分析一个行业的基本竞争态势。五力模型确定了竞争的五种主要来源,即供应商的讨价还价能力、购买者的讨价还价能力、潜在进入者的威胁、替代品的威胁、来自同一行业的公司间的竞争。一种可行战略的提出首先应该包括确认并评价这五种力量,不同力量的特性和重要性因行业和公司的不同而变化。

3. 波士顿矩阵认为一般决定产品结构的基本因素有两个:即市场引力与企业实力。能够体现市场引力的有销售额(量)增长率、目标市场容量、竞争对手强弱及利润高低等指标。其中最主要的是销售增长率,这是决定企业产品结构是否合理的外在因素。能够反映企业实力的有市场占有率、技术、设备、资金利用能力等指标,其中最主要的是市场占有率,这是决定企业产品结构的内在要素,销售增长率与市场占有率成为影响产品结构的主要因素,这两个因素相互作用,将出现四种不同性质的产品结构类型,形成不同的业务发展前景。明星类产品代表销售增长率和市场占有率"双高"的产品群,瘦狗类产品代表了销售增长率和市场占有率"双低"的产品群,山猫类产品代表销售增长率高、市场占有率低的产品群,现金牛类产品代表销售增长率低、市场占有率高的产品群。

4. 市场营销的低成本战略、差优化战略和集中化战略也是本章学习的一个重点。此外,目标市场营销战略的分析同样是本章的一个重点。

5. 要求学生能够探索新型的营销战略,利用互联网手段进行汽车营销战略案例的查询和分析。

自测题

一、单项选择题

1. 采用无差异性营销战略的最大优点是( )。
   A. 市场占有率高   B. 成本的经济性
   C. 市场适应性强   D. 需求满足程度高
2. 在波士顿矩阵中,明星类的战略业务单位的市场增长率下降到10%以下,就转入( )。
   A. 山猫类   B. 明星类
   C. 现金牛类   D. 瘦狗类
3. 某工程机械公司专门向建筑业用户供应推土机、打桩机、起重机、水泥搅拌机等建筑工程中所需要的机械设备,这是一种( )策略。
   A. 市场集中化   B. 市场专业化
   C. 全面市场覆盖   D. 产品专业化

二、多项选择题

1. 产品专业化意味着( )。
   A. 企业只生产一种产品供应给各类客户
   B. 有助于企业形成和发展其生产和技术上的优势
   C. 可有效地分散经营风险
   D. 可有效发挥大型企业的实力优势

2. 对山猫类业务单位,适用的投资战略有(　　)。
   A. 发展策略　　　　　　　　B. 维持策略
   C. 收缩策略　　　　　　　　D. 放弃策略
3. 市场细分的原则包括(　　)。
   A. 可控制性　　　　　　　　B. 可实现性
   C. 可区分性　　　　　　　　D. 可衡量性

三、问答题

某企业有 5 个战略业务单位。经测算,它们各自的市场增长率和相对市场占有率见表 2-4。

战略业务单位市场增长率和相对市场占有率　　　　表 2-4

战略业务单位	A	B	C	D	E
市场增长率	15%	9%	13%	6%	3%
相对市场占有率	3.2	5.0	0.6	2.6	0.7

问题:
(1)用波士顿咨询集团法分析这些战略业务单位分别属于什么类型?
(2)对这些战略业务单位应分别制订什么营销战略?

四、案例分析题

日本手表商进军美国市场时,经市场调查发现,美国手表市场竞争激烈,但容量大,并且美国和瑞士手表商的竞争者都把重点放在了 25% 的高端手表市场上,这给了日本手表商以可乘之机。他们发现占总份额 50% 的中端市场和 25% 的低端市场没有被满足,于是日本手表商主动放弃了名贵手表生产,转身进入了中、低档手表的销售市场。这样,式样新、走时准、价格低的日本手表迅速占领了美国市场。美国和瑞士的手表商再要进入为时已晚。

问题:
(1)日本手表商依据的是什么理论制订市场营销战略的?
(2)日本手表商采取的是什么目标市场策略?

第3章 汽车市场营销环境分析

导言

本章主要介绍了汽车市场营销的宏观环境和微观环境。通过本章的学习,力求使学生了解企业的宏观和微观环境分析,熟练掌握 SWOT 环境分析方法。

学习目标

1. 认知目标
(1) 理解宏观环境和微观环境的主要内容。
(2) 掌握 SWOT 环境分析方法。
2. 技能目标
(1) 能够对案例进行宏观和微观环境分析。
(2) 能够对案例进行 SWOT 分析。
3. 情感目标
(1) 培养认真分析问题、一丝不苟的学习习惯。
(2) 增强理解能力、思维能力和分析能力,提高学习兴趣。

日本丰田应对市场环境变化

1970 年,美国发布了限制汽车排放废气的"马斯基法"。而丰田早在 1964 年就把省油和净化技术列为自己的技术发展战略,并一直进行相应的技术研究。为了研制废气再循环装置和催化剂转换器,丰田 7 年间投入了 10000 亿日元的资金和 10000 人的力量,仅废气处理系统就开发出丰田催化方式、丰田稀薄燃烧方式和丰田触媒方式三种,并很快在"追击者"高级轿车上安装了这些装置,从而在这一技术领域把美国汽车公司远远甩在了后面。同时,丰田还与其他日本汽车厂家一起开发了节约燃料 25% ~ 30% 的省油车,以后又开发出了防止事故发生和发生事故后保证驾驶人员安全的装置。这些对受石油危机冲击后渴望开上既经济又安全的轿车的美国人来说无异于久旱逢甘露。5 年间,在其他厂家的汽车销售直线下滑的情况下,丰田在美国的销售却增加了 2 倍。

一位美国汽车行业人士事后对丰田的做法和当时美国汽车公司的反应发表了这样的看法:"在 1973 年阿以战争和接着出现的石油危机之后,对一些问题的回答是非常清楚的。整个世界陷于一片混乱之中,对这种局势我们必须立即作出反应。小型的、节油的、前轮驱动的汽车是今后的趋向。作出这样的推测不必是什么天才,只需要看看对底特律来说最可怕的 1974 年的销售数字就行了。通用汽车公司的汽车销售总数较往年下降了 150 万辆,福特公司的销售数也减少 50 万辆。小型车大多来自日本,而且销路极好。在美国,要提高生产小型车的效率是很费钱的事情。但是,有些时候,企业除了做出巨额投资之外,没有任何其他选择。通用汽车公司耗资数十亿来生产小型汽车。克莱斯勒公司也对节油型汽车投入了一大笔钱。但是,对亨利(福特的董事长)来说,生产小型车是没有出路的。他最喜欢说的一句话就是'微型汽车,低微利润'。"

"你又能靠小型汽车赚钱,这毕竟是对的——至少在当时的美国是这样。这一点,一天天变得更正确。这意味着我们也应该制造小型汽车,即使不会出现第二次石油短缺,我们也必须使我们的经销商保持心情舒畅。如果我们不向他们提供消费者需要的小型车,这些经销商便会与我们分手,另谋出路,甚至去为本田或丰田公司工作。严酷的现实是,我们必须照顾购买力较低的那部分市场。如果再加上爆发石油危机的因素,这种论点就更是正确无疑了。"

资料来源:https://wenku.baidu.com/view/e646e923657d27284b73f242336c1eb91a373387.html
分析:日本丰田汽车为什么会受到消费者的青睐?

3.1 汽车市场营销环境的概述

美国著名市场学家菲力普·科特勒认为市场营销环境就是影响企业的市场和营销活动的不可控制的参与者和影响力。汽车市场环境是汽车营销活动的约束条件。汽车营销管理者的任务不仅在于适当安排营销组合,使之与外面不断变化着的营销环境相适应,而且还要创造性地适应和积极地改变环境,创造或改变客户的需要。这样才能实现潜在交换,扩大销售,更好地满足目标客户的利益增长的需要。

3.1.1 分析汽车市场营销环境的意义

美国有两名推销员到南太平洋某岛国去推销企业生产的鞋子,他们到达后却发现这里的居民没有穿鞋的习惯。于是,一名推销员给公司拍了一份电报,称岛上居民不穿鞋子,这里没有市场,随后打道回府。而另一位推销员则给公司的电报称,这里的居民不穿鞋子,但市场潜力很大,只是需要开发。他让公司运了一批鞋来免费赠给当地的居民,并告诉他们穿鞋的好处。逐渐地,人们发现穿鞋确实既实用又舒适而且美观。渐渐地,穿鞋的人越来越多。这样,该推销员通过自己的努力,打破了当地居民的传统习俗,改变了企业的营销环境,获得了成功。

通过上述案例,我们可以得出分析汽车市场营销环境的意义在于:

1. 分析汽车市场营销环境是汽车企业市场营销活动的立足点

汽车企业的市场营销活动,是在复杂的市场环境中进行的。社会生产力水平,技术进步变化趋势,社会经济管理体制,国家一定时期的政治经济任务,都直接或间接地影响着汽车企业的生产经营活动,左右着汽车企业的发展。因此,市场营销必须适应环境的发展。

20世纪80年代,我国准备引进汽车车型生产乘用车,以满足国内市场的需要。当时国内改革开放刚刚开始,国外大多数企业采取观望态度或由一些规模不大的汽车公司以即将淘汰的产品提供合作生产。德国大众汽车公司通过对中国市场环境的深入研究,决定与我国合作生产轿车,并且经过论证、谈判、筛选,确定与实力最强的一汽集团和新发展的上汽集团合作生产适宜于中国制造、消费的轿车。经过10多年的发展,一汽集团与上汽集团从20世纪80年代至今一直掌握着我国轿车消费相当份额的市场,取得了巨大的成功。

2. 汽车市场营销环境分析使汽车企业发现经营机会,避免环境威胁

汽车企业通过对汽车市场营销环境的分析,在经营过程中发现经营机会,取得竞争优势;同时,避免环境威胁就是避免汽车营销环境中对企业不利的趋势。如果没有适当的应变措施,则可能导致某种产品甚至整个企业的衰退或被淘汰。

【资料】在开创汽车市场的时代时,许多人扔掉马车,来换汽车。对于这样一种市场来说,福特汽车顺应从乡村转入城市这一潮流,本身敞开式的T型车自然是完美无缺的。但是到了20世纪20年代,市场上的买已经有了自己的一辆车,他们对汽车运输方面的要求已不仅仅局限于经济实惠,而是要求有漂亮的颜色、四轮驱动、减振器、变速器和流线型车体。这时福特汽车公司只是对T型车进行局部改进;而通用汽车公司已通过对汽车市场营销环境的研究分析,转向提供多姿多彩、线条优雅的新型汽车。通用汽车公司的汽车既有方便的取暖器,又用自动离合器代替手柄,即使妇女驾车,也感到舒适惬意。由于福特汽车公司忽视了对变化的汽车市场营销环境的分析,没能及时把握经营机会,又没有对来自通用汽车公司的竞争威胁做出有效的反应,当通用汽车公司推出新型车雪佛兰时,福特汽车公司的T型车只能黯然退出历史舞台。

资料来源:http://wenku.baidu.com/link?url=mNeIFu8lAo8TD3FU0deYqiFr9vB7uPRxFQs-d966bafs-c0f9n7s1wVDhcLTLDOeoqAmsFQaQT6iB0gFOQusz1uPcAuM5AmwZ5-cshZpFtH7

3. 汽车市场营销环境分析使汽车企业经营决策具有科学依据

汽车市场营销受诸多环境因素的制约,是一个复杂的系统,企业的外部环境、内部条件与经营目标的动态平衡,是科学决策的必要条件。企业要通过分析找出自己的优势和劣势,发现给企业带来汽车市场上的相对有利条件和规避劣势的因素,使企业在汽车营销过程中取得较好的经济效益。

【资料】1983年,美国经济从石油危机中摆脱出来,汽车市场需求大增,而对美国最大汽车出口国日本却因"自愿出口限制"配额影响,每年只能向美国出口10万辆汽车,造成美国进口车供需之间巨大差距,加上日元升值,日本汽车制造商采取了高档车转移方针,而美国三大汽车厂商对低价车毫不重视,并趁日本车涨价之机调高同类汽车价格。引进日本三菱技术的韩国现代汽车公司,立足于对当时美国汽车市场营销环境的详细调查,分析、确定了质优价廉的产品战略,提出"日本车的质量,韩国车的价格"的营销推广口号,进军美国市场。进入当年,汽车销量就达到168882辆,是同期日本铃木汽车公司60983辆的近3倍。

资料来源:https://wenku.baidu.com/view/2553093ea26925c52dc5bf35.html

3.1.2 市场营销环境特点

汽车产业作为国民经济的支柱产业,对宏观环境与微观环境的变化反应非常敏感。一般来说,汽车市场营销环境有如下几个特点。

1. 客观性

企业总是在特定的社会经济和其他外界环境条件下生存、发展的。企业只要从事市场营销活动,就不可能不面对这样或那样的环境条件,也不可能不受到各种各样环境因素的影响和制约,包括微观的和宏观的。一般来说,企业是无法摆脱营销环境影响的,它们只能被动地适应营销环境的变化和要求。因此,企业决策者必须清醒地认识到这一点,要及早做好充分的思想准备,随时应付企业将面临的各种环境的挑战。

2. 差异性

汽车市场营销环境的差异性一方面表现在不同汽车企业受不同环境的影响,另一方面同一种环境的变化对不同汽车企业的影响也不相同。相应的,汽车企业为适应营销环境的变化所采取的营销策略也各不相同。例如,不同的国家、民族、地区之间在人口、经济、社会文化、政治、法律、自然地理等各方面存在着广泛的差异性,这些差异性对企业营销活动的影响显然不同。再如,我国汽车企业处于相同的国内经济环境、政治法律环境、技术环境、竞争环境等,但这些环境对不同企业影响的程度是存在着差异的。由于外界环境因素的差异性,汽车企业必须采取不同的营销策略才能应付和适应这种情况。

3. 多变性

构成汽车市场营销环境的要素是多方面的,不同的要素在不同的时空范围内又会随着社会的发展不断变化。这些要素的变化是不以人的意志为转移的,多变性是汽车市场营销环境的一个永恒的特性。

4. 相关性

汽车市场营销环境是由多方面要素组成的,不是由某一个单一要素决定的,这些要素之间相互作用、相互影响,共同决定着营销环境的变化。例如,企业开发新产品时,不仅要受到经济因素的影响和制约,更要受到社会文化因素的影响和制约。再如,价格不但受市场供求关系的影响,而且还受科技进步及财政政策的影响。因此,要充分注意各种因素之间的相互作用。

5. 动态性

营销环境是企业营销活动的基础和条件,这并不意味着营销环境是一成不变的、静止的。恰恰相反,营销环境总是处在一个不断变化的过程中,今天的环境与十多年前的环境相比已经有了很大的变化。例如国家产业政策,过去重点放在航天工业上,现在已明显向农业、轻工业、服务业倾斜,这种产业结构的变化对企业的营销活动带来了决定性的影响。再如我国消费者的消费倾向已从追求物质的数量化为主流正在向追求物质的质量及个性化转变。也就是说,消费者的消费心理正趋于成熟。这无疑会对企业的营销行为产生最直接的影响。

6. 不可控性

影响市场营销环境的因素是多方面的,也是复杂的,并表现出企业的不可控性。例如,一个国家的政治法律制度、人口增长以及一些社会文化习俗等,企业不可能随意改变。而且,这种不可控性对不同企业表现不一,有的因素对某些企业来说是可控的,而对另一些企业则可能是不可控的;有些因素在今天是可控的,而到了明天则可能变为不可控。另外,各个环境因素之间也经常存在着矛盾关系,例如,消费者对家用电器的兴趣与热情就可能与客观存在的电力供应的紧张状态相矛盾。那么这种情况就使企业不得不做进一步的权衡,在利用可以利用的资源前提下去开发新产品,而且企业的行为还必须与政府及各管理部门的要求相符合。

3.2 市场营销环境的构成

一般来说,市场营销环境主要包括两方面的构成要素:一是微观环境要素,即指与企业紧密相联,直接影响其营销能力的各种参与者,这些参与者包括企业的供应商、营销中间商、客户、竞争者以及社会公众和影响营销管理决策的企业内部各个部门;二是宏观环境要素,即影响企业微观环境的巨大社会力量,包括人口、经济、政治、法律、科学技术、社会文化及自然地理等多方面的因素。这两方面的因素如图3-1所示。

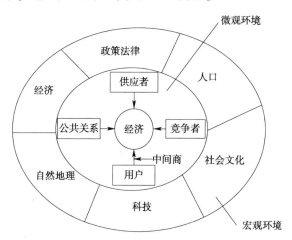

图3-1 企业市场营销环境的构成

微观环境直接影响和制约企业的市场营销活动,而宏观环境主要以微观营销环境为媒介间接影响和制约企业的市场营销活动。前者可称为直接营销环境,后者则称为间接营销环境。

两者之间并非并列关系,而是主从关系,即直接营销环境受制于间接营销环境。

3.2.1 汽车市场营销的微观环境

微观环境指与企业关系密切、能够影响企业服务客户能力的各种因素,包括企业自身、供应商、营销中介、汽车消费者、竞争对手和公众等。这些因素构成企业的价值传递系统。营销部门的业绩建立在整个价值传递系统运行效率的基础之上。

微观环境对营销行为的影响具有直接性、可控性和局部性等特征。对企业而言,微观环境中的某些因素,如企业内部组织机构设置、供应商的选择、销售渠道的选择都是可控的,企业可以结合自身的营销目标,对这些因素进行必要的调整和控制。同时,微观环境中某些因素,如竞争对手、客户群对市场营销的影响是局部的,客户群的选择只会影响局部的细分市场,竞争对手只对局部产品造成威胁。

1. 汽车企业内部市场环境

企业自身环境因素,主要是指企业的类型、经济实力、商业模式、组织机构以及企业文化等。

企业经济实力是支撑企业市场营销的物质基础;企业经营能力是支撑企业市场营销成功的物质基础,它往往以企业效益、产品销量和销售增长率等指标表现出来,为企业的生存和发展提供一片或大或小的空间;企业竞争能力则直接表现为在市场上所占有的地位和发展前景。人员是企业开展市场营销活动的根本条件:企业的资金是由人员去筹措和分配使用的,技术设备也要由人来掌握,并且企业从采购、生产到销售的整个活动过程都是由人来完成的。因此,企业中人员的整体素质,直接决定着企业的营销状况。在企业的人员中,又分为多种层次,有对企业的整个营销活动具有决策权的企业上层领导,有大量从事生产、技术、销售的工作人员。

企业进行市场营销的基础条件,除了物质要素外,还有精神要素,如企业的文化、组织形式、规章制度、领导者的营销管理水平、职工的素质等。要熟悉某一部门业务,执行企业上层领导决策的中层领导需要面对激烈的市场竞争,企业要生存发展,就不能不更加依托一种精神力量。企业文化,就是企业这一独立的经济实体以企业哲学、企业精神为核心的共同价值准则、行为规范、道德规范、生活信念和企业的风俗、习惯、传统等,以及在此基础上生成、强化起来的经营指导思想、经营意识等。

2. 生产供应商

供应商是指为汽车企业提供所需资源(如设备、能源、原材料、劳务、配套件等)以生产或服务的企业或个人。供应商供应的原材料价格的高低和交货是否及时,数量是否充足等,都会在一定程度上影响汽车产品的成本、售价、利润和交货期。供应商应该有一定的供应能力、价格优势和质量可靠的产品等。与供应商建立良好的业务关系是市场竞争的关键因素之一,形成有效的、多方位的营销网络,可以加强双方的理解、节约交易成本,缩短交易时间,降低风险等。因此,汽车企业应该认真研究和分析供应商的情况,随时关注产品所需各种材料的市场供应情况以及价格的变动趋势等。

生产供应者对企业的市场营销的实质性影响,从下面的例子可略见一斑。据介绍,1992年通用公司只有其德国子公司欧宝(Opel)公司盈利。该公司盈利的原因就在于其供应部最高经理罗佩茨先生出色的采购才能,使得欧宝公司从价格低廉的配套零部件中受益。大众汽车公司为摆脱不景气局面,不惜重金,于1993年将罗佩茨"挖走",任命其担任供应董事,希望借此扭转大众公司的亏损状况。就连大众公司董事长也说:"就大众公司而言,罗佩茨的重要性比我还高。"此例说明了生产供应者对企业市场营销(经济效益)的重要性。

所以,汽车企业对供应商的影响力要有足够的认识,尽可能处理好与供应商之间的关系,从而为本企业的市场营销开拓较为有利的微观环境。汽车工业所具有的一个显著的特征是它要求汽车企业与许多生产供应商之间进行广泛的专业化协作。汽车企业可以采取如下措施来处理与供应商之间关系:对其生产供应者采取"货比三家"的政策,开拓更多的供货渠道,这样既可保持与供应商的大体稳定的配套协作关系,又让他们之间形成适度的竞争,从而使本企业的汽车产品达到质量和成本的相对统一。实践表明,这种做法对企业的生产经营活动具有较好的效果。

另外,汽车企业可以采取逆向发展战略来处理他们与零部件(配套协作件)供应商的关系。即汽车企业在选择和规划好自己的零部件供应商后,还可从维护本企业市场营销的长远利益出发,在符合国家有关部门对汽车零部件工业和相关工业的发展政策规定下,兼并、收购或控股零部件企业,满足本企业生产经营及未来发展的配套要求。

现代企业管理论强调供应链管理,汽车企业应认真规划自己的供应链体系,将供应商视为战略伙伴,不过分牺牲供应商的利益,按照"双赢"的原则实现共同发展。

3. 营销中介

营销中介是指协助汽车企业促销、销售和经销其产品给最终购买者的组织或个人。它包括中间商、物流公司、营销服务机构和财务中介机构等。

(1)中间商。中间商是销售渠道公司,能帮助汽车企业找到汽车用户或把汽车售卖出去。中间商包括批发商和零售商。汽车企业应该寻找具备一定规模、有足够力量操纵交易条件的中间商进行有效合作。

(2)物流公司。物流公司是协助汽车企业把货物从产地运到目的地的经济实体。实体分配的要素包括包装、运输、仓储、装卸、搬运、库存控制和订单处理六个方面。其基本功能是调节汽车生产与消费者之间的矛盾。汽车企业要通过综合考虑成本、运输方式、速度及安全性等因素来决定运输和存储商品的最佳方式。

(3)营销服务机构。营销服务机构即协助汽车企业推出并促销其汽车产品到目标市场的机构。这些机构包括市场调查公司、广告公司、传媒机构和营销咨询机构。由于这些机构在资质、服务及价格方面变化较大,因此,汽车企业在选择营销服务公司时必须认真,并定期评估其绩效,以促进他们的创造力、质量和服务水平的提高。

(4)财务中介机构。财务中介机构包括银行、信贷公司、保险公司及其他金融机构,它们能够为汽车交易提供金融支持或对货物买卖中的风险进行保险。这些中介机构不直接从事商业活动,但对汽车企业的经营发展至关重要。

营销中介对汽车企业市场营销影响很大,它关系到汽车企业的市场范围、营销效率、经营风险、资金融通等,因而汽车企业应充分重视营销中介的作用,以获得他们的帮助,弥补企业市场营销能力的不足并不断地改善企业的财务状况。

4. 汽车消费者

汽车消费者是指汽车企业为之服务的目标市场的对象,是汽车产品的购买者、使用者。包括个人、家庭、组织机构、政府部门等。汽车企业市场营销活动都应以满足汽车用户的需要为中心,汽车用户是企业最重要的微观环境因素,汽车企业在汽车的市场营销过程中必须认真地分析和研究汽车用户的需要及其变化的情况。

按客户构成形式,客户市场可分为五类:消费者市场、企业市场、经销商市场、政府市场和国际市场。消费者市场由个人和家庭组成,他们仅为自身消费而购买商品和服务。企业购买商品和服务是为了深加工或在生产过程中使用。经销商购买商品和服务是为了转卖,以获取利润。政府市场由政府机构组成,购买商品和服务用以服务公众,或作为救济物资发放。国际市场由其他国家的购买者组成。每个市场都有各自的特点,销售人员需要对此做出仔细分析。

5. 竞争者

汽车行业是由多个汽车企业组成,各个企业必然有竞争对手。竞争者在不断抢占共同的目标市场,从而也加大了企业联系客户的难度。汽车企业要想获得较大的市场份额,在众多的竞争者中立于不败之地,除了满足目标市场汽车用户的需求外,还必须认真的研究竞争对手的销售战略,针对不同类型的竞争者,采取不同的竞争策略。从汽车消费需求的角度划分,企业的竞争者包括愿望竞争者、平行竞争者、产品形式竞争者和品牌竞争者。

愿望竞争者是指提供不同的产品以满足不同需求的竞争者。例如,消费者要选择一种万元消费品,他所面临的选择就可能有计算机、电视机、摄像机、出国旅游等,这时计算机、电视机、摄像机以及出国旅游之间就存在着竞争关系,成为愿望竞争者。例如,大众公司认为自己在与所有的主要耐用消费品生产商、旅游公司、新房产和房屋修理公司竞争。

平行竞争者是指提供能够满足同一种需求的不同产品之间的竞争者,其又称为形式竞争者。例如,自行车、摩托车、小轿车等都可以作为家庭交通工具,从而满足人们的出行需求,这些不同产品的生产经营者之间必定存在着一种竞争关系,他们也就相互成为各自的平行竞争者。例如,大众公司认为自己不仅与汽车制造商竞争,而且还与摩托车、自行车和卡车的制造商竞争。

产品形式竞争者也称行业竞争者,是指生产同种产品,但提供不同规格、型号、款式的竞争者。由于这些同种但形式不同的产品对同一种需要的具体满足上存在着差异,购买者有所偏好和选择,因此这些产品的生产经营者之间便形成了竞争关系,互为产品形式竞争者。例如,大众公司认为自己在与其他所有汽车制造商竞争。满足相同需求的同类产品内部又会有多种不同的品种、规格或型号,总称为形式。例如,自行车就有男式车、女式车、轻便车、加重车、平车、山地车、助力车、赛车等。自行车购买者作出的选择山地车的购买决策,这实际上是产品形式竞争的结果。因此,营销者可以把制造同样或同类产品的其他企业都广义地视为竞争者。

品牌竞争是指满足相同需求的、规格和型号等相同的同类产品的不同品牌之间在质量、特色、服务、外观等方面所展开的竞争。因此,当其他企业以相似的价格向同一客户群提供类似产品与服务时,营销者将其视为竞争者。品牌竞争者之间的产品相互替代性较高,因而竞争非常激烈,各企业均以培养客户品牌忠诚度作为争夺客户的重要手段。以汽车为例,大众、福特、丰田等众多产品之间就互为品牌竞争者。

6. 社会公众

社会公众是指对汽车企业市场营销目标的实现构成实际或潜在影响的一切社会团体和

个人。社会公众可能有助于增强一个企业实现自己目标的能力,也可能妨碍这种能力。鉴于公众会对企业的命运产生巨大的影响,精明的企业就会采取具体的措施,去成功地处理与主要公众的关系,而不是不采取行动和等待。大多数企业都建立了公共关系部门,专门筹划与各类公众的建设性关系。公共关系部门负责收集与企业有关的公众的意见和态度,发布消息,沟通信息,以建立信誉。如果出现不利于公司的反面宣传,公共关系部门就会成为排解纠纷者。企业面对的广大公众的态度,会协助或妨碍企业营销活动的正常开展。所有的企业都必须采取积极措施,树立良好的企业形象,力求保持和主要公众之间的良好关系。

汽车企业周围的公众一般包括七类公众:融资公众、传媒公众、政府机构、公民行动团体、地方公众、一般公众和内部公众。每一类公众对企业营销的活动,对企业及其产品的信念等有着不同程度的影响。如金融机构影响一个公司获得资金的能力;新闻媒体对消费者具有导向作用;政府决定有关法规、政策从而影响和制约企业的发展与生存;地方公众的态度影响当地消费者对企业产品的看法等。

3.2.2 汽车市场营销的宏观环境

宏观环境指能影响整个微观环境和企业营销活动的广泛性因素,它包括人口环境、自然环境与汽车使用环境、经济环境、科技环境、政策法律环境以及社会文化环境等。一般来说,宏观环境因素具有强制性、不确定性和不可控性等特点。一旦宏观环境发生变化,对某个行业或几个行业中的所有企业都会产生影响,企业只能密切关注这些因素的变化并努力去适应这些变化。

1. 人口环境

人口环境是指一个国家或地区(汽车企业目标市场)的人口总量、人口质量、家庭结构、人口性别、人口年龄结构及地理分布等因素的现状及其变化趋势。

人口环境对汽车产品的市场规模、产品结构、消费层次、购买行为等都会产生一定的影响。与汽车市场营销相关的人口环境因素主要有:

(1)人口数量。一个国家或地区的人口总量,会在很大程度上影响着汽车消费市场总的容量。人口数量越多,汽车消费市场的容量就可能会越大。我国是一个人口数量庞大的国家,汽车消费市场还具有很大的潜力。

(2)人口的质量。人口的质量主要是指人口受教育的程度,受教育程度不同的消费者在汽车消费过程中表现出明显的差异性。总的来说,在受教育程度较高的国家或地区,汽车的消费市场比较活跃。

(3)人口的年龄结构。人口的年龄结构特点直接影响着汽车消费市场的消费特性。不同年龄结构的消费者,对汽车的喜好和选择表现出相当大的差异性。如青年人喜欢具有活泼的外观和较强的动力性能的汽车;中老年人则喜欢具有较好的安全性和稳重的外观表现的汽车。

(4)人口的收入情况及职业特点。人口的收入状况将直接决定消费者是否具备汽车消费能力以及汽车消费的层次。不同的收入阶层对汽车消费的消费层次表现出明显的差别,一般收入的家庭首选的是节油的经济型汽车,而高收入的阶层的消费者则追求代表汽车身份象征的高档轿车。人口的职业特点将影响消费者对汽车车型的选择,不同职业特点的人在选择汽车的时候应该带有明显的职业性倾向。

2. 经济环境

经济环境有狭义和广义之分。广义的经济环境指整体经济形势的变化,包括市场环境变化、竞争规则的变化以及客户行为变化;狭义的经济环境指那些能够影响客户购买力和消费方式的经济因素,包括居民收入、商品价格、居民储蓄及消费者的支出模式等。我们这里主要阐述狭义的经济环境。它主要体现在以下三方面:

1)消费者实际收入状况

消费者收入包括工资、奖金、退休金、红利、租金、赠给性收入等,但由于受通货膨胀、风险储备、个人税赋因素的影响,实际收入经常低于货币收入。实际收入只是货币收入扣除通货膨胀、风险储备、税收因素影响后的收入。可能成为市场购买力的消费者收入还有"可支配的个人收入"与"可随意支配的个人收入"之分,前者是指货币收入扣除消费者个人各项税款(所得税、遗产税)以及交给政府的非商业性开支(学费、罚款等)后可用于个人消费、储蓄的那部分个人收入,这是影响消费者购买力和消费者支出的决定性因素;后者则是指在扣除消费者个人基本生活用品支出(食物、衣服等)和固定支出(房租、保险费、分期付款、抵押借款等)后的那部分个人收入。因此,企业市场营销人员必须注意经常分析这种消费者收入的变动状况以及消费者对其收入的分配情况。一般情况下,可随意支配的个人收入主要用于对奢侈品的需求。

2)消费者储蓄与信贷状况

在消费者实际收入为既定的前提下,其购买力的大小还要受储蓄与信贷的直接影响。从动态的观点来看,消费者储蓄是一种潜在的、未来的购买力。在现代市场经济中,消费者的储蓄形式有银行存款、债券、股票和不动产等,它往往被视为现代家庭的"流动资产",因为它们大都可以随时转化为现实的购买力。在正常状况下,居民储蓄同国民收入成正比变动,但在超过一定限度的通货膨胀的情况下,消费者储蓄向实际购买力的转变就极易成为现实。消费者信贷是指消费者以个人信用为保证先取得商品的使用权,然后分期归还贷款的商品购买行为,它广泛存在于西方发达国家,是影响消费者购买力和消费支出的另一个重要因素。在西方国家,消费者信贷主要有四种形式:日常用品的短期赊销、购买住宅时的分期付款、购买耐用消费品时的分期计息贷款以及日益普及的信用卡信贷。因此,研究消费者信贷状况与了解消费者储蓄状况一样,都是现代企业市场营销的重要环节。

3)消费者支出模式的变化

所谓消费者支出模式,是指消费者收入变动与需求结构变动之间的关系。其变化状况主要受恩格尔定律的支配,即随着家庭收入的增加,用于购买食物的支出比例将会下降,用于住宅、家务的支出比例则大体不变,而用于服装、交通、娱乐、保健、教育以及储蓄等方面的支出比重会大幅上升。除此以外,消费者支出模式的变化还要受两个因素的影响,一个是家庭生命周期,另一个则是消费者家庭所处的地点。显然,同样的年轻人,没有孩子的丁克家庭与普通家庭的消费方式差异较大。家庭所处的位置也会构成家庭支出结构的差异,居住在农村与居住在城市的家庭,其各自用于住宅、交通以及食品等方面的支出情况也必然不同。从经济学的角度来看,居民收入、生活费用、利率、储蓄和借贷形式都是经济发展中的主要变量,它们直接影响着市场运行的具体情况。因此,注意研究消费者支出模式的变动走势,对于企业市场营销来说,具有重大意义,它不仅有助于企业未来时期内避免经营上的被动,而且还便于企业制订适当的发展战略。

3. 自然环境与汽车使用环境

1) 自然环境

自然环境是影响企业营销活动的基本因素。自然环境是指影响社会生产的自然因素,主要包括自然资源和生态环境。自然环境对汽车企业市场营销的影响有两方面:一是自然资源的减少将对汽车企业的市场营销活动构成一个长期的约束条件。由于汽车生产和使用需要消耗大量的自然资源,汽车工业越发达,汽车普及程度越高,汽车生产消耗的自然资源也就越多,而自然资源总的变化趋势是日益短缺。二是生态环境的恶化对汽车的性能提出了更高的要求。生态与人类生存环境总的变化趋势日趋恶化,环境保护将日趋严格,而汽车的大量使用又会明显地产生环境污染,因而环境保护对汽车的性能要求将日趋严厉,这对企业的产品开发等市场营销活动将产生重要影响。

汽车企业为了适应自然环境的变化,应采取的对策包括:

(1) 发展新型材料,提高原材料的综合利用。例如,第二次世界大战以后,由于大量采用轻质材料和新型材料,每辆汽车消耗的钢材平均下降10%以上,自重减轻达40%。

(2) 开发汽车新产品,加强对汽车节能、改进排放新技术的研究。例如,汽车燃油电子喷射技术、主动和被动排气净化技术等都是汽车工业适应环境保护的产物。

(3) 积极开发新型动力和新能源汽车,如国内外目前正在广泛研究电动汽车、燃料电池汽车、混合动力汽车、其他能源汽车等。

2) 汽车使用环境

汽车使用环境是指影响汽车使用的各种客观因素,一般包括自然气候、地理、车用燃油、道路交通、城市道路建设等因素。

(1) 自然气候。自然气候包括大气的温度、湿度、降雨、降雪、降雾、风沙等情况以及它们的季节性变化。自然气候会对汽车的起动、润滑、冷却、充气效率或制动等产生影响,同时对汽车零配件的正常工作和使用寿命也产生直接影响。这就需要根据不同的气候条件,有针对性地开发适应于不同环境特点的汽车。

【资料】凯越的发动机和变速器,出自澳大利亚霍顿、德国ZF等世界级企业,还经历了严酷的本土化试验,证明其适合中国差异悬殊的气候与广袤疆域,才最终打上别克品牌。凯越先后到地温70摄氏度以上的新疆吐鲁番做抗热爆震试验,到海拔4500米以上的西藏德庆做抗高原动力性试验,以及到零下30摄氏度以下的黑龙江黑河做抗寒冷起动试验等,挑战并征服了恶劣环境的极端考验。

资料来源:中山日报2003-07-24 第3121期C1版

(2) 地理因素。这里所指的地理因素主要包括一个地区的地形地貌、山川河流等自然地理因素和交通运输结构等经济地理因素。汽车企业应面向不同地区推出具有针对性的汽车产品。

【资料】华东是我国经济发达地区,轿车的需求量大。一汽集团投放华东地区的奥迪轿车,上海市的购买量就占了近一半,江浙两省的销售量也明显上升。但是,对于华北、西北和青藏高原来说,二汽生产的东风卡车却具有不可动摇的地位。显然,东风的成功,也是与其目标市场的地理环境的准确定位是分不开的。

资料来源:http://www.docin.com/p-494363587.html

(3)车用燃油。车用燃油包括汽油和柴油两种成品油。车用燃油对汽车企业营销活动的影响有:

①车用燃油受世界石油资源不断减少的影响,将对传统燃油汽车的发展产生制约作用。例如,20世纪在两次石油危机期间,全球汽车产销量大幅度下降。

②车用燃油中汽油和柴油的供给比例影响到汽车工业的产品结构,进而影响到具体汽车企业的产品结构。例如,柴油短缺对发展柴油汽车就具有明显的制约作用。

③燃油品质的高低对汽车企业的产品决策具有重要影响,例如燃油品质的不断提高,汽车产品的燃烧性能也应不断提高。

车用燃油是汽车使用环境的重要因素,汽车企业应善于洞察这一因素的变化,并及时采取相应的营销策略。例如,日本各汽车企业在20世纪70年代就成功地把握住了世界石油供给的变化趋势,大力开发小型、轻型、经济型汽车,在两次石油危机中赢得了主动,为日本汽车工业一跃成为世界汽车工业的强国奠定了基础,而欧美等国的汽车企业因没有把握好这一因素的变化,以至于形成日后被动的局面。

(4)道路交通因素。良好的公路交通条件有利于提高汽车在交通运输体系中的地位。公路交通条件好,有利于提高汽车运输的工作效率,提高汽车使用的经济性等,从而有利于汽车的普及;反之,公路交通条件差,则会减少汽车的使用。此外,汽车普及程度的增加也有利于改善公路交通条件,能为企业的市场营销创造更为宽松的条件。

(5)城市道路建设。城市道路是汽车使用环境中的又一个重要因素,关注城市的道路面积占城市面积的比例、城市交通体系及结构、道路质量、道路交通流量、立体交通、车辆道路密度以及车辆使用附属设施等因素的现状及其变化,将对企业制订有关汽车市场营销活动、政策有着不同程度的帮助。

交通状况好的地区更能促进汽车的销售,相反,差的交通状况对汽车销售有一定的制约。例如,在珠江三角洲、长江三角洲的一些城市,由于交通条件较好,公路多且质量高,在一定程度上带动了汽车的消费,而在交通状况较差的西部地区,汽车的消费明显不足。另外,交通状况还会影响到消费的汽车车型。如西部地区,由于交通条件相对较差,更适合使用越野车、SUV、MPV等车型。

4. 科技环境

科技环境是指一个国家和地区整体科技水平的现状及其变化。科学技术一旦与生产结合起来就会对企业的经营活动产生巨大的影响,伴随而来的是新兴产业的出现、传统产业的被改造和落后产业的被淘汰。

科技环境直接影响企业内部的生产和经营,给企业市场营销既带来了机会,也带来了威胁。表现在:科技进步促进综合实力的增强,国民购买能力的提高,从而给企业带来更多的营销机会;技术进步使大部分产品生命周期缩短、产品更新速度加快,由过去的几十年、十几年缩短为现在的几年、一年,甚至更短;科学技术在生产中的应用,改善了产品的性能,降低了产品的成本,使得产品的市场竞争能力提高;科技进步促进了营销手段的现代化,引发了营销手段和营销方式的变革,极大地提高了企业的营销能力。

一般来说,科技环境对汽车市场营销的影响主要表现在以下几个方面。

1)科学技术对汽车性能的影响

进入21世纪以后,科学技术得到日新月异的发展。许多新科学和新技术在汽车结构上得到了广泛的应用,从而提高了汽车的性能。

2)科学技术对汽车材料的影响

科学技术既然影响着汽车的性能,必然会影响生产汽车的材料。传统的汽车材料多用钢材,而现在和未来的汽车将会更多地采用塑料、橡胶、玻璃、陶瓷等材料或者合成材料,如铝镁合金、碳素纤维等制成,以达到重量轻、耐磨损、抗冲击、寿命长、故障少、成本低的特点。目前,这种"非钢化"的趋势不但越来越明显,而且出现了越来越强劲的势头。从前的加拿大伐木工人,现在的法国艺术家路易·德韦达尔先生制作的汽车和摩托车,从汽缸、油箱、底盘、轮胎到车门、窗框、车灯、电线等全由木头制成,只有轮胎是橡胶做的。目前,汽车是消耗金属最多的产业之一。

3)科学技术对汽车生产的影响

科学技术对汽车生产的影响首先表现在生产方式上,显然,现代化、机械化、自动化、电子化的生产方式无论在效率还是效益方面都比手工操作有更多的优势。福特汽车公司的成功就是最为典型的证明。

4)科学技术对汽车销售的影响

传统的汽车销售是从直接销售开始的。先是产销合一,再是店铺直销。直接销售渠道虽然越来越接近消费者,但是,随着生产规模和销售任务的日益扩大,间接渠道的销售方式还是浮出了水面。经过销售商和代理商来销售汽车,虽然可以起到广泛分销的作用,却也增加了销售的成本。加之经销商和代理商的经济实力和经营能力参差不齐,在某些情况下,还会使企业的信誉和形象以及经济效益受到消极的影响。然而,随着信息时代的到来和虚拟市场的出现,一线通天下、网络连万家,全球的汽车销售业务必然会产生一次惊心动魄的革命。利用互联网销售汽车,企业不但可以轻而易举地走向世界市场、深入千家万户,而且可以省却漂洋过海的艰辛、跋山涉水的劳顿,以最低的代价得到最大的效益。同时,对于消费者来说,也可以实现"坐地日行八万里,行天遥看一千河"的梦想,坐在家里阅尽天下汽车。比完天下价格,买到自己满意的汽车。"互联网上看照片、连锁店里看实物、金融中心交货款、配送中心开汽车"作为一种崭新的汽车销售模式,已经受到越来越多的汽车生产厂家及其消费者的青睐。

5. 政策法律环境

1)政策环境

政策环境是指对汽车产品的营销活动产生明显影响的政府有关方针、政策的统称。从形式上看,它包括中央政府和地方政府颁发的多种形式的行政法规;从性质上看,包括鼓励性政策和限制性政策;从政策与经济活动的关系看,包括经济政策和非经济政策等。政策由政府部门颁布并贯彻实施,要求所辖区内的有关组织或个人遵守,并对违反者给予行政处罚。营销者的营销活动应符合政策规定,并注意其倾向性、稳定性和连续性。此外,还应注意一个国家的政体、政局、社会矛盾及与邻国的关系等因素的现状及其变化。

对我国汽车营销者而言,应密切注意的政策包括、市场经济体制及中长期基本经济政策、汽车工业产业政策、税收政策、进口管理政策。

2)法律环境

法律是指由国家或地方立法机关制定的更为科学的、更为稳定的"政策"。国家有关法律对市场营销起促进作用。例如,《汽车产业发展政策》《汽车品牌销售管理实施办法》《二手车流通管理办法》《汽车贷款管理办法》《汽车金融机构管理办法》《缺陷汽车产品召回管理规定》《汽车产品外部标识管理办法》《汽车消费政策》《汽车三包管理办法》。汽车市场营销除受基本法规影响外,还受技术标准和技术法规的影响,例如,汽车排放控制、安全指标和油耗等。

另外,目前我国制定了许多鼓励汽车更新的政策,鼓励汽车消费是针对汽车的潜在消费者而言的,而鼓励汽车更新则是针对汽车的现在消费者来说的。旧的不去,新的不来,只有不断地吐故纳新,汽车消费市场才能保持旺盛的生命力。鼓励汽车更新的政策主要有以下两种:第一,新车更换政策,对愿意更换新车的消费者给予一定的经济补贴;第二,旧车报废政策,即执行科学的汽车报废标准以促进汽车更新。

总之,政策法律环境包括非常丰富的内容,其现状及变化对企业市场营销影响重大,是企业重要的营销环境。

6. 社会文化环境

社会文化环境是指一个国家、地区或民族的传统文化。它影响人们的购买行为,对企业不同的营销活动具有不同的影响程度。社会文化的发展与变化,决定了市场营销活动的发展与变化。例如,在1960年前,人们在第二次世界大战后心理比较庄重、严肃,汽车颜色多以深色为主(如黑色)。后来,由于日本汽车工业的崛起,追求自由自在的生活成为时尚,汽车流行色变得以轻快、明亮为主(日本人喜欢白色)。

就汽车而言,虽然它只是一种具体的文化形态,但是,在它身上所表现出来的整体文化积淀,往往比其他产品更为强烈,具有鲜明的个性特征。美国人的奔放、日本人的精细、欧洲人的贵族遗风和中国人的权威崇拜等,都会在消费的汽车产品上有所体现。因此,汽车的市场营销必须顾及市场细分和目标市场的文化环境,从而提高产品、定价、分销和促销策略的针对性。

【资料】已有80年历史的日本本田汽车公司,是日本汽车的后起之秀。该公司之所以成功,与他们所奉行的"本土化策略"是分不开的,即以文化的高度适应性来开拓市场。在他们进入美国市场的时候,并不是向美国人推销自己的产品,而是在美国本土建立研制和开发据点,致力于生产和销售符合美国人需要的汽车,从而取得了很大的成功。

资料来源:http://www.docin.com/p-494363587.html

另外,由于我国各地区之间在收入、文化、消费习惯等方面存在巨大差别,以前可选择的车型少,不同地区的消费者购车行为存在"趋同效应",但现在他们对车型的喜好、对价格的敏感度、对品牌的认知度都出现了分化。比如,广东消费者偏爱日本车,中高档轿车的需求量较大,成都消费者喜爱经济型轿车,而在北京,几乎什么品牌的轿车都能够卖得掉。汽车消费文化的区域化特征,给汽车厂家的市场研究工作提出了更高的要求。

汽车文化在汽车产品中的具体体现主要有以下几个方面。

1) 时尚个性色彩折射了汽车文化的差异

有研究表明,人们在挑选商品的时候,存在一个"7秒钟定律",即面对琳琅满目的商品,人们只要7秒钟,就可以确定对这些商品是否有兴趣。在这短暂而关键的7秒之中,色彩的作用达到了67%,成为决定人们对商品喜好的重要要素。那么,汽车厂商该如何打好色彩营销这张牌呢?汽车厂商欲把色彩打造成汽车营销的热卖元素,其中要满足的一个重要条件是色彩要服务于地域文化。不同的国度对汽车色彩的喜好与需求是不同的,例如,德国人喜欢银灰色,美国人喜欢蓝、绿、红,日本人喜欢黑色与白色。

2) 车牌号码反映了汽车文化

车牌号码也异化成为汽车文化的另一种符号。在上海的一次车展期间,上海33辆公务车首次面向社会公开拍卖,成交总额达366.4万元,平均每辆约为11.1万元。其中,一辆车牌号为"沪D-R2828"的别克轿车,以22.4万元落槌,成为拍卖会的"状元秀"。此次拍卖的33辆公务车中,有不少车的车牌尾号都由一些人心目中的"吉祥数字"组成,例如"5858""6036""4688""8788"等,这些车颇受买家的追捧。其中一辆车牌号为"沪A-G8788"的奥迪100型轿车,从6.4万元拍到了11.4万元。另外两辆车况基本类似的奥迪100型轿车,其中一辆车牌号为"沪A-D4688",另一辆为"沪A-A6217",前者的落槌价较后者高出4.6万元。

3) 汽车杂志传播汽车文化

汽车杂志火过文学期刊,是汽车文化的又一特征。在大大小小的报亭,各类汽车杂志声势浩大,俨然成了大众读物中的一类新宠:《汽车杂志》《汽车之友》《车迷》《车王》《车世纪》《汽车导报》《中国汽车画报》《汽车商情周刊》……涵盖了从汽车技术到艺术设计、社会文化的各个层面。

4) 汽车人群引发社交汽车文化

在北京、上海和杭州等中国较发达城市,圈子化生存正在成为现代城市人较为主流的生活方式。中国人素来讲究"人以群分",随着家用汽车的普及,新的圈子形成了,那就是以车的不同品牌自动类聚的人群,即以车为文化符号形成的城市生活社交圈。

在随机调查中,杭州很多有车族都已加入到"车友会"这一新的社交圈生活中。车友会的规模和声势全仗该品牌在杭州的拥有量。每个车友会都有自己的网站,有版主管理。一位新的蒙迪欧车主很快就能在网上找到自己的"家",注册成为会员,然后就有了归属感。会员除了网上交车友外,还经常组织一些休闲和自驾游的活动。

购买汽车就是对一种文化的认同。车友之间形成一个新社交圈很正常,因为购买同品牌车的车友之间,或许存在着一种类似的社会和文化价值观,还有类似的职业背景、经济状况、业余爱好等。

【案例】福特汽车公司在20世纪90年代的宏观营销环境分析

1. 经济环境

影响汽车工业和福特汽车公司成长的几个经济因素有利率、汽车价格的上涨、美元的价值和美国总体的经济大环境。

为了预测经济的变化,福特公司的经济学家和其他的经济分析人士分析了许多经济变量或"主要的指标",其中一些指标包括批发和消费价格指数、耐用品订货量、消费者负债量、GNP增长、利率。通常这些变量在复杂的经济预测模型中作因变量来模拟经济以及准确地预测经济趋势。

福特公司主要的几个经济学家预测,从长期看,汽油价格预计将持续上涨,生产费用将用于保证安全性、控制污染和油耗上。

在北美装配的日本轿车的数量将很快达到每年200万辆,将会出现供大于求,这可能威胁美国汽车市场的价格结构并且给美国市场上各商家的收益带来负面影响。

尽管多数经济学家认为美国经济将有下降的趋势,但对经济的衰退前景以及何时可能发生衰退意见不一。

2. 政治环境

对汽车制造商们来说,20世纪90年代将标志着一个日益增加的政府管制制度和环境上的压力的新纪元,促使他们提高燃料效率、安全标准和污染控制水平。净化空气的要求、全球变暖及新油耗标准的出台都将给福特公司的新产品计划蒙上阴影。一些分析家预言,到2000年油耗标准将达到40~50英里/加仑。

在欧洲和澳大利亚,福特公司有着巨大的市场潜力,销售网遍布两大陆,并且在英国、德国、比利时和西班牙都有组装厂。福特公司还拥有日本马自达汽车公司25%的股份。随着汽车工业变成真正的国际行业,福特公司还将在国外寻求合资伙伴。

东欧政治上的变化可能打开了一个巨大的、未开发的汽车市场,劳动力市场也很有利,贸易、投资和销售的机会将会改进。然而仍有极少一部分人认为事情不会发展那么快,因为政治局势还不稳定,而且基础设施不完善和缺少硬通货也是问题。但美国、欧洲和日本的公司已在筹划和东欧的官员谈判,意图分享市场份额。

在中国,汽车工业发展的前景不是很明朗,福特公司在中国这种情况下并未采取任何明显的行动。通用汽车公司放弃了其在中国与富士汽车公司建立合资企业的计划。多数分析家始终认为中国市场中很多行业是有利可图的,但由于中国经济还不够发达,所以汽车工业的获利可能会更慢些。

3. 社会环境

20世纪90年代的社会和经济趋势研究表明,汽车工业总会有大量的购买者,他们有购买的倾向,并有购买新车的能力,其中三种人群对汽车工业来说具有特殊的意义,他们分别是人口快速增长时期出生的人群、妇女和老人。

第一类群体会有更多的自由收入来购买汽车,而且有相当一部分人会购买豪华车或跑车。他们和老人对娱乐型车的需求也将有所增加,而对货车和微型货车的需求有所减少,因为他们的家庭已经成熟。然而,第一类群体中的蓝领阶层细分市场更喜爱美国车和国产的微型货车。

将有越来越多的妇女购买新车,并有望在汽车市场上表现出与男人相同的购买力。越来越多的汽车厂商倾向于向这类女性做广告。

最后一个显著的群体是55岁以上的老年人,他们占新车消费者的25%,并且这个比例还将升高。老年购买者倾向于驾驶的安全和方便,包括警告欲睡驾驶员的电子系统、不刺眼的表盘和简化的电子控制设备。

4. 技术环境

未来的汽车将变得更加容易操作,并装有智能系统:快速敏捷的计算机会使发动机和传送系统的运转更加高效;电子悬浮系统、雷达障碍扫描系统会帮助驾驶员避免车祸;导向系统在荧屏上显示各种可选择的路线,以帮助驾驶员避免交通堵塞。自动变色玻璃和红外系统可提高夜间的可视度,刹车防抱死系统、安全气囊和牵引控制将会标准化。

塑料的使用将会增加,因为其重量轻,相对钢材价格便宜,并且不会腐蚀。通过运用计算机来设计模型和样车,将会成为未来的趋势。并且在未来的5年内,将会有一万辆电动车在南加利福尼亚投入使用。

在生产中,机器人技术的使用将会更加广泛。今后,汽车生产商将会开发出使用替代燃料的汽车。

资料来源:http://www.doc88.com/p-1394326928965.html

3.3 汽车市场营销环境分析

3.3.1 PEST 分析

PEST 分析是指宏观环境的分析,宏观环境又称一般环境,是指影响一切行业和企业的各种宏观力量。对宏观环境因素做分析,不同行业和企业根据自身特点和经营需要,分析的具体内容会有差异,但一般都应对政治、经济、技术和社会这四大类影响企业的主要外部环境因素进行分析。简单而言,称之为 PEST 分析法,如图 3-2 所示。

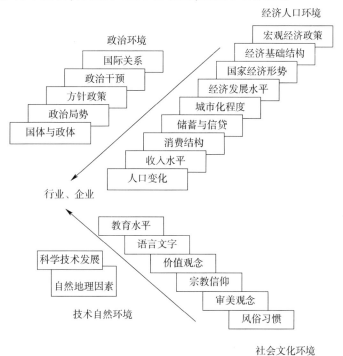

图 3-2 PEST 分析图

1. 政治环境

政治环境包括一个国家的社会制度、执政党的性质、政府的方针、政策、法令等。不同的国家有着不同的社会性质,不同的社会制度对组织活动有着不同的限制和要求。即使社会制度不变的同一国家,在不同时期,由于执政党的不同,其政府的方针特点、政策倾向对组织活动的态度和影响也是不断变化的。

2. 经济环境

经济环境主要包括宏观和微观两个方面的内容。宏观经济环境主要指一个国家的人口数量及其增长趋势、国民收入、国民生产总值及其变化情况以及通过这些指标能够反映的国民经济发展水平和发展速度。微观经济环境主要指企业所在地区或所服务地区的消费者的收入水平、消费偏好、储蓄情况、就业程度等因素。这些因素直接决定着企业目前及未来的市场大小。

3. 社会文化环境

社会文化环境包括一个国家或地区的居民教育程度和文化水平、宗教信仰、风俗习惯、审美观点、价值观念等。文化水平会影响居民的需求层次;宗教信仰和风俗习惯会禁止或抵制某些活动的进行;价值观念会影响居民对组织目标、组织活动以及组织存在本身的认可与否;审美观点则会影响人们对组织活动内容、活动方式以及活动成果的态度。

4. 技术环境

技术环境除了要考察与企业所处领域的活动直接相关的技术手段的发展变化外,还应及时了解:

(1) 国家对科技开发的投资和支持重点。

(2) 该领域技术发展动态和研究开发费用总额。

(3) 技术转移和技术商品化速度。

(4) 专利及其保护情况,等等。

3.3.2 SWOT 分析

营销者必须善于分析营销环境的变化,研究相应的对策,提高企业市场营销的应变能力。只有如此,企业才能在"商战如兵战""市场无常势"中立于不败之地。

SWOT 分析法(也称 TOWS 分析法、道斯矩阵)即态势分析法,20 世纪 80 年代初由美国旧金山大学的管理学教授韦里克提出,经常被用于企业战略制订、竞争对手分析等场合。在现在的战略规划报告里,SWOT 分析应该算是一个众所周知的工具。来自于麦肯锡咨询公司的 SWOT 分析,包括分析企业的优势、劣势、机会和威胁。因此,SWOT 分析实际上是将对企业内外部条件各方面内容进行综合和概括,进而分析组织的优劣势、面临的机会和威胁的一种方法。通过 SWOT 分析,可以帮助企业把资源和行动聚集在自己的强项和有最多机会的地方。

优劣势分析主要是着眼于企业自身的实力及其与竞争对手的比较,而机会和威胁分析将注意力放在外部环境的变化及对企业的可能影响上。在分析时,应把所有的内部因素(即优劣势)集中在一起,然后用外部的力量来对这些因素进行评估。

1. 机会与威胁分析

随着经济、社会、科技等诸多方面的迅速发展,特别是世界经济全球化、一体化过程的加快,全球信息网络的建立和消费需求的多样化,企业所处的环境更为开放和动荡。这种变化几乎对所有企业都产生了深刻的影响。正因为如此,环境分析成为一种日益重要的企业职能。

环境发展趋势分为两大类:一类表示环境威胁;另一类表示环境机会。环境威胁指的是环境中一种不利的发展趋势所形成的挑战,如果不采取果断的战略行为,这种不利趋势将导致公司的竞争地位受到削弱。环境机会就是对公司行为富有吸引力的领域,在这一领域中,该公司将拥有竞争优势。

2. 优势与劣势分析

识别环境中有吸引力的机会是一回事,拥有在机会中成功所必需的竞争能力是另一回事。每个企业都要定期检查自己的优势与劣势,这可通过"企业经营管理检核表"的方式进行。企业或企业外的咨询机构都可利用这一格式检查企业的营销、财务、制造和组织能力。每一要素都要按照特强、稍强、中等、稍弱和特弱划分等级。

竞争优势可以指消费者眼中一个企业或它的产品有别于其竞争对手的任何优越的东西,它可以是产品线的宽度、产品的大小、质量、可靠性、适用性、风格和形象以及服务的及时、态度的热情等。虽然竞争优势实际上指的是一个企业比其竞争对手有较强的综合优势,但是明确企业究竟在哪一个方面具有优势更有意义,因为只有这样,才可以扬长避短,或者以实击虚。由于企业是一个整体,而且竞争性优势来源十分广泛,所以,在做优劣势分析时,必须从整个价值链的每个环节上,将企业与竞争对手做详细的对比。如产品是否新颖,制造工艺是否复杂,销售渠道是否畅通以及价格是否具有竞争性等。如果一个企业在某一方面或几个方面的优势正是该行业企业应具备的关键成功要素,那么,该企业的综合竞争优势也许就强一些。需要指出的是,衡量一个企业及其产品是否具有竞争优势,只能站在现有潜在用户角度上,而不是站在企业的角度上。

企业在维持竞争优势过程中,必须深刻认识自身的资源和能力,采取适当的措施。因为一个企业一旦在某一方面具有了竞争优势,势必会吸引到竞争对手的注意。一般来说,企业经过一段时期的努力,建立起某种竞争优势;然后就处于维持这种竞争优势的态势,竞争对手开始逐渐做出反应;而后,如果竞争对手直接进攻企业的优势所在,或采取其他更为有力的策略,就会使这种优势受到削弱。表 3-1 为 SWOT 矩阵。

SOWT 矩阵 表 3-1

项　　目	优　　势	劣　　势
机会(O)	◆SO 战略——增长性战略 (进攻策略,最大限度地利用机会)	◆WO 战略——扭转型战略 (调整策略,战略转型)
威胁(T)	◆ST 战略——多种经营战略 (调整策略,多种经营)	◆WT 战略——防御型战略 (生存策略,严密监控竞争对手动向)

优势,内部因素,具体包括有利的竞争态势、充足的财政来源、良好的企业形象、技术力量、规模经济、产品质量、市场份额、成本优势和广告攻势等;劣势,内部因素;机会,外部因素,具体包括新产品、新市场、新需求、竞争对手失误等;威胁,外部因素,具体包括设备老化、

管理混乱、缺少关键技术、研究开发落后、资金短缺、经营不善。

注意:在构造 SWOT 过程中,要将分析出来的内容按轻重缓急及影响程度,做出优先排序,那些对公司发展有直接的、重要的、大量的、迫切的、久远的影响因素优先排列出来,而将那些间接的、次要的、少许的、不急的、短暂的影响因素排列在后面。SWOT 优先顺序见表 3-2。

SWOT 优先顺序表　　　　　　　　　　　　　　　　　　　　　表 3-2

区分	内容	优先顺序				区分	内容	优先顺序			
		重要度	紧急度	影响度	NO			重要度	紧急度	影响度	NO
S						W					
O						T					

吉利 SWOT 分析案例

1. 优势

吉利集团总部设在杭州,目前在浙江宁波、临海、路桥、上海、兰州、湘潭等地建有 6 个汽车整车和动力总成制造基地,拥有年产 30 万辆整车、30 万台发动机、变速器的生产能力。现有吉利自由舰、吉利金刚、吉利远景、上海华普、美人豹等八大系列 30 多个品种整车产品;吉利汽车集团在国内建立了完善的营销网络,拥有 700 多家品牌 4S 店和近千个服务网点;在海外建有近 200 个销售服务网点;投资数千万元建立国内一流的呼叫中心,为用户提供 24h 全天候快捷服务。

为客户提供高性价比的汽车是吉利的追求,那么在这一追求过程中,在消费者认知中,形成了低档形象也就可以理解,也是难以避免的。要做大做强,吉利单凭低价格这一招鲜是很难吃遍天的。自加入 WTO 以来,自主品牌、合资品牌在分割市场蛋糕的同时,都不自觉地扮演着教育消费者的角色,真正有购车需要和能力的人越来越在乎品牌所能带来的形象与情感价值,而品牌显然是吉利的软肋和硬伤。此外,原材料的上涨,也让经济型轿车的成本增加,价格牌失色不少。在经历了低价制胜的草创阶段后,吉利不可避免地走到了质量制胜、品牌制胜的新阶段。

1) 价格优势

吉利汽车价格低廉,作为国产汽车吉利在价格上比较符合国内市场的需求,在同级别车型中,是十分具有竞争力的车型,有较强的竞争优势。

2) 绿色优势

吉利汽车从出生就给自己制订了"造最安全、最环保、最节能的好车,让吉利汽车走遍全世界"的企业使命。为此,吉利控股集团一贯认真履行着社会责任,在绿色环保技术方面不断地进行探索、创新。如:搭载"世界先进、中国领先"的 CVVT - JL4G18 发动机的吉利远景轿车节能性能表现出色,可以根据发动机不同的运行状态调整气门进气角度,有效提高燃料利用率,减少废气排放,1.8L 相当于 1.5L 发动机的燃油消耗。

3) 技术优势

JLv-4G18——首次搭载于吉利远景上的 1.8L 发动机,是吉利自主研发的一款高性能发动机,升功率达到57kW/L,创造了国内最大升功率,并且应用了VVT(连续可变气门正时技术),很好地平衡了引擎的油耗和动力表现。

BMBS——吉利首创的"高速爆胎安全控制系统",这是一项十分实用的汽车技术,其甚至可以和安全气囊的作用并驾齐驱,因为在超过100km/h的高速中爆胎,生命会受到严重的威胁,而该系统的作用就是在爆胎瞬间,起动安全设置程序,有效地稳定住车辆的行驶轨迹,从而尽量减轻由于爆胎而带来的危险。

DSI自动变速器——该公司拥有成熟的四速、六速自动变速器技术,并且在双离合器、CVT、八速自动变速器上也都有很深的研究,吉利入驻该公司后,使得吉利成为国内首款用该成熟自动变速器技术的自主品牌汽车企业,对于日后吉利旗下车型的自动挡产品奠定了基础。其实,在吉利收购DSI之前,已经开展了自动变速器的研究,并且量产的Z系列自动变速器已经开始应用在吉利车型上。

EPS——吉利是中国第一套电动助力转向系统(EPS)的拥有者,同时也是该技术的首个大力推广的汽车厂商,正是因为吉利的首先大规模应用,才极大地推广了该技术的普及,目前几乎所有的车型都已经开始使用EPS电动助力转向技术。

2. 劣势

由于我国汽车行业起步较晚,我国的汽车民族品牌几乎都有相同的劣势。对吉利汽车来说,其产品质量较差,和国外的品牌没有太大的可比性;吉利汽车的销售网络一般集中在我国的二三线城市,在我国的大型城市和海外市场的占有率较低;吉利的汽车大都自主设计,车型比较小,一般是A0和A级的,不够大气。另外,吉利汽车虽然已推出了多款车型,但产品的更新速度还是太慢,总体水平跟不上国际水平,在国产车之中也不算突出,做工也比较粗糙,很多方面都还在模仿和需要进口,具体劣势有以下几个方面。

1)缺少新车支撑新品牌战略

在过去较长时间内无新产品推出以满足消费者需求,在这期间,消费者自然会选择其他品牌产品,对于吉利汽车市场占有率会明显下降。

2)同一产品命名摇摆不定

在新产品开发命名上吉利似乎一直很纠结,最初在GX7上市之前,曾在不同的车展期间以不同品牌产品的名称发布参展。从最初帝豪EX7,到英伦SX7,最终是以全球鹰GX7的身份上市销售,然而在上市之后,吉利玩起了换标销售的把戏,就这样全球鹰GX7换个车标摇身一变成为英伦SX7。

3)汽车外观造型落后

吉利的产品最近几年虽然在进行改款推新,外观却跟不上潮流,有些网友吐槽:其外观造型还停留在5年前的审美时代。暂不对比合资品牌,就拿自主品牌长安、奇瑞、比亚迪等车型来看,在这三五年间,其产品造型发生颠覆性变化,不能说太时尚,但总体还是能跟上时代审美吧。造型的设计对于自主品牌来说不是难事,希望吉利也能尽快完善外观,跟上时代潮流。

3. 机会

1)购置税减半政策救市

支持小排量车型的发展,促进调结构扩内需,国务院推行了购置税减半政策用来刺激汽车消费市场,而在此政策公布之后,不久车市就明显回暖,提高了部分车市销量,扭转了长期的汽车市场颓势。

2)驾照考试改革,可自学直考

《关于推进机动车驾驶人培训考试制度改革的意见》出炉,将放开驾校一家独大的情况,学车资源相比现在也将大幅增加,可选择性也将加强,同时在学费方面相比现在或将也有一定的降低,毕竟资源增多,竞争也将更加激烈。此外,学员也可就近选择学习场地,大大节省了往返驾校的时间以及费用,使学员方便又快捷地完成驾照考试。

3)二胎政策放开,加速以"小"换"大"

随着二胎政策的放开,家庭结构的改变,使得很多二孩家庭买车或换购,对大空间车型有了必然的需求。人们对未来新车的空间表示重视,换购一辆更大、更安全的大空间车型已经成为大势所趋,MPV以及SUV车型均有消费者表示愿意购买,而轿车则明显被"冷落"。

4)新能源免征车船税

减税对汽车行业有正面影响,尤其是2015年新能源汽车爆发式增长,与政策扶持有很大关系。目前我国对新能源汽车免征购置税,并提供补贴,让很多消费者有了购买这类车型的意愿。2015年5月21日,财政部、国家税务总局、工信部对使用新能源车船的车船税优惠政策进行了明确,对使用新能源车船免征车船税,同时对1.6L以下(含1.6L)的节约能源的车船减半征收车船税。国家颁布一系列的节能汽车补贴政策,而吉利作为主打小排量汽车的品牌,享受到国家的节能补贴,比如,《"节能产品惠民工程"节能汽车(1.6L及以下乘用车)推广实施细则》延续执行,购买符合节能汽车补贴标准汽车的消费者仍可获得每辆车3000元的中央财政补贴,从而可以使成本进一步降低,提升利益的同时给人以绿色环保的企业形象,更能得到国家扶持。

4. 威胁

1)外部威胁

(1)行业内竞争激烈。在我国目前的市场上,逐步形成了以上汽"荣威"、一汽"奔腾"等为代表的"集团下属自主品牌"和以奇瑞、比亚迪、吉利等为主的"独立自主品牌"以及广汽本田、上汽通用五菱宝骏为代表的"合资自主品牌"三足鼎立的态势。而一个重要的情况是:丰田在日本有5套网络,其公司开发的豪华车雷克萨斯,取得了极大成功。同时,丰田汽车在中国也有一汽丰田和广汽丰田两大品牌。

(2)替代品的替代能力。由于摩托车在中国大中城市的禁牌,致使摩托车的发展前景受到限制,其替代威胁也相对削弱。然而,电动自行车的迅速发展却对像吉利汽车这类的经济型轿车构成了替代威胁。但由于价格相差很大,所以构成威胁的程度较小。

(3)外资品牌进入。在中国汽车市场中,跨国汽车厂商及合资企业是主要的竞争者,它们的实力(品牌优势、成本优势及产品差异优势)促使中国汽车市场的进入壁垒提高,使未达到规模的中国厂商难以在中国汽车市场立足,从而抑制了中国汽车企业在市场中的发展。吉利汽车虽然具有一定的规模,但面对实力强大的对手,仍旧受到较大的威胁。基于历史的原因,合资汽车已经完全融入中国经济腹地,对拉动GDP增长、贡献税收、带动就业贡献良多。中国汽车走日本、韩国模式已经没有可能,只能在共存共荣的前提下凭本事吃饭。外资品牌在技术、服务、企业文化等各方面都要优于国产品牌,无疑外资品牌的全面本土化,会对吉利造成主要的挑战或者威胁。

（4）供应商的讨价还价能力。在我国汽车行业，零件供应商主要是以整车配套为主的"依附式"发展模式。零件供应商规模较小，较分散，相对来说，汽车制造商集中度更高，谈判能力更强，而且对大多数零件供应商来讲，汽车制造商是它们的重要客户，一旦失去这样的大客户，零件厂的生存便成问题。汽车制造商品牌往往比零件供应商的品牌更有知名度和美誉度，供应商前向整合的能力较弱，相对来说供应商的计价还价能力就要弱些，这也是目前国内汽车制造行业平均利润比较高的一个原因。

（5）购买者的讨价还价能力。由于购买汽车的消费者是相当分散的，每次购买的数量一般也是单一的，所以相对来讲，客户讨价还价的能力较弱。但客户购车越来越理性化，同时也懂得利用媒体等来加强自己的还价能力，从而构成了对汽车行业的威胁。

（6）潜在竞争者进入的能力。在中国汽车市场中，跨国汽车厂商及合资企业是主要的竞争者，它们的实力（品牌优势、成本优势及产品差异优势）促使中国汽车市场的进入壁垒提高，使未达到规模的中国厂商难以在中国汽车市场立足，从而抑制了中国汽车企业在市场中的发展。吉利汽车虽然具有一定的规模，但面对实力强大的对手，仍旧受到较大的威胁。

（7）新兴合资品牌车型的威胁。近两年来，无论是赛欧、朗逸的热卖，还是东风日产新阳光的低价入市，都越来越清晰地传递出这样一个口号，那就是这些顶着洋品牌，但采取本地化研发和零部件采购的车型表现出强大的市场战斗力。无论吉利、奇瑞，抑或荣威、奔腾的产品力多上进，品牌短板不是短时间能够弥补的。也就说，在趋近的研发、零部件采购、制造成本下，顶着合资品牌的赛欧、朗逸、新阳光售价定然高于奇瑞 A3、帝豪 EC7、奔腾 B50。随着合资企业产能的逐渐释放，其规模效益带来的价格优势将更加明显。

（8）市场需求减少。随着汽车行业的飞快发展，汽车市场已经越来越饱和，导致市场需求逐渐减少，这对吉利汽车有着很大的影响。

2）内部技术威胁

汽车节能技术的不断开发和推广，如氢燃料与电驱动混合动力技术，高效汽油机、柴油机技术，混合动力汽车技术等都迫使吉利必须不断地研发新的汽车环保节能技术以跟上发展的潮流。吉利汽车 SWOT 分析见表 3-3。

吉利汽车 SWOT 分析 表 3-3

	内部因素	
	优势	劣势
外部因素	（1）价格低廉。 （2）成本低。 （3）较强开发科研能力。 （4）自主品牌	（1）产品质量差。 （2）产品更新慢。 （3）市场占有率低。 （4）外观不够大气
机会	SO	WO
（1）国家政策支持。 （2）居民收入增加。 （3）中国巨大的市场	（1）自强不息和自主创新。 （2）加大网络宣传力度。 （3）调整吉利汽车的定价策略	（1）改变吉利汽车服务策略。 （2）采用差异化产品策略，生产出具有特色与众不同的产品。 （3）加强宣传，打造名牌战略

续上表

外部因素	内部因素	
	优 势	劣 势
	(1)价格低廉。 (2)成本低。 (3)较强开发科研能力。 (4)自主品牌	(1)产品质量差。 (2)产品更新慢。 (3)市场占有率低。 (4)外观不够大气
威胁	ST	WT
(1)竞争压力大。 (2)外资品牌威胁。 (3)自身技术落后	(1)实施竞合战略。 (2)尽量减少企业的机会成本,争取市场竞争中的主动权。 (3)提高产品的社会认知度。 (4)自强不息和自主创新	(1)改进技术。 (2)人力资源管理。 (3)从"价格优势"向"技术领先"转变的战略转型。 (4)倾听用户的声音,倾听员工的声音

本章小结

1. 汽车市场营销环境是指在营销活动之外,能够影响营销部门建立并保持与目标客户良好关系的各种因素和力量。营销环境既能为企业提供机遇,也能造成威胁。

2. 本章从分析营销环境的目的入手,从汽车市场营销的微观环境和宏观环境两个方面进行分析,充分采用理论和案例相结合的方法,提高课堂授课的生动性。

3. 本章的重点是汽车市场营销环境的分类,汽车市场营销环境分析分为宏观环境分析和微观环境分析。宏观环境是指那些对企业营销活动产生重要影响而又不为企业的营销职能所控制的全部因素,是一个国家与地区的大环境,包括国家政治与法律制度、经济水平、人口数量等。微观环境就是企业自身经营的内外部环境,是指企业的内部因素和企业外部的活动者等因素;微观营销环境是直接制约和影响企业营销活动的力量和因素。

4. 企业必须对微观环境营销进行分析。分析微观营销环境的目的在于更好地协调企业与这些相关群体的关系,促进企业营销目标的实现。微观环境是指对企业服务其客户的能力构成直接影响的各种力量,包括企业本身及其市场营销渠道企业、市场、竞争者和各种公众。

5. 本章的另外一个重点是分析市场营销环境的工具,主要有 PEST 和 SWOT 分析。PEST 为一种企业所处宏观环境分析模型。所谓 PEST,即 P 是政治(Politics),E 是经济(Economy),S 是社会(Society),T 是技术(Technology),这些是企业的外部环境,一般不受企业掌握。

SWOT 分析法,即态势分析法,就是将与研究对象密切相关的各种主要内部优势、劣势和外部的机会和威胁等,通过调查列举出来,并依照矩阵形式排列,然后用系统分析的思想把各种因素相互匹配起来加以分析,从中得出一系列相应的结论,而结论通常带有一定的决策性。运用 SWOT 方法,可以对研究对象所处的情景进行全面、系统、准确的研究,从而根据研究结果制订相应的发展战略、计划以及对策等。

6. 针对日益变化的市场营销环境,探索新的汽车营销环境分析方法,并且利用 SWOT 进行分析研究。

自测题

一、单项选择题

1. 下列哪个因素是企业的微观环境因素？（　　）
   A. 人口　　　　　　　　　　B. 购买力
   C. 公众　　　　　　　　　　D. 自然环境

2. 对企业实现其市场营销目标构成实际或潜在影响的任何团体称为（　　）。
   A. 供应者　　　　　　　　　B. 公众
   C. 竞争者　　　　　　　　　D. 中间商

3. 下列哪些因素属于宏观环境因素？（　　）
   A. 公众　　　　　　　　　　B. 代理中间商
   C. 企业　　　　　　　　　　D. 人口

4. 某位客户在选购29寸纯平彩电时，在长虹、康佳、创维、TCL、索尼、松下之间进行选择，最终选定TCL，则这些公司之间是（　　）。
   A. 愿望竞争者　　　　　　　B. 平行竞争者
   C. 产品形式竞争者　　　　　D. 品牌竞争者

5. 旅游业、体育运动消费业、图书出版业及文化娱乐业为争夺消费者一年内的支出而相互竞争，它们彼此之间是（　　）。
   A. 愿望竞争者　　　　　　　B. 平行竞争者
   C. 产品形式竞争者　　　　　D. 品牌竞争者

二、多项选择题

1. 下列哪些因素属于微观环境因素？（　　）
   A. 企业本身　　　　　　　　B. 竞争者
   C. 市场　　　　　　　　　　D. 人口环境

2. 下列因素中（　　）属于社会文化环境因素。
   A. 价值观　　　　　　　　　B. 宗教信仰
   C. 语言　　　　　　　　　　D. 风俗习惯

3. 国际汽车市场的营销环境因素有（　　）。
   A. 国际营销的经济环境　　　B. 国际营销的自然环境
   C. 国际营销的政治与法律环境　D. 国际营销的社会化环境

三、判断题

1. SWOT分析是对企业的宏观和微观环境进行罗列分析的一种方法。（　　）
2. 汽车4S店是汽车企业的宏观环境。（　　）
3. 直接营销环境与间接营销环境是并列的关系，直接营销环境并不受制于间接环境营销。（　　）

第4章 汽车消费者行为分析

导言

本章主要介绍了汽车消费者的个性特征、消费者的购买行为模型以及客户满意度模型。通过本章的学习力求使学生了解汽车消费者的类型,熟练掌握汽车消费者的购买行为模型,理解客户满意度模型。

学习目标

1. 认知目标
(1)理解消费者的个性特征。
(2)掌握汽车消费者购买决策过程。
(3)理解客户满意度模型。
2. 技能目标
(1)能够对案例进行消费者的个性特征分析。
(2)能够对汽车消费者的客户满意度模型进行分析。
3. 情感目标
(1)培养认真分析问题、一丝不苟的学习习惯。
(2)增强理解能力、思维能力和分析能力,提高学习兴趣。

阿雯选车的故事

阿雯是上海购车潮中的一位普通的上班族,35岁,月收入万元。以下真实地记录了在2004年4月至7月间,她在购车决策过程中如何受到各种信息的影响。

阿雯周边的朋友与同事纷纷加入了购车者的队伍,看他们在私家车里享受如水的音乐而不必用力抗拒公交车的拥挤与嘈杂,阿雯不觉开始动心。另外,她工作地点离家较远,加上交通拥挤,来回花在路上的时间要近3小时,她的购车动机越来越强烈。只是这时候的阿雯对车一无所知,还有坐车的体验,还有直觉上喜欢漂亮的白色、流畅的车型和几盏大而亮的灯。

初识爱车

阿雯是在上司的鼓动下上驾校学车的。在驾校学车时,未来将购什么样的车不知不觉成为几位学车者的共同话题。

"我拿到驾照,就去买一部1.4自排的波罗。"一位学MBA的同学对波罗情有独钟。虽然阿雯也蛮喜欢这一款小车的外形,但她怎么也接受不了自己会同样购一款波罗,因为阿雯有坐波罗的体验。那一次是4个女生(在读MBA同学)上完课,一起乘坐小波罗出去吃午饭,回校时车从徐家汇汇金广场的地下车库开出,上坡时不得不关了空调才爬上高高的坡,想起爬个坡便要关上空调,这实实在在地阻碍了阿雯对波罗的热情,虽然有不少人认为波罗是女性的首选车型。

问问驾校的师傅吧,师傅总归是驾车方面的专家。"宝来,是不错的车",问周边人的用车体会,包括朋友的朋友,都反馈过来这样的信息:在差不多的价位上,开一段时间,还是德国车不错,宝来好。阿雯的上司恰恰是宝来车主,阿雯尚无体验驾驶宝来的乐趣,但后排的拥挤却已先入为主了。想到自己的先生人高马大,宝来的后座不觉成了胸口的痛。如果有别的合适的车,宝来就当作候选吧。

不久,一位与阿雯差不多年龄的女邻居,在小区门口新开的一家海南马自达专卖店里买了一辆福美来,便自然地向阿雯做了有关福美来的"详细介绍"。阿雯很快去了家门口的专卖店,她被展厅里的车所吸引,销售员热情有加,特别是有这么一句话深深地打动了她:"福美来各个方面都很周全,反正在这个价位里别的车有的配置福美来都会有,只会更多。"此时的阿雯还不会在意动力、排量、油箱容量等抽象的数据,直觉上清清爽爽的配置,加上销售人员的热情正对阿雯心怀的介绍,令阿雯在这一刻已锁定海南马自达。她乐颠颠地拿着一堆资料回去,福美来成了阿雯心中的首选。银色而端正的车体在阿雯的心中晃啊晃。

亲密接触

阿雯回家征求先生的意见。先生说,为什么放着那么多上海大众和通用公司的品牌不买,偏偏要买"海南货"?它在上海的维修和服务网点是否完善?这两个问题马上动摇了阿雯当初的选择。

阿雯不死心,便想问问身边驾车的同事对福美来的看法。"福美来还可以,但是日本车的车壳太薄",宝来车主因其自身多年的驾车经验,他的一番话还是对阿雯有说服力的。阿雯有无所适从的感觉。好在一介书生的直觉让阿雯开始关注汽车杂志,随着阅读的试车报告越来越多,阿雯开始明确自己的目标了,8万~15万元的价位,众多品牌的车都开始进入阿雯的视野。此时的阿雯已开始对各个车的生产厂家,每个生产厂家生产哪几种品牌,同一品牌的不同的发动机的排量与车的配置,基本的价格都已如数家珍。上海通用的别克凯越与别克赛欧,上海大众的超越者,一汽大众的宝来,北京现代的伊兰特,广州本田的飞度1.5,神龙汽车的爱丽舍,东风日产的尼桑阳光,海南马自达的福美来,天津丰田的威驰,各款车携着各自的风情,在马路上或飞驰或被拥堵的时时刻刻,向阿雯亮着自己的神采。阿雯常用的文件夹开始附上了各款车的排量、最大功率、最大扭矩、极速、市场参考价等一行行数据,甚至于4S店的配件价格。经过反复比较,阿雯开始锁定别克凯越和本田飞度。

特别是别克凯越,简直是一款无懈可击的靓车啊!同事A此阶段也正准备买车,别克凯越也是首选。阿雯开始频频地进入别克凯越的车友论坛,并与在上海通用汽车集团工作的同学B联系。从同学的口里,阿雯增强了对别克凯越的信心,也知道了近期已另有两位同学拿到了牌照。但不幸的是,随着对别克凯越论坛的熟悉,阿雯很快发现,费油是别克凯越的最大缺陷,想着几乎是飞度两倍的油耗,在将来拥有车的时时刻刻要为油耗花钱,阿雯的心思便又活了。还有飞度的精巧,独特,省油,新推出 1.5VTEC 发动机的强劲动力,活灵活现的试车报告,令人忍不住想说就是它了。何况在论坛里发现飞度除了因是日本车系而受到抨击外没有明显的缺陷。正巧这一阶段广州本田推出了广本飞度的广告,阿雯精心地收集着有关广本飞度的每一个文字,甚至于致电广本飞度的上海4S店,追问其配件价格。维修成员极耐心地回答令飞度的印象分又一次得到了增加。

到此时,阿雯对电视里各种煽情的汽车广告却没有多少印象。由于工作、读书和家务的关系,她实在没有多少时间坐在电视机前。而地铁里的各式广告,按道理是天天看得到,但受上下班拥挤的人群的影响,阿雯实在是没有心情去欣赏。

只是纸上得来终觉浅,周边各款车的直接用车体验对阿雯有着一言九鼎的说服力,阿雯开始致电各款车的车主了。

朋友C已购了别克凯越,问及行车感受,说很好,凯越是款好车,值得购买。

同学D已购了别克赛欧,是阿雯曾经心仪的SRV,质朴而舒适的感觉,阿雯常常觉得宛如一件居家舒适的棉质恤衫,同学说空调很好的呀,但空调开后感觉动力不足。

朋友E已购了飞度(1.3),她说飞度轻巧,省油,但好像车身太薄,不小心用钥匙一划便是一道印痕,有一次去装点东西感觉像"小人搬大东西"。

周边桑塔纳的车主,波罗的车主,等等,都成为阿雯的"采访"对象。

花落谁家?

阿雯的梦中有一辆车,漂亮的白色,流畅的车型,大而亮的灯,安静地立在阿雯的面前,等着阿雯坐进去。但究竟花落谁家呢?阿雯自己的心里知道,她已有了一个缩小了的备选品牌范围。但究竟要买哪一辆车,这个"谜底"不再遥远……

资料来源:

https://wenku.baidu.com/view/eac54522bcd126fff7050b4f.html?sxts=1530667688357&sxts=1530669160602

学完本章之后分析:

(1)根据消费者介入度与购买决策分类理论,阿雯选车是属于哪一类购买决策,为什么?

(2)试运用消费者决策过程的五阶段模型分析阿雯选车所经历的相关阶段。

4.1 消费者购买行为概述

4.1.1 汽车消费者的心理特征

消费者心理特征指的是由于人们的认识、情感和意志等心理活动而引起的购买行为。它是消费者为了满足社交、友谊、娱乐、享受和事业发展的需要而产生的。就像为了迎合时尚而购买流行服饰;为了事业而购买辅导图书学习,考取更多的证件;为了结识朋友而购买礼品。实际生活中,由于消费者各自的需求、兴趣、爱好、性格和价值观不同,在购买商品时的心理活动也错综复杂,并因此产生了千差万别的心理特征。

1. 求实心理

这是消费者比较普遍的一种心理动机,它以注重商品的实际使用价值为主要特征。具有这种购买动机的消费者在购买商品时,非常注重商品的实际效用、内在的质量、经久耐用、使用方便等,而不是特别追求商品的外观。这类消费者以经济收入低或老年人居多,是中低档和大众化商品的常客。他们购买商品时比较慎重,认真挑选,不易受社会潮流和广告的影响而左右自己的想法。汽车营销人员应具有针对性地为这些客户推荐适合的车型,尊重并满足他们的这种购买愿望。

2. 求廉心理

这是一种主要以追求廉价商品的购买心理。这种类型的消费者最重视的是商品的价格,对包装、款式、造型等不是特别的注意。他们特别热衷特价商品、折扣价商品,因此是残次商品、积压处理商品的主要客户,一般以低收入或节俭的人居多。对于这类客户,应该实事求是地介绍商品,着重宣传同类商品的比价,以此激发他们的购买欲望,促其成交。

3. 求名心理

这类消费者以追求名牌优质商品为主要特征。他们非常注重商品的牌号、商标、产地和产品在社会上的声誉。他们一般信赖名牌商品的质量,也有为了显示自己的购买能力比别人强,或以此来显示自己的身份、地位,满足自己优越感的心理需要而追求名牌商品的。接待这类客户要热情诚恳,主要介绍商品的优点和名贵之处。在名牌产品供不应求时,应该耐心地介绍与其喜欢的同类优质商品,以达到使他们的需求得到更大的满足。

4. 求新心理

这是一种以追求商品的时尚和新颖为主要特征的购买心理。此类消费者特别追求商品的款式、颜色、造型是否新颖别致,是否符合社会上的新潮流,而对商品的实用程度与价格高低则不是太计较。他们以经济条件较好的青年居多,他们富有丰富的想象力,追逐潮流,甚至喜欢标新立异,购买商品时往习惯感情用事,凭一时冲动对新上市的产品"一见钟情"。这些人易受广告和其他外界宣传的影响,是新产品、流行产品的主要消费者。接待这类客户,要详细介绍商品的性能和优缺点,帮助他们冷静选择,尽量减少售后的退货情况。

5. 求美心理

这是一种以看中商品的欣赏价值或艺术价值为特征的购买心理。这类消费者购买商品时,特别重视商品本身的造型、色彩、图案、款式和艺术性,以及消费者所能体现出来的个性风格,而对商品本身的实用价值不会太挑剔,对价格也不敏感。他们购买商品不仅仅是满足生活中的需要,还是为了对人体和环境进行美化和装饰,达到陶冶自己的情操和精神生活。这种类型的消费者多属于文艺界、知识界和中青年妇女。他们常常是工艺品、化妆、装饰品的主要消费对象。接待这类客户时要耐心细致,多向他们介绍商品的特点和艺术方面的价值。

除以上常见消费者心理特征外,还有求安全心理、好奇心理、好胜心理、从众心理、习俗心理、同步心理、优先心理、时差心理、仿效心理、观望心理等心理特征。消费者的心理特征复杂多样,在购买某一个商品时,往往存在多种心理状态,所以售货员在接待客户时必须要善于观察和分析,找出起重要作用的心理特征,有针对性地介绍产品和服务,才能有效地促使交易成功。

4.1.2 汽车消费者的个性倾向

不同的人有不同的性格,不同性格相应地就会有不同的消费购买行为,这就是每一位消费者的个性倾向表现。消费者的购买行为主要有以下几类:

1. 习惯型购买行为

这种行为是由信任动机引起的。消费者对某种品牌或对某个企业产生良好的信任感,就会忠于某一种或某几种品牌,有固定的消费习惯和偏好,购买时就会胸有成竹,目标明确。

2. 理智型购买行为

理智型购买行为是理智型的消费者所产生的购买行为。他们在做出购买决策之前一般会经过仔细比较和深入考虑,不容易被打动,不会轻率地下决定,决定之后不轻易后悔。企业一定要真诚地提供让客户满意又可信的决策信息,若信息可信,消费者就会对企业产生信任而再度光临。若企业提供的信息不可信,那么消费者就可能会敬而远之。因此,企业一定要诚信地提供给消费者所需的各种相关信息。我国现阶段的私人汽车消费者大多数属于这种类型。对于这类消费者,营销人员应该制订正确可信的策略帮助他们掌握汽车产品的相应知识信息,使消费者知道产品的更多优点,促使他们选择自己销售的汽车产品。

3. 经济型购买行为

经济型的消费者非常重视价格,一心追求价格划算的商品,并因此得到心灵上的满足。针对这种购买行为,在促销中要使消费者觉得,他所选中的商品是最物美价廉的、最划算的,要适时称赞他们对这方面的了解程度和善于选购商品。

4. 冲动型购买行为

这类消费者容易被情绪带动,年轻人占多数。年轻人年少气盛,易受产品外观、广告宣传或相关人员的影响,决定轻率,易于动摇和反悔。在促销过程中是极易被争取的对象,但要注意做好售后服务方面的工作,让他们确信自己的选择是正确的。

5. 想象型购买行为

这类消费者往往有一定的艺术细胞,善于想象。针对这种购买行为,可以在包装设计上、产品的造型上多下功夫,让消费者产生美好的想象,或在促销活动中注入更多的内涵。比如一些名牌衣服,人们争相购买,穿上它顿时觉得离明星近了一步。努力使消费者产生联想,你就达到成功营销的境界。

6. 不定型购买行为

不定型消费者往往是那些没有明确购买目标的消费者,表现为成群结队,哪儿有卖东西的就去哪儿看,问得多,看得多,选得多,买得少。他们都是一些年轻的、刚刚开始独立购物的消费者,易于接受新的东西,消费习惯与消费心理正在形成,还不稳定,缺乏主见,没有固定的爱好。对于这样的客户,首先要满足其问、选、看的要求,即便他只是看看或问问,不会购买,也不要反唇相讥,必须想到今天的观望者可能就是明天的客户,今天不买也许有很多理由,可能没带够钱,可能真的不需要,但你的热情周到的态度会给他留下深刻的印象,他会给你介绍别的客户,以后若有需要,他也会首先想到到你这里来买,这是营销人员必须要考虑的。

4.1.3 消费者的购买行为

所谓消费者的购买行为,是指个人为满足家庭或自己生活需要而购买商品的行为。在消费品上,由于人们的性格、爱好、经济条件和社会地位不同,因而消费者的需要千差万别和经常变化,市场营销人员必须深入了解消费者的购买行为,研究为什么同一地理区域、同一收入或同一性别、同一年龄范围的人,有的人喜欢买这种商品而不喜欢买另一种商品,为什么消费者集中在某一特定的时间购买而不是或很少在其他时间购买等。这些问题只有深入地研究,才能掌握其规律性,才能为满足消费者需要创造条件,同时对工商企业生产或组织好适销对路的产品,搞好服务工作都有重要的参考价值。

消费者的购买行为是人类社会中最具有普遍性的一种行为方式,它广泛存在于社会生活中的各个方面,成为人类行为系统中不可分割的重要组成部分。消费者的购买过程主要包括六方面的内容:购买主体、购买对象、购买原因、购买地点、购买时间、购买方式。具有如下特点:其一,消费者购买行为与消费者心理二者是密切联系的,消费者购买行为是消费者心理的外在表现,消费者心理现象是消费者购买行为的内在制约因素和动力;其二,个体的消费购买行为受社会群体购买的影响和制约;其三,消费者的购买行为具有自主性;其四,消费者在实现购买目标的过程中,其行为方式经常会发生变化。

4.1.4 消费者的购买行为分析模型

由于消费者的决策过程是一种思想过程,难以具体观察和测量,因此,专家们通常采用行为科学中经常使用的"刺激—反应"分析方法,通过对外部刺激变量与消费者最后的行为(反应)之间的联系来判断消费者的决策过程(黑箱)。

图 4-1 是一个用于分析消费者的购买行为的模型。首先,消费者是有一定需要的,外部

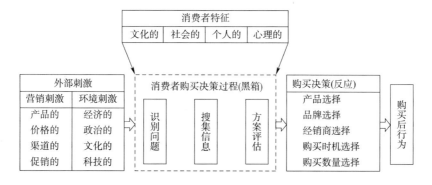

图 4-1 消费者的购买行为分析模型

刺激会进一步激发其需要与欲望,他要在思想中识别和确认他所面临的需要与欲望,搜集可以满足其需要与欲望的所有标的及相关信息,并在各种方案之中进行比较、评估,最后做出购买决策和采取购买活动。在使用和消费购买的标的后,他会与自己的期望相比较,确认购买的价值,在心理上会产生满意或不满意,这又会影响他购买以后的行为。

4.1.5　影响消费者购买行为的因素

1. 个人因素

个人因素是影响消费者的购买行为的决定因素。消费者的购买决策受其个人特性的影响,特别是其年龄所处的人生阶段、职业、经济状况、生活方式、个性以及自我观念等因素,将直接影响消费者的购买决策。而成功的企业应始终如一地将其市场营销活动与消费者的个人特性联系起来,通过对消费者的经济状况、生活方式等个人特性的研究,更好地将产品信息传递给消费者,从而打开市场,扩大销售。

2. 心理因素

心理因素是影响消费者的购买行为的驱动因素。消费者的购买行为要受动机、知觉、学习、价值观及信念和态度等主要心理因素的影响。消费者购买商品的一般心理过程包括对商品的认知、注意、记忆、联想、想象等心理活动。企业为使消费者在众多商品中选择自己的产品,就要利用品牌名称和品牌的视觉形象来引起消费者的注意和兴趣,品牌才会日渐走进消费者的心中。企业在进行营销时,只有将其与消费者的心理结合起来,才能让企业的品牌深入人心,从而增强企业的核心竞争力,确保企业能在激烈的市场竞争中永立不败之地。

3. 社会因素

社会因素是影响消费者购买行为的参照因素。消费者的购买行为受参照群体,诸如家庭、社会角色与地位等一系列社会因素的影响。参照群体不仅为消费者展示新的行为模式和生活方式,而且由于消费者有效仿其参照群体的愿望,因而,它也会影响消费者对某些事物的看法和对某些产品的态度,并促使人们的行为趋于某种"一致化",从而影响消费者对某些产品和品牌的选择。企业应善于运用参照群体对消费者施加的影响,扩大产品销售。

4. 文化因素

文化因素是影响消费者购买行为的基本因素。文化因素对消费者的行为具有最广泛和最深远的影响。每一种文化都包含着为其成员提供更为具体的认同感和社会化的较小的亚文化群体,如民族群体、宗教群体、种族群体、地理区域群体等,并制约和影响人们的消费。

文化是影响消费者的购买行为的一个基本因素,一个成功的市场营销者必须时刻把文化内涵融入经营理念之中,做到以文化与观念为先导,以更人性化的经营,切入人们的心理需求、审美情趣和品位,使人们的消费趋向理性,通过挖掘产品的文化亲和力,创造客户、创造市场,从而促进消费。

4.2 汽车消费者的购买行为模式

人们的购车行为随着汽车市场的发展而不停地变化,虽然变化因素很多,但总是存在一定的趋势和规律性。消费者的购买行为是指消费者为获取产品或者服务而采取的动作,包括咨询、对比、决策、购买等过程。在现代市场经济条件下,企业研究消费者的购买行为是着眼于与消费者建立和发展长期的交换关系,并借此来巩固自己的市场地位,提高企业利润。

4.2.1 汽车消费者的购买决策的角色划分

在汽车私人消费市场中,消费者的购买行为往往是以一个家庭为单位,家庭的不同成员在汽车购买决策中担任的角色不同,其各自扮演的角色也是有区别的。

家庭消费者在购买决策过程中可能充当以下角色:

(1) 发起者。首先提出购买建议的人。
(2) 影响者。其看法和建议对最终决策具有直接或间接影响的人。
(3) 决策者。对购买行为有最终决定权的人。
(4) 购买者。实际支付款项或执行购买行为的人,可以兼任其他几个角色。
(5) 使用者。车辆或服务的实际使用人。

汽车企业及其市场营销人员应首先分析和确认消费者在购买汽车产品的决策中可能扮演的角色,了解每一位购买者在购买决策中还扮演哪些角色,然后制订有针对性的营销策略,针对其角色地位与特性开展相应的产品设计和广告促销等营销活动,这样才能更好地实现营销目标。企业可以构思和设计出符合使用者需要的有特色的产品,在发起者容易接触的媒体上进行广告宣传,并向决策者提供本企业汽车产品的质量、价格、性能、购买地点等信息,以吸引消费者购买本企业的汽车产品。

例如,一个家庭要购买一辆汽车,是否购买由夫妻共同决定,而对汽车的品牌则由丈夫做出决定,这样汽车企业就可以对丈夫做更多有关品牌方面的宣传,以引起丈夫对本企业生产的汽车的注意和兴趣;至于汽车的造型、色调方面妻子有较大的决定权,公司则可设计造型、色调等方面受妻子喜爱的产品……只有理解购买决策过程中的参与者的作用及其特点,汽车公司才能够制订出有效的生产计划和营销计划。

4.2.2 汽车消费者的购买决策过程

1. 汽车产品的使用特点

汽车消费市场由私人消费市场和集团组织市场(产业市场和政府市场)两部分组成,在这些消费市场中,由于汽车产品的差异性导致各消费市场具有不同的特性。

汽车是一种高档耐用消费品,它不仅是能满足消费者某种欲望和需要的有形产品实物,而且还包括无形的服务、信息、知识、品牌等。不同的汽车品牌有着各种不同的特点,满足消费者不同的需求。由于它的多样性,使得汽车具有明显不同于一般生产资料和消费资料等有形商品的使用特点。这种使用上的特殊性体现在以下三个方面。

1) 汽车是一种核心商品

核心商品是指商品能够提供给消费者最基本的效用或利益。其实,消费者购买汽车并不是为了获得汽车本身,而是为了满足运载(载人或载货)的需求。所以,企业营销人员在推销汽车商品时,最重要的是向消费者说明汽车商品的实质,为消费者所推荐的汽车能满足消费者需要的核心效用。

2) 汽车是一种形式商品

汽车的形式商品一般是指汽车的质量水平、整体造型、外观特点、品牌文化等。汽车形式商品是汽车核心商品的外在表现形式,是汽车商品在市场上出现时所表现出来的具体物质外形。汽车商品的形式一般情况下是通过不同的侧面反映出来的,如质量水平、产品特色、汽车的外形、款式以及产品包装和品牌。

3) 汽车是一种附加商品

附加商品是指消费者购买商品或服务时,附加获得的各种利益的总和,如维修、保养、质量保证等。它是核心商品的延伸,能够满足消费者的隐性需求。随着汽车行业的不断发展,汽车产品的竞争也日益激烈,但各品牌之间的核心商品的竞争越来越趋于一致性,竞争的焦点逐渐转化为附加商品的竞争。例如,很多汽车经销商开始组织汽车俱乐部,就是对汽车的延伸产品进行系统的开发。

2. 私人消费者的需求特点

消费者的需求在汽车私人消费市场中呈现出多种多样的形式,它主要受个人、经济、社会、文化、心理等因素的影响。整体的汽车私人消费市场呈现出以下特点。

1) 消费需求的多样性

汽车消费者市场的范围极其广泛,涉及拥有不同的收入水平、文化素质、兴趣爱好、生活习惯、年龄性别、职业、特点、地理位置甚至民族传统、宗教信仰等特点的消费者,而这些不同程度的差异,会直接导致消费者在需求上也表现出不同的需求特性,例如,青年人在购车时会更加偏爱运动款的汽车,而老年人则会更倾向于舒适和简便款的汽车。

2) 消费需求的层次性

消费者的市场需求,受其本身经济能力、社会地位以及其他相关条件制约。即使在消费者个人状况、市场条件一定的情况下,不同的消费者对各类汽车产品的消费需求也会出现不同的情况,呈现出相应的层次性。例如,消费者由于在社会上所处地位的不同,对汽车所需求的层次也不同。一般的普通老百姓购买汽车的目的主要是作为代步工具,所选购的汽车大多为经济型的,而某些私企老板或其他社会地位较高的人购买的汽车要求能够体现其身份和地位,因此所选的车型大多为豪华型的。

3) 消费需求的伸缩性

伸缩性主要指的是消费者对汽车产品需求的高低变化。一方面,汽车作为一种高档耐用商品,具有较强的价格弹性,如果汽车的购买和使用成本价格短时间内升高,则需求就可能被减弱;另一方面,这种需求的结构是可变的,当客观条件(需求的紧迫程度、商品供应数量的多少、价格的高低、销售服务的优劣以及消费者的支付能力等)限制了这种需求时,它可以被抑制,或转化为其他需求,或最终被放弃;这种改变可能变多,也可能变少,从而表现出市场需求的伸缩性。

4）消费需求的可诱导性

对于大多数的消费者而言,他们并不具有足够的汽车知识,所以,在购买汽车时要经历一个认知、熟悉过程。在消费者购买期间,只要接触到的某种汽车产品宣传得多,知名度高,即使质量与其他商品相仿,消费者也通常会选择它,这就说明了消费者市场需求的可诱导性。消费者在购买汽车产品时,往往会受到周围环境、人际关系、宣传报道等因素的影响,对某种车型产生较为强烈的需求。例如,某单位由于最初有人购买某款轿车,使用后感到该款轿车售价低、油耗低、质量好、方便灵活,是很实用的代步工具,受其影响,后来该单位先后有10多人购买了该款轿车。

5）消费需求的可替代性

消费者在购买汽车时往往会面临多种选择,一般都会货比三家,反复地对相关车型进行比较、鉴别,只有那些对私人消费者吸引力强、各种服务较好的商家的汽车产品才会导致消费者最终购买。也就是说,同时能够满足消费者需要的不同品牌或不同商家之间存在竞争,消费者需求表现出可替代性。

6）消费需求的发展性

随着经济的不断发展,人们的生活水平也不断提高,消费者对市场商品和服务的需求也不断发展变化,在原有的需求被满足以后,又会产生新的消费者市场需求,因此汽车私人消费需求也是无止境的。在不过分增加购买负担的前提下,消费者往往会对汽车的美观性、安全性、节能舒适性以及附加功能等方面的需求不断提高。

除上述特点外,消费者的市场需求还具有便捷性(即要求购买、使用、取得和服务方便)、季节性(根据历史经验,汽车市场的火爆往往具有季节性、周期性、阶段性)、地域性(即不同的地区有不同的需求,在特定时期内,经济发达地区的消费者达到这一收入条件的人比其他地区的人多,这一地区的汽车需求明显比其他地区高,从而表现出一定的在地理上的集中性)等特点。企业应认真研究这些特点,并以此作为市场营销决策的依据,更好地满足消费者需求,扩大商品销售,提高经济效益。

3. 汽车消费者的购买决策过程

任何一个消费者在复杂的购买行为中,都会有一个决策过程,一个典型的购买决策过程包括五个阶段:确认需要、收集信息、选择判断、购买决策和购后评价。消费者一般会依次经历这五个阶段,但并不意味着所有的购买者都必须一一经历每个阶段。例如,有的购买者对汽车工业、汽车产品的情况很了解,其购车过程经历的阶段就少;有的对汽车产品一无所知,要经历的阶段自然就多。汽车消费者的购买决策过程如图4-2所示。

图4-2　汽车消费者的购买决策过程

1）确认需要

确认需要是消费者感觉到自己存在某种需求,是购买决策过程的起点。当消费者在现实生活中感觉到或意识到实际与其愿望之间有一定差距,并产生了要解决这一问题的要求时,购买的决策便开始了。需要是推动消费者从事购买活动的驱使力,这种需要可以是内部刺激引起的,也可以是外部刺激引起的,抑或是内外部刺激共同作用引起的。例如,汽车的购买行为的内部刺激可以是上下班不方便,需要汽车作为代步工具,或是出于想要从事汽车营运的需要。外部刺激可以是电视广告等消费者自身以外的环境因素,或是看到周围与其条件相仿的人大都有车,于是就产生了想要购车的欲望。内部刺激汽车企业无法做到,那么就加大外部刺激,例如,有意识地安排一些诱因(话题、广告、展销会等),激发消费者对本企业汽车产品的需要。

2)收集信息

在大多数情况下,消费者在产生需要后并不会马上做出购买决策,因为他们不知道哪些商品能满足自己的基本需求和潜在需求。所以,消费者首先要寻找相关产品的各种信息。汽车购买行为是一种较为复杂的购买行为,要收集的信息很多,所以消费者要了解相关汽车产品是否能够满足自己的需求。一般来说,消费者传统的信息来源主要有四个方面:个人来源(亲戚、朋友、同事等)、商业来源(广告、车展、4S店等)、公共来源(公共媒体、社会团体等)、经验来源(产品使用、试验经验等)。目前,商业来源是汽车消费者的主要信息来源。

3)选择判断

消费者通过各种渠道收集到所需的信息后,会对这些信息进行分析、比较以及综合判断,选择实际意义较大的用于对目标产品的评价,以做出最终选择。不同的消费者使用的评价方法和评价标准差别较大,但大体从以下几个方面进行:

(1)分析产品属性。分析产品的特点、属性是否能够满足消费者的需求。

(2)建立需求排序。消费者对自己的需求程度由强到弱进行排序,将多种产品特性进行排序,以选择最符合自己需求的产品。

(3)确定目标产品。消费者经过分析属性,需求排序等,从众多产品中选出其中的目标产品。

总体来讲,消费者对汽车产品的购买,是为了从该产品上寻求特定的功效,而汽车产品的属性对消费者来说就是产品功效,因此他们往往会把汽车产品看成是一些特定属性的组合,并根据自己的偏好对这些属性给予不同的权重,然后对不同品牌的汽车产品进行打分和排序。消费者从众多可供选择的品牌中,通过一定的评价方法对各种品牌进行评价,从而形成对它们的态度和对某种品牌的偏好。在这一评价过程中,大多数的消费者总是将实际产品与自己的理想产品进行比较。也就是说,偏好和购买意图并不总是导致实际购买,尽管两者对购买行为有直接影响。不同的消费者对汽车的商品属性的认识有较大的差异,汽车企业及其营销人员应对此进行仔细分析,从而采取相应的措施影响消费者的选择。

4)购买决策

购买决策是购买过程的最关键阶段,这是因为消费者只有做出购买决策后,才会产生实际的购买行为,否则,对于企业来说一切都没有实际意义。在评价阶段,消费者经过对可供选择的汽车产品及品牌的分析比较,初步形成了购买意向,但消费者购买决策的最后确定,还会受其他两种因素的影响:一是他人的态度,他人的态度对消费者购买决策的影响程度,取决于他人的反对态度的强度和消费者遵从他人愿望的程度,消费者的购买意图会因他人的态度而增强或减弱;二是意外情况,消费者购买意向的形成,总是与预期收入、预期价格和期望从产品中得到的好处等因素密切相关的。但是当他欲采取购买行动时,发生了一些意外的情况,诸如因失业而减少收入,因产品涨价而无力购买,或者有其他更需要购买的东西等,这一切都将促使他改变或放弃原有的购买意图。

5)购后评价

消费者在购买汽车产品后,往往会通过自己的使用与他人的评价,对其产品的选择进行检验,把他的体验与购买前的期望进行比较,进而产生一定的购后评价感受。这些感受最终会通过各种各样的行动表现出来。具体表现为两方面:一是购后的满意程度,消费者根据自己从卖主、朋友及其他来源获得的信息形成对汽车产品的期望,如果汽车产品的实际表现达到了消费者的期望,就会令消费者满意;二是购后的活动,消费者对汽车产品的满意程度还会影响以后的购买行为。如果消费者感到满意,很可能在今后会再次购买该品牌的汽车,并向其他人宣传该汽车的优点,形成一个连锁反应。汽车企业营销的目标是通过满足客户的需求来使客户满意,实现客户满意是汽车企业与消费者保持长久关系的关键,它能使汽车企业获得信誉。实现客户满意的最好方法是提供优质的汽车产品和售后服务。与此同时,企业还应该研究对待消费者不满意的方法,采取有效措施尽可能降低消费者的不满意程度,提供良好的沟通渠道供消费者投诉,尽量减小购买者买后不满意的程度,并通过加强售后服务、保持与客户的联系、提供使他们从积极方面认识产品的特性等方式来增加消费者的满意感。

4.3　不同级别汽车市场消费者行为分析

汽车价格是影响消费者需求弹性的一个重要因素,对汽车消费者需求心理的研究也要从价格入手,不同价格区间消费者的需求心理是存在差异性的,这就要求把需求分为不同的价格区间来研究。根据我国现在汽车市场上的价格特点把价格区间进行如下分类:低端市场(3万~7万元)、中低端市场(7万~14万元)、中端市场(14万~20万元)、中高端市场(20万~35万元)、高端市场(35万元以上)。

1. 低端市场重视价格

在低端车市场中,价格是最主要的因素。低端市场的潜在消费者属于想买车的人里面最"不舍得花钱"的,这些客户收入不高,凡事都要精打细算。在购买商品的时候总是希望用尽可能少的钱购买到尽可能够用,而且尽可能使用成本低的商品。对于车的需求是在满足日常用车要求的前提下,购车费用和使用成本要尽可能低,而对于时尚和高技术含量的技术,则能放弃的都愿意放弃。因此价格就成了这类市场中的消费者考虑的首要因素。

奇瑞QQ,作为小排量车型中的佼佼者,其销量在2005年就已超过10万辆,达到11.60万辆,同比增长近1.4倍。QQ的售价主要集中在3万~5万元之间,而且造型时尚,配置齐全,大多数买QQ的人只是为了代步。现在很多城市都禁摩了,而养一个低油耗的QQ全年的花费也比养一辆摩托车贵不了多少,且带壳的QQ跑起来肯定比摩托舒适多了。甚至有些二级城市把QQ当作出租车来使用。另一款和QQ十分相像的车便是上汽通用五菱生产的雪佛兰SPARK。SPARK是一款品质优良的微型车,它源于韩国的大宇车型,就是现在国内生产的SPARK也有70%的零部件进口自韩国。但是SPARK的销量却远远不及QQ销量的零头,原因就在于SPARK上市初没有对其消费群的需求心理进行准确分析,照搬了国外成功的车型,以至定价的失败。虽然后来SPARK的价格一降再降,甚至一度赶超QQ,但SPARK的产能不足导致货源紧缺,经销商自然可以加价卖车,而厂家对此扰乱市场行为的监管力度却一直不严,以至SPARK的销量一直上不去。相比SPARK来说,QQ的成功就在于对产品所属区间进行了很好地分析和对消费者需求心理的准确把握,以低价格冲击市场。在7万以下的低端市场目前主要以国产品牌为主。中国区域经济发展的不平衡决定了在中国内地的许多城市(尤其是二、三级城市)存在大量的低端消费群。经济不断繁荣发展,刺激了郊县和农村市场对微型车作为生产营运工具的需求。道路条件的不断改善,尤其是二、三级公路通车里程的不断增加,促进了微型车消费的增长。此外,随着能源问题的日益突出和燃油税收政策的出台,都将影响汽车消费结构,提高微型车销售的比例。这些低端车辆除被用作代步工具外,还成为部分地区的工具用车或作为生产资料。这部分消费者关注的便是价格、维修成本和维修便利性。

2. 中低端和中端市场更加注重时尚和性价比

中低端和中端车用户购车的目的主要是家用,也有部分个体工商户购车目的兼顾家用、个人和商务。这个区间消费者的收入相对较低,职业主要是普通白领,且年轻消费者在这个价格区间所占的比例较大,他们往往更注重个性、时尚的外观设计和较高的性价比。一直以来,北京现代遵循扎根中国的思路,在技术、制造和服务上,和全球保持高度的同步。在营销战略上,力求最大的本地化,研究中国消费者的文化观念,准确地把握中国消费者的审美习惯和对汽车消费的需求心理,引进适合中国市场的车型。作为10万多起价的伊兰特,就抓住了中国消费者在这个价位区间中购车的消费心理。高配置,低价位,时髦的造型,宽敞的空间,刚好迎合了消费者追求高性价比和舒适性的需求。作为典型的韩国车,伊兰特的配置比较齐全:中控锁、CD音响、可调角度方向盘、自动车窗、电调节外后视镜、双安全气囊、ABS、倒车雷达、电座椅加热等,对一款中档经济型轿车来说该有的都有了。而且与竞争对手相比,其他车上有的配置,伊兰特一样也不差。伊兰特的轴距为2610mm,可以说是同级别车中轴距最大的。前后排腿部空间和头部空间都很令人满意,再加上比同级车宽的车身,伊兰特的内部空间十分令人满意。在外部造型方面,伊兰特的外形线条比较和谐,棱角和流线结合在一起,使车身外观既紧凑又流畅,镀铬垂直散热格栅在视觉上降低了整车的重心,带有强烈的前冲感。内饰线条比较简洁,米色系的色彩搭配显得很清新,在中控台和车门内扶手上还搭配了亚光金属质感的饰板,显得很时尚,空调出风口的镀烙装饰很不错。伊兰特在很多细节的处理上做得非常好,从仿桃木和真皮材料的大量使用上可以看出,设计者在营造一种豪华的氛围。整体的感觉,典型的三厢车造型,既有个性又不夸张,既传统又不过时,既实用又体面,既可家用又可公用。总之,把韩国车追求低价格、高配置的特色发挥得淋漓尽致,这就正好迎合了中国消费者在这个价位区间的消费需求心理,因此在中国市场上取得了空前的成功。

3. 中高端市场注重的是"平衡兼顾"的内在品质和个性品位

基于对中国消费文化和目前经济发展阶段的判断,公务车市场目前正面临改造的巨大需求,而随着车价的下降和社会消费能力的提高,更多的私人消费者在购买车辆的时候也会选择中高端车型。公务车在选择车辆时考虑的要素并不是某一方面的性能,而是注重车辆整体的品质和售后服务。同时,调研发现,30~45岁的新兴知识阶层和专业人士,有较高的知识和修养,同时懂得享受生活,他们也将作为中高端消费的一个重要组成部分。在这个价格区间中,广州本田雅阁便是一个很好的例子。从销售数据我们可以看出,本田雅阁在其所属的市场区间中的地位。雅阁汽车的成功就在于它的营销模式。从营销学的角度来说,用双优势的群聚效应定义更为准确,即汽车市场还在一路高歌的时候,便利用原有的品牌优势和低价入市的策略,来达到消费者的群聚效应。利用其平顺的性能,出众的发动机技术,完善的4S售后服务体系,始终迎合潜在消费者的需求心理。

4. 高端市场注重的是品牌

目前,高档轿车按用途可分为公务用车、商务用车和私人用车。在公务用车市场,品牌形象与政府政策契合度是重要因素;在商务用车市场,追求豪华的同时与政府用车相呼应;在私人用车市场,追逐个性化、多样化趋势日益明显。现阶段,"官本位"意识仍然影响着消费者的思想和行为。企业与政府官员的社会、经济交往活动频繁,公务车的购买倾向必然影响着企业商务购车。大批下海经商的政府官员选购高档品牌轿车也会受以前乘坐的和现任政府官员乘坐的公务车的影响。因此,在很大程度上消费行为受公务车影响很大,因此公务车尽管所占市场份额较小,但仍是高端轿车的必争之地。同时,富豪和中等收入阶层也在日益壮大,据中国社科院的最新统计,目前中国的中等收入阶层人数占全国人口的19%,预计到2020年,中等收入阶层将有望达到40%左右。这些人必将成为高端车市场的潜在用户。由于高端车在质量、性能、服务方面都达到了很高的要求和水准,且各有特色,因此品牌的影响力就成了把握消费者和市场份额的最主要因素。但是,目前中国消费者对高档品牌的认知程度还较低,调查发现,在中国消费者心目中,高档轿车品牌认知度超过20%的只有奔驰、宝马、奥迪、凯迪拉克、皇冠、沃尔沃和雷克萨斯等品牌。高档品牌在中国消费者心目中的忠诚度尚未形成,绝大多数消费者对高档品牌的认知仍停留在品牌名称和名气上,对其历史、技术和背景等都没有深刻认知,也没有形成鲜明的消费群分类和品牌忠诚度。因此,现阶段争取高端车市场份额的首要任务就是建立良好的品牌知名度和品牌忠诚度。

奥迪轿车的成功就说明了这个问题。奥迪品牌在世界范围内都难以和奔驰、宝马相提并论。但在中国是个例外,在中国,奥迪已经成为豪华车的代名词,在中国的豪华车市场中占有绝对的优势。先入为主、创建品牌的理念和对中国政府用车市场的把握成就了奥迪在中国今天的地位。作为近5年以来唯一的国产高档豪华车,奥迪的市场份额最高时曾达到90%。一汽大众已经成为国内唯一成熟的国际豪华品牌高档轿车制造基地,奥迪品牌已经成功地进入了中国市场并建立了相对固定的用户群。奥迪的主要用户群尊贵但不大张扬,有品位但不乏激情,与奥迪品牌的内涵相一致,与奥迪全球的用户群特征相近。

我国汽车工业的发展历史并不长,对汽车技术、文化、消费理念等各个方面的积累还不能和西方的发达国家相比,再加上我国悠久的历史对国人思想的影响,体现在对汽车的需求心理方面具有民族的特点,这是我国汽车市场所特有的现象,有别于西方汽车工业发达国家的市场需求,不能完全照搬其模式。而且随着中国汽车市场的迅速发展,消费者对汽车的理解和需求理念也在发生着飞速的变化。如何始终准确把握消费者的需求心理,不断满足消费者对产品的需求,对于汽车生产厂商来说就显得十分重要。对我国现阶段汽车消费心理的分析有助于指导厂商的生产行为,引导成熟的消费理念,建立完善的汽车市场。

4.4 汽车消费者满意度分析

4.4.1 满意度相关概念

1. 客户满意度概念

最早提出客户满意度理论文献可以追溯到 1965 年 Cardozo 发表的"An Experimental Study of Customer Effort, Expectation, and Satisfaction"。早期在满意度方面的研究主要集中在产品方面,而 Cardozo 认为提高客户的满意度,会令客户产生再次购物的行为,而且不会转换其他产品的观点。"以客户为关注焦点",是 ISO 9000 标准 2000 版对 1994 版标准的重大改进。当前,市场的竞争主要表现在对客户的全面争夺,而是否拥有客户取决于企业与客户的关系,取决于客户对企业产品和服务的满意程度。客户满意程度越高,企业竞争力越强,市场占有率就越大,企业效益就越好,这是不言而喻的。"客户是上帝""组织依存于客户"已成为企业界的共识,"让客户满意"也成为企业的营销战略。

ISO 9001:2000 的 8.2.1 中指出:"组织应监控客户满意或不满意的信息,作为对质量管理体系业绩的一种测量",并在 ISO 9004:2000 的条款中对客户满意程度的测量和监控方法及如何收集客户的信息提出了具体的要求。因此,凡已获得认证的企业或潜在的将要贯彻 ISO 9001:2000 标准的企业,都应积极开展客户对产品满意或不满意因素的研究,确定客户满意程度的定量指标或定性描述,划分好客户满意级度,并对客户满意程度进行测量、分析,改进质量管理体系,确定客户满意程度的指标和客户满意级度是对客户满意度进行测量控制的关键问题。

客户满意度是评价企业质量管理体系业绩的重要手段。为此,要科学确定客户满意度的指标和满意度的级度并对客户满意度进行测量监控和分析,才能进一步改进质量管理体系。

2. 客户的需求结构

要建立一组科学的客户满意程度的评价指标,首先要研究客户的需求结构。经对客户作大量调查分析,客户需求的基本结构大致有以下几个方面:

(1)品质需求。品质需求包括性能、适用性、使用寿命、可靠性、安全性、经济性和美学(外观)等。

(2)功能需求。功能需求包括主导功能、辅助功能和兼容功能等。

(3)外延需求。外延需求包括服务需求和心理及文化需求等。

(4)价格需求。价格需求包括价位、性价比、价格弹性等。

组织在提供产品或服务时,均应考虑客户的这四种基本需求。但是,由于不同国家地区、不同的消费人群对这些需求有不同的需求强度。在消费后又存在一个满意水平的高低问题。当客户需求强度高时,稍有不足,他们就会有不满或强烈不满;当需求强度要求低时,只需低水平的满足即可。

例如,购买汽车这种商品时,由于人们收入水平和消费心理的不同,对汽车的品牌、性能、价格有不同的需求强度。收入丰厚的人们,喜欢高档名牌,因此对品质和功能需求的强度要求就高,而对价格需求不强烈。也就是说,当品质和功能不满足他们的要求时,就会产生不满或强烈不满。对低收入工薪族,他们的消费心理追求价廉物美,以实惠为原则,因此,对价格和服务的需求强度要求高,价格高、服务差,是他们产生不满的主要因素。而对功能需求强度则不强烈。所以,企业应该根据不同的客户需求,确定主要的需求结构,以满足不同层次客户的要求,使客户满意。

4.4.2 客户满意度模型

1. 客户满意指标

客户满意是指客户对某一事项已满足其需求和期望的程度的意见,也是客户在消费后感受到满足的一种心理体验。客户满意指标是指用以测量客户满意程度的一组项目因素。

要评价客户满意的程度,必须建立一组与产品或服务有关的、能反映客户对产品或服务满意程度的产品满意项目。由于客户对产品或服务需求结构的强度要求不同,而产品或服务又由许多部分组成,每个组成部分又有许多属性;如果产品或服务的某个部分或属性不符合客户要求时,他们就会做出否定的评价,产生不满意感。

因此,企业应根据客户需求结构及产品或服务的特点,选择那些既能全面反映客户满意状况又有代表的项目作为客户满意度的评价指标。全面就是指评价项目的设定应既包括产品的核心项目,又包括无形的和外延的产品项目。否则,就不能全面了解客户的满意程度,也不利于提升客户满意水平。另外,由于影响客户满意或不满意的因素很多,企业不能都一一用作测量指标,因而应该选择那些具有代表性的主要因素作为评价项目。评价指标体系的原则如下:

(1)建立的客户满意度测评指标体系,必须是客户认为重要的。"由客户来确定测评指标体系"是设定测评指标体系最基本的要求。要准确把握客户的需求,选择客户认为最关键的测评指标。

(2)测评指标必须能够控制。客户满意度测评会使客户产生新的期望,促使企业采取改进措施。但如果企业在某一领域还无条件或无能力采取行动加以改进,则应暂不采用这方面的测评指标。

(3)测评指标必须是可测量的。客户满意度测评的结果是一个量化的值,因此设定的测评指标必须是可以进行统计、计算和分析的。

(4)建立客户满意度测评指标体系还需要考虑到与竞争者的比较,设定测评指标时要考虑到竞争者的特性。

2. 客户满意度测评过程

1)分层

客户满意度测评指标体系是一个多指标的结构,运用层次化结构设定测评指标,能够由表及里、深入清晰地表述客户满意度测评指标体系的内涵。通过长期的实践总结,将测评指标体系划分为四个层次较为合理。每一层次的测评指标都是由上一层测评指标展开的,而上一层次的测评指标则是通过下一层的测评指标的测评结果反映出来的,其中"客户满意度指数"是总的测评目标,为一级指标,即第一层次;客户满意度模型中的客户期望、客户对质量的感知、客户对价值的感知、客户满意度、客户抱怨和客户忠诚等六大要素作为二级指标,即第二层次;根据不同的产品、服务、企业或行业的特点,可将六大要素展开为具体的三级指标,即第三层次;三级指标可以展开为问卷上的问题,形成了测评指标体系的四级指标,即第四层次。

2)模型

ACSI 模型是由美国密歇根大学商学院 Claes Fornell 教授及其同事开发的,目前由美国质量协会和密歇根大学商学院国家质量研究中心共同负责管理。ACSI 模型由国家整体满意度指数、部门满意度指数、行业满意度指数和企业满意度指数四个层次构成,是目前体系最完整、应用效果最好的一个国家客户满意度理论模型,其理论基础为客户满意度与客户在产品或服务购买前的期望及产品或服务购买中、购买后的感受有密切关系,且客户满意程度的高低可能导致两种结果:客户抱怨和客户忠诚。ACSI 模型结构如图 4-3 所示。

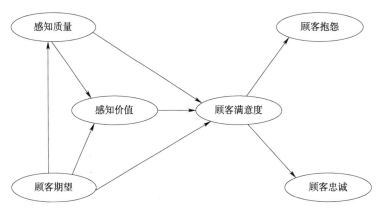

图 4-3　ACSI 模型结构

在 ACSI 模型中,整体满意度被置于一个相互影响、相互关联的因果互动系统中。该模型共有 6 个结构变量,15 个预测变量和 8 个关系,与 SCSB 模型相比,增加了原因变量感知质量(客户基于实际经历的一个客观体验过程,依据其在经历前的需求期望对购买决策整个过程的主观判断),并指明各变量的观测变量,具体如下:

客户预期——对产品或服务质量的总体预期、对产品或服务满足客户需求程度的预期和对其可靠性的预期。

感知质量——客户化质量、可靠性质量和总体质量。

感知价值——给定产品或服务质量下对价格的评价和给定价格下对产品或服务质量的评价。

客户满意度——总体满意度、产品或服务质量同预期和理想产品的比较。

客户抱怨——向厂商和向经销商抱怨的次数。

客户忠诚——重复购买的可能性和保留价格。

ACSI 模型在 1998 年做了一次修正,即将感知质量分解成产品感知质量和服务感知质量,如图 4-4 所示。其中,产品感知质量的观测变量和原模型中感知质量的三个观测变量一致。服务感知质量对应的三个观测变量为客户对服务质量总体、符合个人需求和质量稳定性的评价。

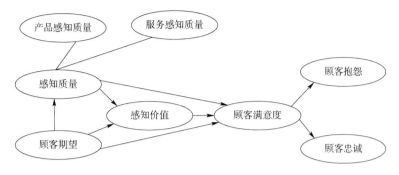

图 4-4　修正的 ACSI 模型结构

由于客户满意度测评指标体系是依据客户满意度模型建立的,因此测评指标体系中的一级指标和二级指标的内容基本上对所有的产品和服务都是适用的,具体见表 4-1。

客户满意度测评指标　　　　　　　　　　表 4-1

一级指标	二级指标	三级指标
客户满意度指数	客户期望	对产品或服务质量的总体期望
		对产品或服务质量满足客户需求程度的期望
		对产品或服务质量稳定性的期望
	客户对产品质量的感知	客户对产品质量的总体评价
		客户对产品质量满足需求程度的评价
		客户对产品质量可靠性的评价
	客户对服务质量的感知	客户对服务质量的总体评价
		客户对服务质量满足需求程度的评价
		客户对服务质量的可靠性的评价
	客户对价值的感知	给定价格时客户对质量级别的评价
		给定质量时客户对价格级别的评价
		客户对总成本的感知
		客户对总价值的感知
	客户满意度	总体满意度
		感知与期望的比较
	客户抱怨	客户抱怨
		客户投诉情况
	客户忠诚	重复购买的类别
		能承受的涨价幅度
		能抵制的竞争者的降价幅度

3）确定客户满意级度

客户满意级度指客户在消费相应的产品或服务之后，所产生的满足状态等级。前面所述，客户满意度是一种心理状态，是一种自我体验。对这种心理状态也要进行界定，否则就无法对客户满意度进行评价。心理学家认为情感体验可以按梯级理论划分为若干层次，相应可以把客户满意程度分成很不满意、不满意、不太满意、一般、较满意、满意和很满意的七个级度或很不满意、不满意、一般、满意和很满意的五个级度。客户满意级度的界定是相对的，因为满意虽有层次之分，但毕竟界限模糊，从一个层次到另一个层次并没有明显的界限。之所以进行客户满意级度的划分，目的是供企业进行客户满意程度的评价之用。

4）客户满意度信息的收集

收集客户满意信息的目的是针对客户不满意的因素寻找改进措施，进一步提高产品和服务质量。因此，对收集到的客户满意度信息进行分析整理，找出不满意的主要因素，确定纠正措施并付诸实施，以达到预期的改进目标。

在收集和分析客户满意信息时，必须注意两点：

（1）客户有时是根据自己在消费商品或服务之后所产生的主观感觉来评定满意或不满意。因此，往往会带有某种偏见/情绪障碍和关系障碍，客户心中完全满意的产品或服务他们可能说很不满意。此时的判定也不能仅靠客户主观感觉的报告，同时也应考虑是否符合客观标准的评价。

（2）客户对产品或服务消费后，遇到不满意时，也不一定都会提出投诉或意见。因此，企业应针对这一部分客户的心理状态，利用更亲情的方法，获得这部分客户的意见。

5）重要因素推导模型改进法

四分图模型（图 4-5）又称重要因素推导模型，是一种偏于定性研究的诊断模型。它列出企业产品和服务的所有绩效指标，每个绩效指标有重要度和满意度两个属性，根据客户对该绩效指标的重要程度及满意程度的打分，将影响企业满意度的各因素归进四个区域。

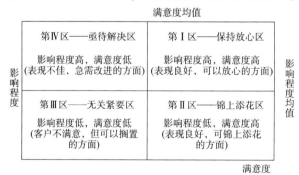

图 4-5　客户满意度矩阵

第Ⅰ区——保持放心区（优势区）：指标分布在这些区域时，表示这些因素对客户来说是重要的关键性因素，客户目前对这些因素的满意度评价也较高，这些优势因素需要继续保持并发扬。

第Ⅱ区——锦上添花区（维持区）：指标分布在这些区域时，表示满意度评价较高，但对客户来说不是最重要的因素，属于次要优势，对企业实际意义不大，如果考虑资源的有效分配，应先从该部分做起。

第Ⅲ区——无关紧要区(机会区):指标分布在这些区域时,代表着这一部分因素对客户不是最重要的,而满意度评价也较低,因此不是现在最急需解决的问题。

第Ⅳ区——亟待解决区(修补区):指标分布在这些区域时,表示这些因素对客户来说是重要的,但当前企业在这些方面的表现比较差,客户满意度评价较低,需要重点修补、改进。

在对所有的绩效指标归类整理后,可从三个方面着手对企业的产品和服务进行改进:消费者期望（消费者最为关注的,认为影响他们对企业满意度的最为重要的一些因素）,企业的优势指标(企业在这些因素上做得到位,消费者满意度高),企业的弱点（企业在这些因素上工作不足,或是没有意识到这些因素对满意度的影响）。

企业在做客户满意度调查时均采用该模型,这个模型简单明了,分析方便有效,而且不需要应用太多的数学工具和手段,无论是设计、调研,还是分析整理数据,都易于掌握,便于操作。当然,这个模型也存在不足之外。它孤立地研究满意度,没有考虑客户感知和客户期望对满意度的影响,也没有研究满意度对客户购买后行为的影响。在实际操作中,该模型列出各种详细的绩效指标由客户来评价指标得分,这就可能引起许多客户的重视,但调查人员和企业没有考虑到的因素未能包含在调查表中。

本章小结

1. 本章从分析汽车私人消费者的购买影响因素入手,对汽车消费者的购买过程进行了讲述。

2. 由于客户满意度对企业来说是非常重要的衡量指标,所以对客户满意度的模型及其重要性矩阵进行了详细讲述,可以用来详细研究汽车营销企业的客户满意度现状和改进方向。

3. 本章的重点是汽车私人消费者的购买决策过程,集团消费者购买行为分析具有特殊性质,不在本章赘述。研究消费者购买行为首先要分析消费者的购买动机和购买心理,因为消费者具有明显的消费多样性、层次性和发展性等。然后消费者的购买决策的重点即消费者购买行为黑箱,再次利用不同级别的汽车消费者购进行案例分析。

4. 客户满意度模型是本章的一个难点。汽车行业已经成为中国经济的一个支柱产业,但是还远没有达到成熟。特别是乘用车领域,品牌众多,产业集中度低,消费者忠诚度低,价格竞争激烈等都折射出该领域的问题。只有深入研究客户满意度模型,挖掘影响客户满意的重要因素,从而在已经提供的产品/服务上面提升用户满意度,进而提升用户的忠诚度,才能够在激烈的竞争中立于不败之地。

5. 如何始终准确把握消费者的需求心理,不断满足消费者对产品的需求,对于汽车生产企业、汽车销售企业以及汽车售后相关服务企业来说是一个不断研究的课题。

自测题

一、单项选择题

1. 对消费者的购买行为具有最广泛、最深远影响的因素是(　　)。

A. 文化因素 B. 社会因素
C. 个人因素 D. 心理因素

2. 购买决策过程为（　　）。
A. 收集信息→引起需要→评价方案→决定购买→买后行为
B. 收集信息→评价方案→引起需要→决定购买→买后行为
C. 引起需要→收集信息→评价方案→决定购买→买后行为
D. 引起需要→决定购买→收集信息→评价方案→买后行为

3. 购买者对其购买活动的满意感（S）是其产品日期望（E）和该产品可能觉察性能（P）的函数，即 $S = f(E,P)$。若 $E > P$，则（　　）。
A. 消费者会满意 B. 消费者不满意
C. 消费者会非常满意 D. 消费者无所谓

4. 马斯洛认为人类最高层次的需要是（　　）。
A. 生理需要 B. 自我实现的需要
C. 安全需要 D. 社会需要

5. 在消费者购买决策中，对是否买、为何买、如何买和何处买等有关决策做出完全或部分最后决定的人是（　　）。
A. 购买者 B. 发起者
C. 使用者 D. 决策者

二、多项选择题

1. 影响消费者购买行为的主要因素为（　　）。
A. 文化因素 B. 心理因素
C. 社会因素 D. 个人因素

2. 在消费者购买决策过程中，参与购买的角色有（　　）。
A. 发起者 B. 影响者
C. 信息控制者 D. 使用者

3. 客户满意度的形成主要基于（　　）。
A. 感知绩效＞期望绩效 B. 感知绩效＝期望绩效
C. 感知绩效＜期望绩效 D. 以上三种

三、判断题

1. 公务车购买主要采取团购的形式，和私人消费者购买形式相同。（　　）
2. 汽车消费者的满意度主要在针对汽车销售顾问的专业性等方面进行评价的。（　　）
3. 消费者需要主要分为生理需要和心理需要。（　　）

四、实践题

完成一次购买行为，可以实体店购买，可以网络购买，甚至可以接受一项服务，分析自己的购买决策过程，以及对产品（服务）的评价。

第5章 汽车产品营销策略

导言

本章主要介绍了汽车营销的4P策略,包括汽车产品策略、汽车价格策略、汽车渠道策略和汽车促销策略。通过本章的学习,力求使学生了解汽车营销策略的制订过程,熟练掌握汽车产品策略的生命周期理论、汽车价格策略的种类、汽车渠道的四参数和四种促销策略。

学习目标

1. 认知目标

(1) 理解汽车产品的概念、汽车的价格构成和汽车渠道的影响因素。

(2) 掌握汽车产品生命周期、汽车渠道的四参数和汽车促销的种类。

2. 技能目标

(1) 能够对不同品牌的汽车进行产品策略、价格策略、渠道策略和促销策略的制订。

(2) 能够绘制产品生命周期图。

3. 情感目标

(1) 培养认真分析问题、归纳总结问题的能力。

(2) 增强理解能力、思维能力和探索问题能力,提高学习兴趣。

保时捷公司的"4P"分析

保时捷汽车具有鲜明的特色,甲壳虫式的车型,后置式发动机和优异的性能,令它很快成为知名汽车。1963年法兰克福国际汽车展览会上,展示了保时捷911车型,这个设计直到现在还有广泛的市场。

1. 产品策略

保时捷在产品策略上有意避开生产通用领域的车辆,而选择了跑车作为主产品。它不是一个高高在上的傲慢品牌,相对于其他跑车来说,保时捷可以说是一辆可以开着上下班的跑车。

科学合理地制订品牌策略,是企业品牌运营的核心内容。每一个企业的产品都有其特定的市场定位。保时捷产品组合中生产多种类型和款式的汽车,同时满足了不同类型消费者的需求。

保时捷的品牌定位是"日常使用的终极跑车"。保时捷生产的亲民跑车,也是保时捷独特定位的优势。

2. 分销渠道策略

直销模式:2010年8月,在浦东新区东方路,保时捷开了第一家"直销店",这是国内保时捷第一家直销店,可能也是亚洲地区的第一家直销店。目前,保时捷在上海每年销量逾千辆,已经成为保时捷在国内最大的区域市场。这一市场仅存一家经销商的情况,已不能满足市场需求。此前,在顶级豪华品牌中,采取直销形式的仅有劳斯莱斯一家,其在国内拥有6家直营店,分布在北京、上海、广州、成都、杭州、香港等六地。保时捷成为采取这一销售模式的第二家。

间接渠道:经销商数量持续扩张深入二、三、四线城市。

3. 价格策略

以保持及提高保时捷品牌形象为目标,采用高价策略。保时捷的品质和工艺上乘,能够为高收入阶层的消费群体所接受,它不拘泥于实际成本而制订一个较高价格,以维持和扩大产品声誉。保时捷品牌有较高的身价,除了它本身所具有的经济价值外,还具有品牌的精神价值、增值价值等无形资产价值,它能满足某类消费者的生理需要,更能满足他们的心理需要和精神需要,因此高价是认知价值的体现,能为该类消费者接受。

4. 促销策略

保时捷汽车作为高档商品,并非人人都消费得起。传统上,对这类价值不菲商品的购买决策,不会是没来由的突发奇想,而是深思熟虑,经过再三考虑、咨询、看车、亲自试驾后的结果。加拿大的一位保时捷经销商,去高级住宅区挨家挨户发送广告,与其他销售员不同的是她为每一个客户制作了独一无二的以"一辆 Porsche 911 停在你家门前"为主题的广告!工作人员真的把车停在客户家门口,由专业摄影师出马,找一个最美的角度拍照,制作出史上绝无仅有,为客户定制的广告,然后打印出来,亲手送到客户的信箱。这样做的结果是有32%的住户预约赏车。事实证明,只要用心,找到对的接触点,用创意的沟通方法,就可能引起客户的赏车意愿,不但可以节省大笔资金,也能快速达到营销目的。

保时捷公司有着准确的产品定位,多渠道的分销路线,精准的价格定位,定位高端的促销战略。由此可见,良好的战略与定位对一个企业来说至关重要,企业若想取得长远的发展必须看清企业发展的前景,制订正确的4P战略。

资料来源:https://wenku.baidu.com/view/0e3c7b9914791711cc7917b8.html?from=search 通过本章的内容分析:保时捷的4P分别是什么?

5.1 汽车产品策略

汽车企业营销活动是以满足消费者需求为中心,而市场需求的满足只能通过提供产品和服务来实现,企业的成功与发展,关键在于汽车产品能在多大程度上满足消费者的各种层次的需要,以及汽车产品策略的正确与否。汽车目标市场确定以后,企业就要根据目标市场的需要来开发和生产满足市场需求的汽车产品。企业还要制订相应的品牌包装策略,利用合理的汽车产品组合,根据汽车产品在市场上的寿命状况运用各种营销策略,以使企业的产品能受到消费者的欢迎,同时不断推出新的产品,力争长盛不衰,取得良好的经济效益。

5.1.1 汽车产品生命周期

1. 汽车产品的概念

菲利普·科特勒认为"产品是指为注意、获取、使用或消费以满足某种欲望和需要而提供给市场的任何事物。"因而从营销学的意义上讲,产品的本质是满足消费者需求的一种载体,或是一种能使消费者需求得以满足的手段。服务是产品的一种形式,是由消费者需求满足方式的多样性、多重性所决定的,所以产品由实体和服务构成,即产品 = 实体 + 服务。GB/T1900 系列标准指出:产品是活动或过程的结果,或者活动或过程的本身。另外,产品 = 有形产品 + 无形产品。有形产品即实实在在能够看得见摸得着的产品;无形产品即企业在生产有形产品的同时派生而来,或者是由企业专门投资塑造的并无具体物质实体的产品。

人们对汽车产品的理解,有狭义和广义之分,我们通常所说的汽车产品是狭义的理解,即仅指汽车产品实物本身,过于狭隘。汽车营销产品的概念从广义上来讲,包括汽车实体产品、汽车保险、汽车品牌、汽车服务等。简言之,汽车产品 = 需要的汽车实体 + 需要的汽车服务。

汽车企业提供的产品 = 汽车企业生产的汽车实体 + 汽车企业提供的汽车服务。

广义的汽车产品概念引申出汽车产品整体的概念。消费需求不断地扩展和变化使产品的内涵和外延不断扩大。从内涵上看,产品从有形实物产品扩大到服务、人员、地点、组织和观念;从外延上看,产品从实质产品向形式产品、附加产品拓展。

(1)无形产品的价值:无磨损、重积累、重独创、重垄断、高渗透、高战略、高价值。

(2)无形产品的类型:产品的造型、品牌、商标、形象、信誉、分销渠道、促销策略、信息、关系、权力等。

产品的基本层次图如图 5-1 所示。

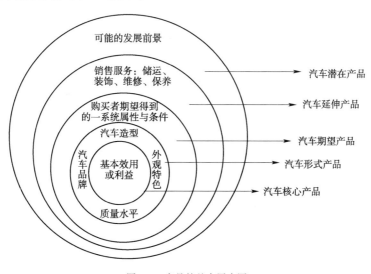

图 5-1　产品的基本层次图

1)汽车核心产品

汽车核心产品即向消费者提供产品的基本效用和功能,是指消费者需求的核心部分,是产品整体概念中最主要的内容。消费者购买产品,并不是为了获得产品本身,而是为了获得满足自身某种需要的效用和利益。企业的产品生产或营销经营活动,首先考虑能为消费者提供哪些效用和功能,并且着眼于产品的这些基本效用和功能上。汽车营销活动所推销的是汽车产品的基本效用和利益,而不是基于该汽车产品具有的表面特征。

2)汽车形式产品

汽车形式产品是指产品的本体,是核心产品借以实现的各种具体产品形式,即向市场提供的产品实体的外观。而外观是指产品出现在市场时,可以为消费者识别的面貌,它一般由产品的质量、特色、品牌、商标、包装等有形因素构成。企业在产品设计时,应着眼于消费者所追求的基本利益,同时市场营销人员也要重视如何以独特的形式将这种利益呈现给消费者。因为形式产品的各种有形因素虽然不全部直接进入产品的使用过程,但也间接影响消费者对产品的满意程度和评价。

3)汽车期望产品

汽车期望产品是指汽车消费者在购买该汽车产品时期望能得到的东西。

4)汽车延伸产品

汽车延伸产品是指消费者购买产品时随同产品所获得的全部附加服务与利益,它包括提供信贷、免费送货、安装调试、保养、包装、售后服务等。

5)汽车潜在产品

汽车潜在产品是指包括现有汽车产品的所有延伸和演进部分在内,最终可能发展成为未来汽车产品的潜在状态的汽车产品。汽车潜在产品是汽车产品的可能发展前景。

汽车产品的整体概念这一原理说明,没有消费者需求就没有汽车产品,通过对汽车产品整体概念的五个层次的内容进行不同的组合,可以满足不同消费者对同一产品的差异性的需求。消费者对产品质量的评价是从汽车产品整体概念的角度进行的,因而不同企业汽车产品质量的竞争实质上是汽车产品整体概念的竞争。

【案例】奔驰汽车公司的整体产品

奔驰汽车公司认识到提供给客户的产品不仅是一个交通工具,还应包括汽车的质量、造型、功能与维修服务等,以整体产品来满足客户的系统要求,不断创新,从小轿车到255吨的大型载重车共160种,3700多个型号,以创新求发展是公司的一句流行口号,推销网与服务站遍布全国各个大中城市。

资料来源:http://www.03964.com/read/d6a807b345af217e61168dc4.html

2.汽车产品市场生命周期的概念

产品的生命周期,指一种产品自开发成功和上市销售,在市场上由弱到强,又由胜转衰,再到被市场淘汰所持续的时间。汽车产品市场生命周期,是指汽车产品从投放市场到被淘汰出市场的全过程,是指汽车产品在市场上的存在时间,其长短受消费者需求变化、汽车产品更新换代的速度等多种因素的影响。产品市场生命与产品的使用寿命概念不同,汽车市场营销学所研究的是汽车产品市场生命周期。

1) 汽车产品市场生命周期各阶段的特点

汽车产品市场生命由于受到市场诸多因素的影响,生命周期内,其销售量和利润额并非是一条直线,不同的时期或阶段有着不同的销量和利润。因此,产品市场生命周期中各个时期或阶段一般是以销售量和利润额的变化来衡量和区分的,如图5-2所示。

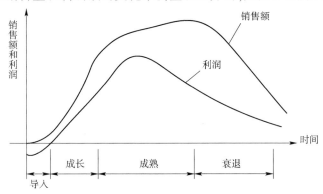

图5-2 产品市场生命周期

由图5-2可见,典型的产品市场生命周期包括四个阶段,即导入期、成长期、成熟期和衰退期。其生命周期表现为一条S形的曲线,各阶段体现出不同的特点。

(1) 导入期。一般指产品从发明投产到投入市场试销的初期阶段。在此阶段,新产品首次进入市场并实现销售。人们对产品不够了解,所以售价虽低,但费用及成本高,利润低,有时甚至亏损。其主要特点为:①生产批量小,试制费用大,制造成本高;②由于消费者对产品不熟悉,广告促销费用较高;③产品售价常常偏高,这是由于生产量小、成本高、广告促销费用较高所致;④销售量增长缓慢,利润少,甚至发生亏损。

(2) 成长期。成长期指产品通过试销阶段以后,转入成批生产和扩大市场销售的阶段。在此阶段,产品的销售量迅速爬升。其主要特点为:①销售额迅速增长;②生产成本大幅度下降,产品设计和工艺定型,可以大批量生产;③利润迅速增长;④由于同类产品、仿制品和代用品开始出现,市场竞争日趋激烈。

(3) 成熟期。成熟期指产品在市场上销售已经达到饱和状态的阶段。在此阶段,产品的销售增长会慢下来或保持不变。其主要特点为:①销售额虽然仍在增长,但速度趋于缓慢;②市场需求趋向饱和,销售量和利润达到最高点,后期两者增长缓慢,甚至趋于零或负增长;③竞争最为激烈。

(4) 衰退期。衰退期指产品不能适应市场需求,逐步被市场淘汰或更新换代的阶段。在此阶段,产品的销售量会下降。其主要特点为:①产品需求量、销售量和利润迅速下降;②新产品进入市场,竞争突出表现为价格竞争,且价格压到极低的水平。

2) 汽车产品市场生命周期各阶段的企业策略

(1) 导入期的汽车营销策略。对进入导入期的产品,企业总的策略思想应该是迅速扩大销售量,提高盈利,缩短导入期,尽量更快地进入成长期。具体特点为:①促销活动的重点是向消费者宣传介绍产品的性能、用途、质量,使消费者尝试使用新产品;②价格上可采取低价渗透策略,迅速扩大销售量占有一定的市场,或采取高价撇脂策略提高盈利。

根据市场具体情况,把促销与价格组合运用并选择以下相应的策略:

①迅速掠取策略。迅速掠取策略指以高价格和高促销水平推出新产品的策略。先声夺人,把本钱收回来。采取这种策略,条件是这种产品十分新颖,消费者愿意支付高价,尽快收回新产品开发的投资。国外汽车企业在推出富有特色的中高级轿车时常采用这一策略。

②缓慢掠取策略。缓慢掠取策略指高价格和低促销水平推出新产品的策略。这种产品必须有独特的亮点,能填补市场上的某一项空白,竞争威胁不大,使企业获得更多利润。东风汽车企业在推出两种车型时采用的营销策略大致就属此类。

③迅速渗透策略。迅速渗透策略指用低价格和高促销水平推出新产品的策略。这种策略是人们对新产品不是很了解,但市场容量大,对价格相对来讲比较敏感,同业竞争激烈,要求企业降低成本打入市场。该策略可以给企业带来最快的市场渗透率和最高的市场占有率。日本、韩国的汽车企业在刚进入北美市场时,便大量采用此种营销策略。

④缓慢渗透策略。缓慢渗透策略指用低价格和低促销水平推出新产品的策略。这种策略目的是迅速地占领市场,阻止其他竞争者对市场的渗入。适合的市场条件是:市场容量大,汽车消费者对价格十分敏感,汽车产品弹性大,有潜在竞争者。四种营销策略如图5-3所示。

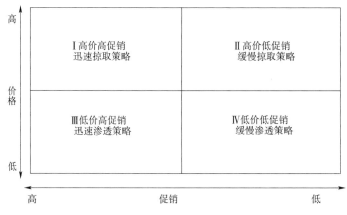

图5-3 导入期的四种营销策略

(2)成长期的汽车营销策略。汽车产品进入该时期,其销售额和利润都呈现出迅速增长的势头,故企业的策略思想是尽可能延长成长期时间,并保持旺销的活力,其主要策略有以下几方面:

①为适应市场需求,集中企业必要的人、财、物资源,改进和完善生产工艺,改进汽车产品质量,增加花色品种,扩大产品批量;汽车企业努力增强企业的产品质量,努力树立名牌产品,提高产品竞争力,满足人们的需求。

②进一步细分汽车市场,扩大目标市场。

③改变广告宣传目标,由导入期提高知名度为中心转为树立企业和汽车产品形象,为产品争创名牌。

④建立高效的分销渠道体系。

(3)成熟期的汽车营销策略。汽车产品进入该时期,销售额和利润出现最高点。由于生产能力过剩、市场竞争加剧、销售增长速度缓慢甚至出现下降趋势,而此时期企业营销思想

应尽量延长生命周期,使已处于停滞状态的销售增长率和利润率重新得以回升,其主要策略有以下几种:

①汽车市场改革策略。即开发新的目标市场,寻求新客户。其方式有:发展产品的新用途,即不改变产品质量、功能而发掘产品新用途,用于其他领域,从而延长产品的生命周期;寻求新市场。相对产品新市场而言,原市场在本地区、本省或本国,而其他地区、外省或外国就是新市场。

②汽车产品改革策略。即通过对产品自身做某种改进,来满足消费者的不同需要,从而为消费者寻求新用途,使销量获得回升。可以从产品的特性、质量、式样和附加产品等方面进行改革。

③汽车市场营销组合改革策略。即对产品、定价、分销渠道和促销四个因素加以改革,以刺激销售额的回升,通常的做法有降价、增加广告、改善销售渠道,以及提供更多的售后服务等。

(4)衰退期的汽车营销策略。该时期产品的销售和利润直线下降,其主要策略有以下几种:

①立刻改革策略。对于汽车企业已准备好替代的新产品,或者该产品的资金可能迅速转移,或者该产品的存在危害其他有发展前途的产品,应当机立断、放弃经营。

②逐步放弃策略。如果企业立刻放弃该产品将会造成更大损失,则应采取逐步放弃的策略。

③自然淘汰策略。企业不主动放弃该产品,继续沿用以往的营销策略,保持原有的目标市场销售渠道,直到产品完全退出市场为止。其中可以采用把企业人、财、物集中到最有利的细分市场获取利润的集中策略,以及把目标市场做出调整的转移策略。

④集中策略。汽车企业把人力、物力集中到最有利的细分市场,从而获得利润。

事实上,各种汽车产品生命周期的曲线形状是有差异的。有的产品一进入市场就快速成长,迅速跳过导入期;有的产品则可能越过成长期而直接进入成熟期;还有的产品可能经历了成熟期以后,进入第二个快速成长期。

【案例】耐人寻味的车型"生命周期"

由于技术日臻成熟和激烈的市场竞争,中国车市上的车型生命周期正变得越来越短,甚至超过了国际市场的车型更替频率。通常,跨国汽车公司每隔 5~6 年才会在全球各地推出一款基于全新平台上设计开发的新车型。而外观内饰方面的小改动,一般是一年一次。在观察国内车市之后可以发现,两年引进一款新车已不是什么新鲜事,每家公司每年推出两款集 20 多种改进于一身的改良款新车,更是司空见惯的事情。新出的威驰成色十足,花冠却已按捺不住上市的冲动;赛欧在车市才驰骋两年多,却已堪称老将,一款同档次的新车型正准备"上场换人";而风神蓝鸟上市才两年多,却已推出第 4 代车型……对于中国车市如此快的新陈代谢速度,跨国公司也感到压力很大,以至丰田在中国一位已经离职的总经理在离开北京时提出的唯一建议便是:丰田应该调整在中国市场的产品生命周期战略,国际上按 6~8 年市场周期设计、制造汽车的通行规则,在中国市场已行不通,这个数据应被缩短为不超过 4 年。

当今的中国车业已融入全球一体化,世界汽车研发水平提升及新车研发周期的缩短,是"中国车市周期"出现的前提。经过不断探索,国际上目前新车平均研发时间已由过去的 36 个月缩短到 24 个月左右,日本丰田甚至在其新推出的花冠车型上实现了 12 个月完成研发的目标。这种日新月异的速度,使各车型在进入中国市场时旨在适应国内路况和消费者口味的改进变得更快。从 POLO 和 GOLE 开始,中国车市的新车投放开始与全球同步,研发周期的缩短,为"中国车市周期"的持续提供了有力保障。

近年来,国际车业孜孜以求的另一个目标是,加快车型平台的通用化进程。过去,美国通用汽车为零配件供应商制订详尽的质量指标,根据型号不同,其麾下 5 大品牌汽车产品选用的刮水器,曾出现过 230 多种不同的规格和生产要求。由此,实现产品通用化就成了当务之急。同时,为"中国车市周期"提供平台支持的还有"供应链物流管理"体制的导入。据由全球 40 多家汽车及零部件制造商设立的"国际汽车分销纲领"一份研究报告显示,一辆普通汽车从制造到交货要用 42 天时间,这期间,制造时间仅为 2 天,运输 5 天,其余时间全部用来完成各类文件及各种配件和制造过程的安排。而一旦加速了供应链物流中的订货环节,客户第 14 天就能拿到车,使产品的上市周期缩短 2/3。经过几年的探索,今天国内各汽车制造商也已普遍提升了物流管理水平。一些厂家还引进美国通用提出的"产品全生产周期管理系统",实现了对整个供应链的有效监控,缩短了生产、销售和订货周期。

在中国,车型生命周期缩短,除了有上述诞生条件外,更源于国内有别于海外的独特市场环境和市场特点。

在来华 4~5 年之后,各跨国汽车公司渐渐摸清了中国消费者的脾气和喜好,其商务政策也开始显现出明显的本土化特征。其中一个最特别的现象就是善于"制造"新品。由于国内消费者对新车型的极端渴望,不仅大量新款被引进国内,许多改良车型也被不断推出。上海通用别克系列中的新世纪车型经过改进后被冠以君威的名称重新上市,市场马上火爆起来,在上市 14 个月后,仍然供不应求。有记者询问通用系统一位高层管理人员:如果是在欧美市场,新世纪会摇身一变成为君威吗?回答是否定的,原因很简单,因为中国消费者和欧美人不同。在国外,通过多年使用,客户通常会对某品牌某车型产生较强的忠诚度,改换车型可能面临损失相当部分忠实消费群体的危险。而在我国,消费者似乎更容易喜新厌旧。汽车生产商为迎合国内消费者容易变换的口味,便加速推出新车型,使汽车生命周期越来越短。此外,中国市场车型的频繁换代也源于世界汽车工业百年的积累。可以这么认为,是世界车业的底蕴厚度和国内车市的竞争强度,共同造就了当今车型的淘汰速度。而残酷的淘汰,正使国内市场车型生命周期与传统经济理论日渐背离。在通常意义上,市场产品生命周期可以分为投入期、成长期、成熟期和衰退期四个阶段。在投入期,企业通常很难获利,而在眼下的国内车市中,由于购买力旺盛,新车上市当年即盈利的情况比比皆是,使国内市场新车型普遍出现"早熟"。而到了成熟期,产品在市场中所占的份额已达到顶峰,降价也开始出现。许多车型一降再降,当利润空间荡然无存之时,就立刻为新产品所代替,因而,几乎没有成长期和衰退期。对此专家指出,快速变幻的市场动态将挤压企业的反应时间,在产品生命周期较短的市场中,投入产出时间较短,资本回报率较高,但风险的集聚过程也会变短,而且一旦爆发,缺乏准备的企业必然将难于承受。

资料来源:http://www.docin.com/p-257020314.html

5.1.2 汽车产品组合策略

1. 产品组合

产品线,指互相关联或相似的一组产品。产品项目,指产品线中不同品种、规格、质量或价格的特定产品。产品组合,就是指一个企业向市场提供的全部产品的构成。通常,产品组合由若干产品线组成,每条产品线包含若干产品项目,每一产品项目又有若干品牌、包装和服务。产品组合的四个变数分别为:

(1)产品组合的广度:是指一个企业所拥有的产品线的多少。

(2)产品组合的长度:是指企业所有产品线中的产品项目的总和。

(3)产品组合的深度:是指产品线中每种产品所提供的花色、品种、规格的多少。

(4)产品组合的关联性:是指各个产品线在最终使用、生产条件、分销渠道或其他方面的相关联的程度。如图5-4所示。

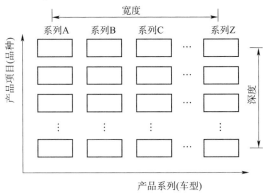

图5-4 产品组合图

【资料】宝马公司试图吸引新一代寻求经济和社会地位成功的亚洲商人。宝马的产品定位是:最完美的驾驶工具。宝马要传递给客户创新、动力、美感的品牌魅力。这个诉求的三大支持是:设计、动力和科技。公司的所有促销活动都以这个定位为主题,并在上述三者中选取至少一项作为支持。每个要素的宣传都要考虑到宝马的客户群,要使客户感觉到宝马是"成功的新象征"。要实现这一目标,宝马公司欲采取两种手段:一是区别旧与新,使宝马从其他品牌中脱颖而出;二是明确那些期望宝马成为自己成功和地位象征的车主有哪些需求,并去满足他们。

宝马汽车种类繁多,分别以不同系列来设定。在亚洲地区,宝马公司根据亚洲客户的需求,着重推销宝马三系列、宝马五系列、宝马七系列和宝马八系列。这几个车型的共同特点是节能。

(1)宝马三系列。三系列原为中高级小型车,新三系列有三种车体变化:四门房车、双座跑车、敞篷车和三门小型车,共有七种发动机。车内空间宽敞舒适。

(2)宝马五系列。具有强力发动机的中型房车五系列是宝马的新发明。五系列提供多样化的车型,足以满足人们对各类大小汽车的所有需求。

(3)宝马七系列。七系列于1994年9月进军亚洲。七系列房车的特点包括了优良品质、舒适与创新设计,已成为宝马汽车的象征。七系列除了有基本车体以外,还有加长车型可供选择。

(4)宝马八系列。八系列延续了宝马优质跑车的传统,造型独特、优雅。

资料来源:http://www.66test.com/Content/1654548_10.html

汽车产品组合:汽车企业生产或销售的全部汽车产品线和汽车产品品种的组合方式。汽车产品组合不恰当可能造成产品的滞销积压,甚至引起企业亏损。

汽车产品组合的广度:汽车企业生产经营的汽车产品系列的个数。

汽车产品组合的深度:每一汽车产品系列所包含的汽车产品项目。

汽车产品组合的长度:产品组合中所包含的汽车产品品种总数。

汽车产品组合的相容度:一个企业的各个产品线在最终使用、生产条件、分销渠道和其他方面相互关联的程度。

2. 汽车产品组合策略

(1)拓展汽车产品组合。企业可以充分利用资源,发展优势,分散企业的市场风险,增强竞争力。其渠道主要是扩大产品组合的广度和加深产品组合的深度,即增加一条和多条生产线,拓宽汽车产品经营领域和在原生产线的基础上增加新的产品项目。若企业现有的产品线销售和利润下降时,应及时扩大产品组合宽度,增加生产线;若企业需要进军更多的细分市场,满足更多不同需求的消费者,可以选择加深产品组合的深度,增加新的产品项目。这一策略的主要特点是降低企业的市场风险或平衡风险,但企业的投入将增加,成本提高,利润可能减少。

(2)缩减汽车产品组合。与拓展产品组合策略相反,企业为了减少不必要的投资,降低成本,增加利润,必须对一些发展获利较多的产品线和产品项目重点支持。该策略的主要特点是集中企业优势发展利好汽车产品,降低成本,但增加了企业的市场风险。

(3)汽车产品延伸。企业根据市场的需求,重新对全部或部分产品进行市场定位,对产品线内的产品项目进行延伸。如企业原来定位于低档产品市场,在原产品线内增加高档产品项目进入高档产品市场,原因在于高档产品有较高的利润率;反之,企业原定位于高档产品市场,现增加低档产品项目,进入低档品市场,来弥补高档品增长缓慢,市场需求有限,竞争激烈的风险。通过高档产品市场建立的形象和声誉,满足更多消费者的需求,吸引更多的消费者。产品线的延伸分为向上延伸、向下延伸和双向延伸。

第一种是向上延伸策略。即企业以中低档产品的品牌向高档产品延伸,进入高档产品市场。一般来讲,向上延伸可以有效地提升品牌资产价值,改善品牌形象,一些国际著名品牌,特别是一些原来定位于中档的大众名牌,为了达到上述目的,不惜花费巨资,以向上延伸策略拓展市场。

第二种是向下延伸策略。即企业以高档品牌推出中低档产品,通过品牌向下延伸策略扩大市场占有率。一般来讲,采用向下延伸策略的企业可能是因为中低档产品市场存在空隙,销售和利润空间较为可观,也可能是在高档产品市场受到打击,企图通过拓展低档产品市场来反击竞争对手,或者是为了填补自身产品线的空档,防止竞争对手的攻击性行为。

第三种是双向延伸策略。双向延伸是指原定位于中档产品市场的企业掌握了市场优势以后,决定向产品大类的上下两个方向延伸,一方面增加高档产品,另一方面增加低档产品,扩大市场阵地。

例如,东方汽车集团生产的商用车、乘用车、零部件等就是产品组合(图5-5);而其中商用车或乘用车等就是产品线;每一大类里包括的具体品牌、品种则为产品项目。一般情况下,企业增加汽车产品组合广度,有利于扩大经营范围,发挥企业特长,提高经济效益,分散经营风险;增加汽车产品组合的深度,可占领更多细分市场,满足消费者广泛的需求和爱好,吸引更多的消费者;增加汽车产品组合的长度,可以满足消费者不同的需求,增加企业经济效益;而增加汽车产品组合关联性,则可以使企业在某一特定领域内加强竞争力和获得良好声誉。

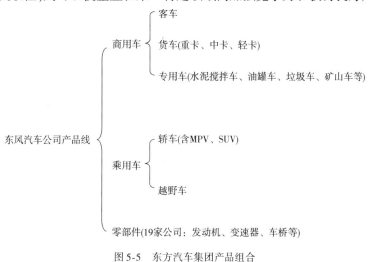

图 5-5　东方汽车集团产品组合

5.2　汽车产品价格策略

在现代市场营销中,价格带有很强的竞争意识,价格直接关系着市场对产品的接受程度,影响企业利润的多少,是营销组合策略中的一个重要组成部分。一方面,它直接关系到产品能否被消费者所接受、市场占有率的高低、需求量的变化和利润的多少;另一方面,与产品策略、分销策略和促销策略相比,价格策略是企业可控因素当中最难于确定的因素。企业的营销管理人员,不仅需要充分认识价格策略在营销组合中的地位和作用,更有必要掌握营销中定价的理论依据,深刻认识制约定价的各种因素,合理制订企业的定价目标,在日益激烈的市场竞争中,艺术性地运用基本的定价策略和方法。

5.2.1　汽车产品价格构成及其影响因素

1. 汽车产品价格构成

汽车产品的价格包含四个要素:汽车生产成本、汽车流通费用、国家税金和汽车企业利润。

1) 汽车生产成本

汽车生产成本是汽车价值的重要组成部分,是汽车价格形成的基础,也是制订汽车价格的重要依据。

2) 汽车流通费用

汽车流通费用是发生在汽车从汽车生产企业向最终消费者移动过程各个环节之中的,并与汽车移动的时间、距离相关,因此,它是正确制订同种汽车差价的基础。

3) 国家税金

国家税金是汽车价格的构成因素。国家通过法令规定汽车的税率,并进行征收。税率的高低直接影响汽车的价格。国家对汽车企业开征的有增值税、所得税、营业税,在汽车产品的流通过程中还有消费税和购置税。

4）汽车企业利润

汽车企业利润是汽车生产者和汽车经销者为社会创造和占有的价值的表现形态，是汽车价格的构成因素，是企业扩大再生产的重要资金来源。

注：汽车购置费用是消费者拿到一辆车实际承担的费用。汽车购置费是在汽车销售价的基础上加上车辆的购置税。由于汽车销售价格中包含17%的增值税，而增值税的税金不构成车辆购置税的纳税基数，因此，应从汽车销售价中剔除增值税部分。

汽车购置费的计算为

汽车购置费 = 汽车销售价格 + 车辆购置税 = 汽车销售价 + [汽车销售价/(1 + 增值税率)] × 车辆购置税率 = 汽车购置价 × {1 + [1/(1 + 17%)] × 10%}

式中，增值税率为17%；车辆购置税率为10%。

如：一辆标价为20万元的轿车，加上车辆购置税后的实际购车费用为

20 × {1 + [1/(1 + 17%)] × 10%} = 20 × (1 + 0.8547 × 10%) = 21.71 万元

2. 汽车定价的全过程

了解汽车产品价格形成的全过程，可以对汽车产品价格的产生有一个总括的概念，对掌握汽车产品定价策略的运用有所帮助。汽车产品定价过程如图5-6所示。

图 5-6　汽车产品定价过程图

图5-6是对汽车产品定价的全过程的描述。任何产品的价格制订总是以产品的成本为基础的。第一步：在产品成本的基础上加上企业目标利润形成企业的产品价格目标，这一目标是企业的主观愿望，能否实现需要放到市场上检验。第二步：根据市场竞争形态——是完全竞争市场、垄断竞争市场、寡头垄断市场还是完全垄断市场，竞争者价格——正面竞争、侧面竞争还是迂回竞争，供求与价格走势——产品的供求状况、价格走势等对价格进行调整。第三步：运用价格策略——利用生命周期的价格策略、价格竞争策略、价格折扣和心理定价实现产品的最终销售。

汽车产品定价实例：

欧洲某汽车公司与中国企业合资，在中国内陆合资生产××牌汽车，该车型是一款在欧洲刚刚开发，在全球同步生产的最新车型，其产品定位是面对中国的家庭用户，具有城市代步、居家旅游、外出休闲的多功能用途的MPV车型，试图改变传统MPV车型价格高、庞大、费油的形象，开创国内家用MPV车型的先河。

该车型定价策略的全过程：

1）产品成本分析

经过成本核算，××汽车的单位变动成本为8万元，计划期内（一年）固定成本为20万

元,市场上同类产品价格为10万元。通过盈亏平衡分析,公司的汽车的盈亏平衡产量(销量)为

$$盈亏平衡销售量 = 固定成本/(价格 - 可变成本)$$
$$= 20/(10 - 8) = 10 \text{ 万辆}$$

反过来讲,如果该公司的汽车生产量为10万辆,则汽车的单台成本为

$$单位成本 = 单位可变成本 + 固定成本/产量 = 8 + 20/10 = 10 \text{ 万元}$$

也就是说,若以市场同类型车10万元的价格,该企业年产10万辆汽车,全部销售出去,企业处于盈亏平衡状态,如果企业的预期利润为15%,在产量、成本不变的情况下,汽车的单价为

$$价格 = 单位成本(1 + 预期利润率) = 10 \times (1 + 15\%) = 11.5 \text{ 万元}$$

2) 价格调整

价格调整是在成本定价的基础上,考虑市场竞争形态,竞争优势和竞争者价格,供求与价格走势等诸多因素对价格的调整。

根据该公司所开发的车型情况,因为是在国内首开家用MPV车的先河,因此,在家用MVP车的细分市场上,与其竞争的现存对手暂不存在,但潜在的竞争对手威胁巨大,如通用、大众、丰田、本田、马自达等在中国的合资企业都具有很强的新车型开发能力,一旦这一市场打开,各厂家会纷纷跟进,市场的竞争会加剧。因此,该公司面对的是现存的空缺市场和潜在的竞争市场。

对此,公司可以选择的价格策略方案有以下几种:

(1) 选择高价的撇脂策略。提高产品的价格,在11.5万元的价格基础之上再增加15%的幅度,即$11.5 \times (1 + 15\%) = 13.225$万元。待其他厂商的同类车进入市场之后再降价,展开价格竞争。企业采用这种高价策略的前提是企业具有较好的市场基础,有一定的品牌度,产品影响力大,用户对企业的认同度高,同时,在汽车上市前企业需要加大营销宣传,做好市场铺垫。

企业即使采取高价策略,其产品提价空间也是极其有限的,因为本产品的定位就是开发一款家用的MPV车型,其价格相当于普通型轿车的价格水平,因此,其价格的上调幅度不可能很大,选择15%基本是可行的。

(2) 选择低价的渗透策略。以较低的、到位的价格,迅速打开并占领市场。采取低价策略,汽车的产品价格可以设定在11.5万元或适当下调。此种策略的前提是企业新车型的产量具有一定的规模,以较大的销量占据较大的市场份额,并且以较低的价格给随后跟进的竞争者设置一道市场进入门槛,用价格的屏障将竞争者拒之门外。

就目前中国的汽车市场而言,汽车的价格逐渐走低是汽车产品价格的总体趋势,汽车生产厂商推出新车型采取的价格策略多数趋向于以较高的价格推出新车型,然后随着时间的推移和产品逐渐成熟再逐步下调价格。

该公司生产的是家用多功能车,定位是中等偏高收入的中青年家庭,这部分人群有明显的价格诉求。采取适当的折让、现金返还或物品赠送以及尾数定价策略则是行之有效的方法。

本案例中,结合车型和目标对象的考虑,可以采用尾数定价法对汽车价格进行调整,定

在 13 万元以下。不去选择 12.98 万元,也不选择 12.88 万元,因为尾数为 8 的商品价格已经被用滥,考虑到消费者的承受心理,最终价格定在 12.95 万元较为合理。

12.95 万元的价格是家用汽车最佳的价格选择区间,根据对目前中国居民收入与汽车消费的关系的考察,中国居民对汽车的选择逐渐趋于理性和成熟,年收入在 10 万~15 万元的家庭,其对汽车的首选价位也在 10 万~15 万元之间。在国内的大型中心城市,这样收入水平的客户群体已具有相当的数量,这样的人群多为事业小有所成,在业界作为骨干或脊梁,有着良好的职业空间,有较多的社会交往,有自尊、自信,然而又不是商甲富翁,既需要一定的体面和尊严,又考虑到经济和实用。因此,一款功能多样、款式新颖、价格适宜的车型,必将为他们所钟爱。

5.2.2　汽车产品定价策略

汽车价格竞争是一种十分重要的汽车营销手段。在激烈的汽车市场竞争中,汽车企业为了实现自己的营销战略和目标,必须根据产品特点、市场需求及竞争情况,采取各种灵活多变的汽车定价策略,使汽车定价策略与汽车市场营销组合中的其他策略更好地结合,促使和扩大汽车销售,提高汽车企业的整体效益。因此,正确采用汽车定价策略是汽车企业取得汽车市场竞争优势地位的重要手段。

1. 新产品定价策略

新产品的定价是营销策略中一个十分重要的问题。它关系到新产品能否顺利地进入市场,能否站稳脚跟,能否获得较大的经济效益。在激烈的汽车市场竞争中,汽车企业开发的汽车新产品能否及时打开销路、占领市场和获得满意的利润,除了汽车新产品本身的性能、质量及必要的汽车市场营销手段和策略之外,还取决于汽车企业是否能选择正确的定价策略。汽车新产品定价有三种基本策略。

1) 撇脂定价策略

撇脂定价策略是一种汽车高价保利策略,是指在汽车新产品投放市场的初期,将汽车价格定得较高,以便在较短的时期内获得高额利润,尽快地收回投资。

这种汽车定价策略的优点是:①汽车新产品刚投放市场,需求弹性小,尚未有竞争者,因此,只要汽车新产品性能超群、质量过硬,就可以采取高价,来满足部分汽车消费者求新、求异的消费心理。②由于汽车价格较高,因而可以使汽车企业在较短时期内取得较大利润。③定价较高,便于在竞争者大量进入市场时主动降价,增强竞争能力,同时,也符合客户对价格由高到低的心理。

这种汽车定价策略的缺点是:①在汽车新产品尚未建立起声誉时,高价不利于打开市场,一旦销售不利,汽车新产品就有夭折的风险。②如果高价投放市场销路旺盛,很容易引来竞争者,从而使汽车新产品的销路受到影响。

这种汽车定价策略一般适用于以下几种情况:

(1) 汽车企业研制、开发的这种技术新、难度大、开发周期长的汽车新产品,定高价也不怕竞争者迅速进入市场。

(2) 这种汽车新产品有较大市场需求。由于汽车是一次购买,享用多年,因而高价市场

(3)高价可以使汽车新产品一投入市场就树立起性能好、质量优的高档品牌形象。

【案例】大众奥迪——撇脂定价策略

一汽大众正式公布了全新奥迪 A6/L2.4 和 A6/L3.0 共 6 款车型的价格和详细装备表。其中 A6/L2.4 三款车型的厂家指导价格区间为 46.22 万~57.02 万元;A6/L3.0 三款车型的价格区间为 56.18 万~64.96 万元。

据了解,自 1999 年投产以来,上一代国产奥迪 A6 经历了五次升级,在不到 5 年的时间里销量超过 20 多万辆,在国内豪华车市场多年来可谓是一枝独秀。

按照这个价格,新奥迪 A6 的最高价格已经打破了目前国产豪华轿车最贵的一款宝马 530i。国产宝马 5 系目前的价格是 53 万~61 万元,市场报价更低,日产的价格是 24.98 万~34.98 万元,丰田的报价是 32.8 万~48 万元,新奥迪 A6 等于让出了原来销量最大的价格区间。

奥迪采取高价策略,也可称为撇脂定价策略,指企业以较高的成本利润率为汽车定价,以求通过"厚利稳销"来实现利润最大化。这种策略也是一种较特殊的促销手段,利用人的求名、求美心理。一般运用于价格弹性小的产品,或消费者对价格反应迟钝的产品。比如具有新款式和新功能的中档汽车以及高档豪华汽车。比如奥迪 A8 加长型 3.0 在中国上市时售价 118 万元人民币,同级别的奔驰 S350 售价 120 万元,宝马 730Li 售价 110 万元,但这些车在国外市场定价也就 11 万美元左右。

高价策略的优点是:新车上市之初,客户对其尚无理性的认识,此时的购买动机多属于求新求奇。利用这一心理,企业通过制订较高价格,以提高产品身份,创造高价、优质的品牌形象。上市初的高价,使企业在汽车产品进入成熟期时可以拥有较大的调价余地,以保持企业的竞争力,而且可以吸引价格敏感的客户。利用高价限制需求的过快增长,获取利润进行投资,扩大生产。

高价策略的缺点是:过高的价格不利于市场开拓,会在一定程度上抑制销量。导致大量竞争者涌入,仿冒品、替代品大量出现,迫使企业降价。价格过分高于价值,易造成消费者的反对和抵制,引发大量批评和一系列的公关问题。

资料来源:http://www.doc88.com/p-1816846333870.html

2)渗透定价策略

渗透定价策略是一种汽车低价促销策略,是指在汽车新产品投放市场时,将汽车价格定得较低,以便使汽车消费者容易接受,很快打开和占领市场。

这种汽车定价策略的优点是:一方面,可以利用低价迅速打开新产品的市场销路,占领市场,从多销中增加利润;另一方面,低价又可以阻止竞争者进入,有利于控制市场。

这种汽车定价策略的缺点是:投资的回收期较长,见效慢,风险大,一旦渗透失利,企业就会一败涂地。

这种汽车定价策略一般适用于以下几种情况:

(1)制造这种汽车新产品所采用的技术已经公开,或者易于仿制,竞争者容易进入该市场。利用低价可以排斥竞争者,占领市场。

(2)投放市场的汽车新产品,在市场上已有同类汽车产品,但是,生产汽车新产品企业比生产同类汽车产品企业拥有较大的生产能力,并且该产品的规模效益显著,大量生产定会降低成本,收益有上升趋势。

(3)该类汽车产品在市场中供求基本平衡,市场需求对价格比较敏感,低价可以吸引较多客户,可以扩大市场份额。

【案例】本田飞度——渗透定价策略

在国内经济型轿车市场上,像广州本田的飞度一样几乎是全球同步推出的车型还有上海大众的POLO。但与飞度相比,POLO的价格要高得多。飞度五速手动挡的全国统一销售价格为9.98万元,1.3L无级变速自动挡销售价格为10.98万元。而三厢POLO上市时的价格为13.09万~16.19万元。飞度上市后,POLO及时进行了价格调整,到12月中旬,在北京亚运村汽车交易市场上,三厢POLO基本型的最低报价是11.11万元。即使这样,其价格还是高于飞度。虽然飞度9.98万元的价格超过了部分消费者的心理预期,但在行家眼里,这是对其竞争对手致命的定价。

飞度定价上也体现了广州本田的营销技巧。对于一般汽车企业来说,往往从利润最大化的角度考虑定价,想办法最大程度地获得第一桶金。这体现在新车上市时,总是高走高开,等到市场环境发生变化时才考虑降价。但这种方式存在一定的问题,即在降价时,因为没办法传递明确的信号,消费者往往更加犹豫,因为他们不知道企业是否已经将价格降到谷底。

飞度的做法则不同,它虽然是一个技术领先的产品,但采取的是一步到位的定价。虽然这种做法会使消费者往往要向经销商交一定费用才能够快速取得汽车,增加了消费者的负担。但供不应求的现象会让更多的消费者产生悬念。如果产量屏障被打破以后,消费者能够在不加价的情况下就可以买到车,满意度会有很大的提高,因为它给予了消费者荣誉上的附加值。对于飞度为什么能够实现如此低的定价这个问题,广州本田方面的解释是,飞度起步时国产化就已经超过80%。而国产化比例是决定国内轿车成本的两大因素之一。

整体来看,飞度良好的市场表现最重要的原因之一是广州本田采用了一步到位的低价策略。汽车性能和价格在短期内都难以被对手突破。这就使得长期徘徊观望的经济型轿车潜在消费者打消了顾虑,放弃了持币待购的心理,纷纷选择了飞度。

广州本田采用了一步到位的低价策略,也可称为渗透定价策略,是指汽车企业以较低的成本利润率为汽车定价,以求通过"薄利多销"来实现利润指标的定价策略。这是一种常用的促销手段,利用人的求实、求廉的心理,一般只用于消费者对价格反应敏感的汽车产品,如中低档的经济型汽车。

从产品的生命周期来看,属于产品导入期和衰退期的汽车,常常会用低价策略。前者的目的是为了迅速占领市场,后者是为了加快更新换代。但同时低价策略使厂家获取微利,用于市场推广的预算不足,给人以价低质次的不良感觉。

资料来源:http://wenku.baidu.com/link?url=q8gRd4h_bcB68IzNEW-O43DzKsanxGvbXRNKBR3d46kD0jrmOic2jjqf_6YhBvjgIvlQI07VAe2KpOohUBadHD3_XgMpl-wWynvhGFDHjbS

以上两种汽车定价策略各有利弊,选择哪一种策略更为合适,应根据市场需求、竞争情况、市场潜力、生产能力和汽车成本等因素综合考虑。

3）满意定价策略

满意定价策略是一种介于撇脂定价策略和渗透定价策略之间的汽车定价策略。所定的价格比撇脂价格低，而比渗透价格高，是一种中间价格。这种汽车定价策略因为能使汽车生产者和消费者都比较满意而得名。由于这种价格介于高价和低价之间，因而比前两种定价策略的风险小，成功的可能性大。但有时也要根据市场需求、竞争情况等因素进行具体分析。

2. 产品寿命周期定价策略

在汽车产品寿命周期的不同阶段，汽车定价的三个要素，即成本、消费者和竞争者都会发生变化，因此，汽车定价策略要适时而定。

（1）导入期。汽车消费者在起初接触汽车新产品的价格敏感性与他们长期接触汽车价格敏感性之间是没有联系的。大多数消费者对新产品的价格敏感性相对较低，因为他们倾向于把汽车价格作为衡量汽车质量的标志，而且，此时没有可作对比的其他品牌汽车。但不同的汽车新产品进入市场，反应是有很大差异的。1908年，福特公司推出的T型车就是新的大批量生产技术的产物，它的先驱者已经为其进入市场铺平了道路；而新型的天然气推动的汽车却并不容易普及。导入期的定价策略如图5-7所示。

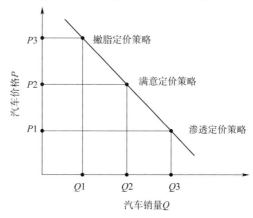

图5-7 导入期的定价策略

（2）成长期。在成长期，消费者的注意力不再单纯停留在汽车产品的效用上，他们开始比较不同汽车品牌的性能和价格，汽车企业可以采取汽车产品差别化和成本领先的策略。一般来说，成长期的汽车价格最好比导入阶段的价格低。因为消费者对产品了解增加，价格敏感性就会提高。但对于那些对价格并不敏感的市场，不应使用渗透定价。在产品的成长期，由于其他竞争对手的进入，市场中的竞争程度加大，客户的注意力不再单纯停留在产品效用上，开始精打细算地比较不同品牌的成本和特性。因此，企业要维护其产品的地位，通常可采用成本领先策略和产品差异化定价策略。

（3）成熟期。成熟期的汽车有效定价着眼点不是努力争得市场份额，而是尽可能地创造竞争优势。这时候注意不要再使用捆绑式的销售，因为那样只会使组合汽车产品中一个或几个性能更好的汽车产品难以打开市场。这时，市场为基本汽车产品定价的可调范围缩小，但可以通过销售更有利可图的辅助汽车产品或优质服务来调整自己的竞争地位。

(4)衰退期。衰退期中很多汽车企业选择降价,但遗憾的是,这样的降价往往不能刺激起足够的需求,结果反而降低企业的盈利能力。衰退期的汽车定价目标不是赢得什么,而是在损失最小的情况下退出市场,或者是保护甚至加强自己的竞争地位。一般有三种策略可供选择:紧缩策略、收缩策略和巩固策略。它们的含义分别是将资金紧缩到自己力量最强、汽车生产能力最强大的汽车生产线上;通过汽车定价,获得最大现金收入,然后退出整个市场;加强自己的竞争优势,通过削价打败弱小的竞争者,占领他们的市场。

【资料】QQ在2003年上市前,外界预测它的价格在5.8万元以上,结果QQ以4.98万元的价格上市,大大降低于消费预期,是当时微型车领域价格最低的车型,以至于在6个月内销售了2.8万辆,迅速抢占市场,完美度过产品导入期,进入成长期,市场份额迅速扩大,产品竞争力提升。在适当时机,QQ又采用了降价策略,进一步稳固了市场地位。2008年,QQ借助新汽车消费税的实施,第一时间大规模降价2000元,以压缩自我利润为手段,来扩大市场份额,提高市场占有率。产品目前进入成熟期,在微车市场保持强劲竞争力。

资料来源:http://www.docin.com/p-739051450.html

3. 折扣和折让定价策略

在汽车市场营销中,汽车企业为了竞争和实现经营战略的需要,经常对汽车价格采取折扣和折让策略,直接或间接地降低汽车价格,以争取消费者,扩大汽车销量。灵活运用折扣和折让策略,是提高汽车企业经济效益的重要途径。具体来说,折扣和折让分以下六种。

1)现金折扣

现金折扣是指企业对于付款及时、迅速或提前付款的消费者,给予一定的价格折扣,以鼓励消费者按期或提前付款,加快企业资金周转,减少呆、坏账的发生。例如,有的经销商对于一次性能付清全部购车款的消费者,会给予3%左右的折扣。

2)数量折扣

数量折扣是根据买方购买的汽车数量多少,分别给以不同的折扣。买方购买的汽车的数量越多,折扣越大。数量折扣可分为累计数量折扣和非累计数量折扣。前者规定买方在一定时期内,购买汽车达到一定数量或一定金额时,按总量给予一定折扣的优惠,目的在于使买方与汽车企业保持长期的合作,以维持汽车企业的市场占有率;后者是只按每次购买汽车的数量多少给予折扣的优惠,这可刺激买方大量购买,减少库存和资金占压。这两种折扣价格都能有效地吸引买主,使汽车企业能从大量的销售中获得较好的利润。

3)功能折扣

功能折扣也叫贸易折扣,是指汽车制造商为促进经销商或企业内部员工执行企业内部的某种市场营销功能(如服务、信息反馈等)而给予的一种额外折扣。例如,美国通用汽车企业,为促进美国汽车销售,向其15.9万名美国员工以1000美元的折扣抛售轿车或载货车。功能折扣的比例,主要考虑中间商在分销渠道中的地位、对生产企业产品销售的重要性、购买批量、完成的促销功能、承担的风险、服务水平、履行的商业责任,以及产品在分销中所经历的层次和在市场上的最终售价等,功能折扣的结果是形成购销差价。

4)季节折扣

季节折扣,也叫季节差价。汽车产品的生产是连续的,而其消费却具有明显的季节性。为了调节供需矛盾,制造商便采用季节折扣的方式,对在淡季购买汽车产品的客户给予一定的优惠,使企业的生产和销售在一年四季都能保持相对稳定,以确保企业生产均衡,加速企业的资金周转和节约费用。

5) 折让

折让是汽车制造商根据企业价目表给予减价的一种让利形式,通常没有固定的减价比例,有时也没有具体明确的减价金额,而是根据实际情况来确定。如以旧换新就是一种折让汽车的以旧换新,折让金额就要根据二手车的情况来具体确定。

6) 回扣和津贴

回扣是间接折扣的一种形式,它是指购买者在按价格目录将货款全部付给销售者以后销售者再按一定比例将货款的一部分返还给购买者。津贴是企业为特殊目的,对特殊客户以特定形式所给予的价格补贴或其他补贴。比如,当经销商为企业产品提供了包括刊登地方性广告等在内的各种促销活动时,汽车制造商给予经销商一定数额的资助或补贴。

【案例】底特律也流行"价格战"

自 2001 年 9.11 恐怖事件以来,美国消费市场一直处于疲软状态,为了刺激消费,也为了清除剩余库存,集中力量准备新车型上市,通用首先吹响了"价格战"的号角。这种价格战并非是简单的降价,而是采用调动中间商和其他客户积极性的价格折扣策略以及优惠的车贷措施等一系列的销售激励战略,但这些举措都是在稀释自己的利润率,无怪乎底特律其他车商们尽管也不得不尾随跟进却又是再三抱怨,克莱斯勒的负责人就称这分明是在向利润极限作挑战。

但不知是不是在销售激励策略中尝到了甜头,各大车商为此而支付的费用却逐年增长,据相关机构统计,通用和福特的费用增长率为 20% 左右,克莱斯勒的速度更快,2004 年 1、2 月份同比分别上升了 56% 和 42%,在此方面的动作大有赶超通用之势。

尽管一开始,克莱斯勒对这种变相的价格战并不赞赏,但被动尾随的结果却是市场销量的大幅增加,那么积极推进带来的势必是更大的蛋糕。事实也证明了这一点,在刚刚过去的 2 月,克莱斯勒的市场占有率是 13.3%,同比上升了 0.3%。

但是价格战的老大却谁也不愿当。通用的市场分析专家保罗·巴鲁表示:"打折会有损品牌的美誉度,而且会让人产生一种错觉,即公司的成功来源于折扣返让。"克莱斯勒的新闻发言人吉森·凡思也否认了报道所称的"公司的主要精力投放在销售激励措施上"的说法。克莱斯勒的一位行政负责人把这种促销方式称为"让人上瘾的毒品",他表示这种做法短期来看确实能使销量上涨,但从长远看,无论是对汽车工业还是消费者都是不利的。

保罗·巴鲁同时认为,"克莱斯勒在销售激励措施上相当积极,现在看来确实帮助他们占有了市场份额,但长远来讲,利弊得失尚不能盖棺定论,应有待时间来证明。"言外之意透露出通用已在这方面受到了来自克莱斯勒的威胁。

资料来源:http://www.auto.hc360.com/info_html/index2004325/337582.html

4. 针对汽车消费者心理的定价策略

这是一种根据汽车消费者心理要求所采用的定价策略。每一个品牌汽车都能满足汽车消费者某一方面的需求,汽车价值与消费者的心理感受有着很大的关系,这就为汽车心理定价策略的运用提供了基础,使得汽车企业在定价时可以利用汽车消费者心理因素,有意识地将汽车价格定得高些或低些,以满足汽车消费者心理的、物质的和精神的多方面需求,通过汽车消费者对汽车产品的偏爱或忠诚,诱导消费者增加购买,扩大市场销售,获得最大效益。具体的心理定价策略如下。

1)整数定价策略

在高档汽车定价时,往往把汽车价格定成整数,不带尾数。凭借整数价格来给汽车消费者造成汽车属于高档消费品的印象,以提高汽车品牌形象,满足汽车消费者某种心理需求。

整数定价策略适用于汽车档次较高,需求的价格弹性比较小,价格高低不会对需求产生较大影响的汽车产品。由于目前选购高档汽车的消费者都属于高收入阶层,自然会接受较高的整数价格。美国的一位汽车制造商曾公开宣称,要为世界上最富有的人制造一种大型高级豪华轿车。这种车有6个轮子,长度相当于两辆卡迪拉克高级轿车,车内有酒吧间和洗澡间,价格定为100万美元。为什么一定要定个100万美元的整数价呢?这是因为,高档豪华的超级商品的购买者,一般都有显示其身份、地位、富有、大度的心理欲求,100万美元的豪华轿车,正迎合了购买者的这种心理,使消费者感到提升了一个商品档次,另外整数比较整齐,也给人干脆的感觉。

2)尾数定价策略

尾数定价策略是与整数定价策略正好相反的一种定价策略,是指汽车企业利用汽车消费者求廉的心理,在汽车定价时,不取整数、而带尾数的定价策略。如某款家用轿车定价为9.98万元。这种带尾数的汽车价格给汽车消费者直观上一种便宜的感觉。同时往往还会给消费者一种汽车企业经过了认真的成本核算才定价的感觉,可以提高消费者对该定价的信任度,从而激起消费者的购买欲望,促进汽车销售量的增加。尾数定价策略一般适用于汽车档次较低的经济型汽车。经济型汽车价格的高低自然会对需求产生较大影响。

奇瑞定价的数字效应

微型轿车:QQ标准型定价33333元;

经济型轿车:风云基本型定价55555元;

中高级轿车:东方之子基本型定价99999元;

城市休闲SUV:瑞虎定价111111元。

3)声望定价策略

与尾数定价策略相反,声望定价策略是根据汽车产品在消费者心目中的声望、信任度和社会地位来确定汽车价格的一种汽车定价策略。声望定价策略就高不就低,如将近20万元的车不是定在19万多,而是定在20万元以上,表明是20万元档次的车。声望定价可以满足某些汽车消费者的特殊欲望。如地位、身份、财富、名望和自我形象等,还可以通过高价格显示汽车的名贵优质。有报道称,在美国市场上,质高价低的中国货常竞争不过相对质次价高的韩国货,其原因就在于美国人眼中低价就意味着低档次。声望定价策略一般适用于具有较高知名度、有较大市场影响的著名品牌的汽车。奥迪A8加长型3.0在中国上市时卖118万元人民币,同级别的奔驰S350售价120万元,宝马7售价730Li售价110万,但这些车在国外市场定价也就10万美元左右。其定价策略很大一部分是摸准了国内消费者求名求美有比较的攀比心理。

4) 招徕定价策略

这是指将某种汽车产品的价格定得非常高,或者非常低,以引起消费者的好奇心理和观望行为,来带动其他汽车产品的销售的一种汽车定价策略。如某些汽车企业在某一时期推出某一款车型降价出售,过一段时期又换另一种车型,以此来吸引客户时常关注该企业的汽车,促进降价产品的销售,同时也带动同品牌其他正常价格的汽车产品的销售。招徕定价策略常为汽车超市、汽车专卖店所采用。在二手车交易市场中,一些经销商为了吸引客户,甚至打出了"100元即能过户"的广告来招徕客户,而实际上目前我国汽车市场微型轿车的过户费用200元起,1.0L排量的轿车300元起,两者的过户费用最高均为600元。然后随着排量的增大,过户费用也随着增加,3.0L排量的轿车最高的过户费用为4000元,最低为500元。相应的相同排量的客车与货车的过户费用低于轿车,最低的微型货车和农用车的过户费用也需100元。

5) 分级定价策略

这是指在定价时,把同类汽车分为几个等级,不同等级的汽车,采用不同价格的一种汽车定价策略。这种定价策略能使消费者产生货真价实、按质论价的感觉,因而容易被消费者所接受。而且,这些不同等级的汽车若同时提价,对消费者的按质论价的冲击不会太大。

分级定价策略,等级的划分要适当,级差不能太大或太小。否则,起不到应有的分级效果。

【资料】别克凯越 Excelle 轿车的价格策略

上海通用汽车先后推出了经济型轿车赛欧(8.98万~12.98万)和中高档轿车别克君威(22.38万~36.9万)。赛欧针对的是事业上刚刚起步、生活上刚刚独立的年轻白领;而别克君威则针对的是已经取得成功的领导者。中级轿车市场是中国轿车市场的主流,这一汽车板块为中国汽车业带来了巨大的利益,同时也是竞争最激烈的市场。中级轿车市场多以公务商务使用为主,兼顾私用,而且仍在迅速增长。上海通用汽车由此推出"别克凯越",从而正式进军极具潜力的中级车市场。别克凯越的市场主要竞争对手包括:爱丽舍、日产阳光、宝来、威驰、福美来、捷达、桑塔纳2000等。在2003年8月上市的别克凯越 LE-MT 豪华版(1.6L手动挡)售价为14.98万元,别克凯越 LS-AT 顶级版(1.8L自动挡)售价为17.98万元。

在分析以上影响因素之后,我们可以看到,别克凯越的市场定价不高,采用了满意定价的方法,制订不高不低的价格,可以同时兼顾厂商、中间商及消费者利益,使各方面满意。相对于同一类的车而言,例如,宝来1.6手动型的售价是15.5万元,而宝来1.8舒适型的售价是18.5万元,在性能详尽的情况下,别克凯越的售价比同档次的宝来低了近1000元。因此,对中级车主力的宝来构成了巨大的冲击。

上海通用是世界最大的汽车制造厂商,别克是世界名牌。但是,别克凯越采用了一种跟随的定价方式,在同类车中,价格低于宝来和配置更好的威驰,并没有定高价。可见,上海通用汽车进入中级车市场的决心。

同时,我们可以看到它采用了尾数定价的技巧。这无疑又为别克凯越占领市场建立了一个好的口碑。别克凯越1.6的定价虽然离15万元只是差了200元,但是消费者在心理上没有突破15万元的心理防线,给客户价廉的感觉。而同一档次、性能相近的宝来的售价是15.5万元,使消费者感到价格昂贵的感觉。同时别克凯越采取了数字8结尾,很符合中国人的习惯,这与大多数轿车生产厂商的定价方法是相同的。

目前,我们还没有看到别克凯越降价的迹象,同时我们看到的都是在加价购车,虽然加价,但比起同性能的车型,价格还是相对便宜的,因此,我们可以看到在近期内面对同类中级车的不断降价声,别克凯越很难降价。但是,加价买车的现象会随着产量的增加而消失。面对众多竞争者相继降价,或者提高性能变相降价,别克凯越无疑将面对更大的压力。直接降价无疑会对品牌的声誉产生很大的影响,一个客户很难接受一个汽车品牌不断的降价,这样不仅损害了客户的利益,而且还损害了厂商自身的利益。因此,面对宝来、威驰等主力中级车型的降价,以上海通用一贯的价格策略,别克凯越将会采用提高性能或者实行优惠的政策来变相降价。

别克凯越进入市场3个月内,销量突破2万辆大关,创造了中国轿车业的奇迹,这和上海通用稳定的价格策略是分不开的。上海通用一般采取一种具有刚性的价格,很少采用降价销售的竞争手段。虽然赛欧一度降价,但还是保持了一定的稳定性,避免了品牌知名度的下降。对于别克凯越,上海通用同时又采用一种满意定价,其价格低于同类车中性能详尽的车型,因此,消费者可得到十足的满意。

资料来源:http://www.docin.com/p-554643717.html

5.3 汽车分销策略

5.3.1 汽车分销渠道相关概述

1.分销渠道概念

分销渠道又称销售渠道,是指某种商品和服务从生产者向消费者转移的过程中,取得这种商品和服务的所有权或帮助所有权转移的所有企业和个人,即产品从生产者到用户的流通过程中所经过的各个环节连接起来形成的通道。

汽车销售渠道是指汽车产品或者服务从汽车生产者向汽车用户转移的过程中,直接或者间接转移汽车所有权所经历的途径。分销渠道的起点是生产者,终点是消费者或用户,中间环节为中间商,包括批发商、零售商、代理商和经纪人。汽车销售渠道的中间环节为汽车中间商和汽车代理中间商。现有的汽车交易市场、品牌专卖店、连锁店和汽车超市等均是直接面向消费者的分销渠道的具体表现形式。

2.汽车分销渠道的功能

汽车销售渠道是将汽车产品从制造商转移到消费者手中所必须经过的工作环节。它的工作目的在于消除汽车产品与消费者之间的差距,弥补产品、服务和其使用者之间的缺口。

销售渠道的主要功能有如下几方面。

(1)搜集、提供信息。分销渠道构成成员中的汽车销售中间商直接接触市场和消费者,最能了解市场的动向和消费者实际状况。这些信息都是企业产品开发、市场促销所必需的。汽车销售渠道能紧密观测市场动态,搜集相关信息,及时反馈给汽车企业。

(2)刺激需求,促进销售。分销渠道系统通过其分销行为和各种促销活动来创造需求、扩展市场。人员促销、营业推广等促销方式都离不开汽车销售渠道的参与。

(3)服务。汽车销售活动必须以客户为中心,各个环节的服务质量直接关系到汽车企业在市场中的竞争实力,因此汽车销售渠道必须为汽车用户提供周到、高质量的服务,提高客户的满意度。

(4)调整和配合。分销渠道所进行的调整活动主要包括集中、选择、标准、规格化、编配分装、备齐产品等。这些职能可以调整生产者和消费者之间的各种利害关系,使产品得以顺利流通。

(5)物流。物流又称实体分配,要使产品从生产者转移到消费者或用户,就需要储存和运输。汽车销售渠道必须解决将何种汽车、以多少数量在指定的时间送达到正确的汽车市场上,实现汽车销售渠道整体的效益最佳。

(6)生意谈判。转移汽车产品的所有权,并就其价格及有关条件达成协议。一是寻找可能的购买者并与其进行沟通;二是渠道成员向生产者进行反向沟通并订购产品。

(7)承担风险。在产品分销过程中承担与渠道工作有关的风险。汽车市场的销售情况变化多样,有高峰也有低谷,渠道中的各个成员必须共同面对,共担收益与风险。

(8)融资。融资是为补偿渠道工作的成本费用而对资金的获取与支配。加速资金周转、减少资金占用,汽车销售渠道的各成员间必须及时进行资金清算,并且相互间提供必要的资金融通和信用。

5.3.2 汽车分销渠道的类型

任何一个汽车生产企业要把自己的产品顺利地销售出去,就需要正确选择产品的销售渠道。选择销售渠道的内容有两个方面:一是选择销售渠道的类型;二是选择具体的中间商。

1. 汽车销售渠道的分类方式

1)按渠道的长度分类

渠道长度,是指产品分销所经中间环节的多少及渠道层级的多少。所经中间环节越多,渠道越长;反之,渠道越短。最短的渠道是不经过中间环节的渠道。分销渠道可以按其长度的不同分为四种基本类型,如图5-8所示。

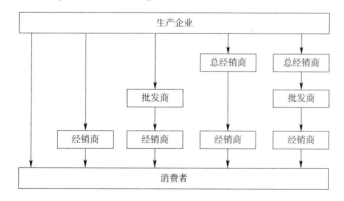

图5-8 汽车销售渠道的模式

(1)零层渠道(M-C),又称直接渠道,指没有中间商参与,产品从制造商转移到消费者或用户的过程中不经过任何中间商转手的分销渠道。直接渠道是商用车分销渠道的主要类型,其主要优点是能缩短产品的流通时间,使其迅速转移到消费者手中;减少中间环节,降低产品损耗;制造商拥有控制产品价格的主动权,有利于稳定价格;产需直接见面,便于了解市场,掌握市场信息。

(2)一级渠道(M-R-C),是指生产者和消费者(或用户)之间介入一层中间环节的分销渠道。在消费者市场,其中间环节通常是零售商;在生产者市场,大多是代理商或经纪人。汽车销售渠道中包括一级中间商,如汽车经销商(零售商)。

(3)二级渠道(M-W-R-C),是指生产者和消费者之间介入两层中间环节的分销渠道。在消费者市场,通常是批发商和零售商;在生产者市场则通常是代理商和批发商。汽车销售渠道中包括两级中间商,如总经销商(批发商)和经销商(零售商)。

(4)三级渠道(M-A-J-R-C),是指生产者和消费者(或用户)之间介入三层中间环节的分销渠道。一般来说,三层渠道多见于消费者市场。汽车销售渠道中包含三级中间商,如汽车产品经过总代理商卖给批发商再卖给零售商。

2)按渠道的宽度分类

分销渠道的宽度,是指渠道的每个层次使用同种类型中间商数目的多少。多者为宽渠道,意味着销售网点多,市场覆盖面大;少者则为窄渠道,市场覆盖面也就相应较小。受市场特征和制造商分销战略等因素的影响,分销渠道的宽度结构大致有三种类型:

(1)独家分销渠道,是制造商在某一地区市场仅有一家代理商或经销商经销其产品所形成的渠道。通常双方协商签订独家经销合同,一方面规定制造商不再在该地区发展另外的经销商;另一方面也规定经销商不得经营竞争者的产品。独家分销渠道是窄渠道。独家代理(或经销)有利于控制市场。但是独家分销渠道缺乏竞争,客户满意度会受到影响,经销商跟制造商的反控力较强。

(2)密集型分销渠道,又叫广泛分销或开放性分销,是指制造商尽可能多地发展批发商和零售商,并由他们销售其产品。制造商在同一级渠道上选用尽可能多的中间商经销其产品,使其产品大面积覆盖某一市场,达到使消费者随处可以购买到该产品的目的。处于密集型分销渠道中的中间商由于经销多家制造商的多种品牌商品,不可能为每一产品的促销支出额外的费用,这就要求制造商在经济上提供一定的支持,这无疑增加了制造商的渠道费用。从经济角度看,密集型分销渠道成本较高,同时由于密集型分销使用的中间商数目众多,制造商无法控制渠道行为,所以这些都是采用密集型分销渠道的不利之处。

(3)选择性分销渠道,是指制造商根据自己所设定的交易基准和条件精心挑选最合适的中间商销售其产品。选择性分销渠道通常由实力较强的中间商组成,能有效地维护制造商的信誉,建立稳定的市场和竞争优势。选择性分销介于密集分销和独家分销之间,在特定的地理范围内,企业选择部分中间商销售产品。消费品中的选购品和特殊品、需要经销商大力推销的工业品,常常使用选择性分销策略。

影响渠道结构选择的因素如图5-9所示。

3)按照渠道的系统结构

垂直营销系统(图5-10)是近年来渠道发展中最重大的发展之一,它是作为对传统营销渠道的挑战而出现的。传统营销渠道由独立的生产者、批发商和零售商组成。每个成员都是作为一个独立的企业实体追求自己利润的最大化,即使它是以损害系统整体利益为代价也在所不惜。没有一个渠道成员对于其他成员拥有全部的或者足够的控制权。美国营销专家麦克康门把传统渠道描述为"高度松散的网络,其中,制造商、批发商和零售商松散地联结在一起,相互之间进行不亲密的讨价还价,对于销售条件各执己见,互不相让,所以各自为政,各行其是"。

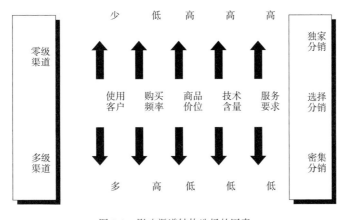

图 5-9 影响渠道结构选择的因素

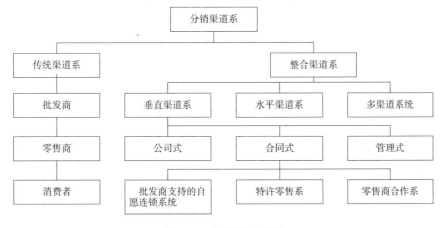

图 5-10 分销渠道系统图

垂直营销系统则相反,它是由生产者、批发商和零售商所组成的一种统一的联合体。某个渠道成员拥有其他成员的产权,或者是一种特约代营关系,或者这个渠道成员拥有相当实力,其他成员愿意合作。垂直营销系统可以由生产商支配,也可以由批发商,或者零售商支配。麦克康门认为垂直营销系统的特征是"专业化管理和集中执行的网络组织,事先规定了要达到的经营经济和最高市场效果。"垂直营销系统有利于控制渠道行动,消除渠道成员为追求各自利益而造成的冲突。它们能够通过其规模,谈判实力和重复服务的减少而获得效益。在消费品销售中,垂直营销系统已经成为一种占主导地位的分销形式,占全部市场的64%。

(1)公司式。所谓公司系统,是指一家公司拥有和统一管理若干工厂、批发机构、零售机构等,控制分销渠道的若干层次,甚至控制整个分销渠道,综合经营生产、批发、零售业务。这种渠道系统又分为两种:一种是大工业公司拥有和统一管理若干生产单位和商业机构,采取工商一体化经营方式。例如,美国胜家公司在美国各地设有缝纫机商店,自产自销,并经营教授缝纫等服务项目;美国火石轮胎和橡胶公司在利比里亚拥有橡胶种植园,在美国橡胶工业中心俄亥俄州阿光伦拥有轮胎工厂,其下属的批发机构和零售机构遍布全美国。另一种公司系统是大零售公司,如美国零售业巨头西尔斯、罗巴克、大西洋和太平洋茶叶、彭尼公司等,也拥有和统一管理若干批发机构、工厂等,采取工商一体化经营方式,综合经营零售、批发、加工生产等业务。

西尔斯公司目前拥有并经营2000家以上的零售商店。公司出售的商品中,有50%来自它拥有股权的制造厂。假日旅馆正在形成一个自我供应的网络,它包括地毯厂、家具制造厂及大量为其所控制的再分销机构。总之,这些组织以及其他类似组织都是大规模的、垂直一体化的系统,把它们称为"零售商""制造商",或者"汽车旅馆经营商",无疑都是把它们经营的复杂性过分简化了,同时也忽视了市场的现实情况。

(2)管理式。在西方国家,许多制造商(即使是某些大制造商)不能耗费巨资,建立推销其产品所需要的全部商业机构,因此,有些素有盛誉的大制造商,为了实现其战略计划,往往在销售促进、库存供应、定价、商品陈列、购销业务等问题上与零售商协商一致,或予以帮助和指导,与零售商建立协作关系,这种渠道系统叫作管理系统。例如,美国克拉夫特食品公司积极改善产品包装,广泛开展销售促进,对食品杂货商提供购销业务指导,帮助他们改进商品陈列。

管理系统对于中国当前的汽车行业特别适用,这种管理系统可以表现为一种工贸结合的方式。汽车行业在20世纪80年代后期两次市场波动的冲击下,不少矛盾已暴露出来,生产企业没有稳定的用户和市场。突出表现为畅销时朋友一大堆,滞销时朋友少得可怜,且意见一大堆。这就是企业营销上的失误,企业销售部门工作上的失误。与发达国家相比,中国汽车工业尚属幼稚工业,生产厂家繁多,品种单一,能上规模的少,不具备完善有效的分销系统;由于意识形态上的原因,经济体制尚不健全。鉴于我国汽车工业现状和流通体制,显而易见走独家代理的路子是行不通的,而要依靠现有社会销售企业来实现营销目的,必须建立有中国特色的代理体制,实行工贸结合。

(3)合同式。垂直营销系统合同渠道系统又分为三种。

①特许经营系统。这种渠道系统也可分为两种。一种是制造商或饮食公司、服务公司倡办的零售商特许经营系统。例如,美国福特汽车公司、麦当劳公司(饮食公司)、肯德基炸鸡公司(饮食公司)、艾维斯·荷尔兹汽车出租公司和罗玛达旅店(汽车旅客旅馆业)等素享盛名的大制造商、大饮食公司、服务公司和一些独立零售商签订合同,授予经营其流行商标的产品或服务项目的特许权。这是大制造商、大饮食公司、大服务公司与独立零售商联营。

还有一种是制造商倡办的批发商特许经营系统。例如,美国可口可乐公司(清凉饮料制造商)与某些"装瓶者"(即批发商)签订合同,授予在某一地区分装和广大零售商发运可口可乐的特许权。这是大制造商与独立批发商联营。

②批发商倡办的自愿连锁。这种自愿连锁和西方国家零售商业中的一般连锁商店不同。首先,自愿连锁(又叫契约连锁)是若干独立中小零售商为了和连锁商店这种大零售商竞争而自愿组成的联营组织,参加联营的各个中小零售商仍保持自己的独立性和经营特点。而连锁商店是属于一家大零售公司所有的某种类型的零售商店(如百货商店、超级市场等)

集团,这些零售商店是这家大零售公司的分店和联号。其次,自愿连锁实际上是参加联营的各个独立中小零售商的进货要在美国可口可乐公司(清凉饮料制造商)与某些"装瓶者"(即批发商)签订合同采购中心的统一管理下统一进货,但分别销售,实行"联购分销"。此外,联营组织还为各个成员提供各种服务。而连锁商店的总公司虽设有批发机构中央采购处,但连锁商店本身是零售组织。再次,西方国家的自愿连锁通常是由一个或一个以上独立批发商倡办的。例如,德国的自愿连锁是由一个独立批发商和一群独立中小零售商组织的;英国、比利时的自愿连锁是由一个或一个以上独立批发商和一群独立中小零售商组织的。这些独立批发商为了和大制造商、大零售商竞争,维护自己的利益,帮助与其有业务往来的一群独立中小零售商组成自愿连锁,统一进货,推销批发商经营的商品。

③零售商合作社。这是一群独立中小零售商为了和大零售商竞争而联合经营的批发机构(各个参加联营的独立中小零售商要缴纳一定的股金),各个成员通过这种联营组织,以共同名义统一采购一部分货物(向国内外制造商采购),统一进行宣传广告活动以及共同培训职工等,有时还进行某些生产活动。例如,荷兰中小零售商组成"采购联营组织",直接向国外订购货物,并有自己的仓库,这种组织实际上是中小零售商联合经营的进口批发机构;瑞典的 ICA 是由 5000 多家零售商联合经营的批发机构;美国联合食品杂货商公司实际上也是一个零售商合作社。

2.汽车中间商的类型

汽车中间商是指居于汽车企业与汽车用户之间,参与汽车交易业务,促使交易实现的具有法人资格的经济组织和个人。汽车中间商是销售渠道的主体,汽车企业产品绝大部分是通过汽车中间商转卖给汽车用户的。在实际汽车销售活动中,汽车中间商的类型是多种多样的。按照是否拥有商品的所有权可以分为经销商和代理商;按其在流通过程中所起的不同作用又可以分为批发商和零售商。

汽车批发商是从事以进一步转卖汽车为目的、整批买卖汽车的经济活动者,主要包括汽车经销商、特约经销商、销售代理商和总代理。汽车零售商是从事将汽车或汽车劳务售给最终汽车用户的经济活动者。

1)汽车经销商

汽车经销商是指从事汽车交易,取得汽车商品所有权的中间商。代理商是受生产者委托,从事商品交易业务,但不具有商品所有权的中间商。经销属于"买断经营"性质,具体形式可能是汽车批发商,也可能是汽车零售商。汽车经销商最明显的特征是将汽车产品买进以后再卖出,由于拥有汽车产品所有权,汽车经销商往往制订自己的汽车营销策略,以期获得更大的效益。

汽车经销商作为渠道的中间机构,是连接制造商和消费者的桥梁,是汽车制造商的重要资源。他们往往代替制造商完成对消费者的售前、售中和售后服务,是制造商了解市场需求信息的重要渠道。

2)汽车特约经销商

汽车特约经销商,属于特许经营的一种形式,是通过契约建立的一种组织,一般只从事汽车零售业务。特约经销商具有汽车企业的某种(类)产品的特许专卖权,在一定时期和在指定汽车市场区域内销售汽车企业的产品,并且只能销售签约汽车企业的产品,不能销售其他汽车企业的相同或相近产品。

汽车产品特约经销商除应具备一般经销商的条件外,还应建立品牌专营机构,有符合要求的专用展厅和服务、管理设施及专职的销售和服务人员,有较强的资金实力和融资能力,有良好的信用等级。

汽车特约经销商并不自动获得汽车企业的有关知识产权,如以汽车企业的商号或汽车产品品牌为自己的企业命名,或者用汽车企业的商标宣传自己,汽车特约经销商要获得这些知识产权的使用权,必须征得汽车企业的同意,并签订使用许可合同。当汽车企业在一定的汽车市场区域内只选择一个特约经销商时,则构成"独家销售"。

3)汽车销售代理商

早在1888年,法国人埃米尔·罗杰在巴黎达姆大街52号开了一家汽车销售代理商店,成为德国奔驰汽车企业在国外的第一家代理商,使奔驰汽车驶进了法国市场。以后,罗杰获得奔驰汽车企业的许可,在法国组装奔驰汽车,并成为世界上最早为汽车企业代理销售汽车的商人。汽车销售代理商属于佣金代理形式,是指受汽车企业委托,在一定时期和在指定汽车市场区域及授权业务范围内,以委托人的名义从事经营活动,但未取得汽车产品所有权的中间商。代理商最明显的特征是寻找汽车用户,按照汽车企业规定的价格向汽车用户推销汽车产品,促成交易,以及代办交易前后的有关手续。若交易成功,便可以从委托人那里获得事先约定的佣金或手续费;若汽车产品没有销售出去,也不承担风险。

汽车企业对销售代理商的条件要求一般高于特约经销商。虽然销售代理商不用买断汽车产品,对资金的要求低,但实际上它需要投入较大的资金,按汽车企业的规范标准去建设汽车专卖店和展厅。代理商还应具有很强的销售能力,有更高的信用和较强的融资能力,这些都需要经济实力做后盾。汽车销售代理商一般为区域独家销售代理商。

4)汽车总代理

汽车总代理是指负责汽车企业的全部汽车产品所有销售业务的代理商,多见于实行产销分离体制的企业集团。汽车总代理商一般与汽车企业同属一个企业集团,各自分别履行汽车销售和生产两大职能。除了为汽车企业代理销售业务外,还为汽车生产企业开展其他商务活动。

5.3.3 影响渠道选择的主要因素

销售渠道的整个环节,是产品、市场、中间商、消费者及用户等多种要素的组合。企业在对自己生产的产品进行销售渠道决策时,必须对各种相关的影响因素进行认真分析和研究,然后才能做出正确的决策。企业进行销售渠道决策的依据,主要包括产品因素、市场因素和企业自身因素。

1. 产品因素

产品因素是指影响销售渠道选择的产品的单价、体积、重量、技术性、易毁与易腐、通用与专用、新产品和产品的时效性等因素。

1)产品单位价格

单位价格不同的产品,其选择销售渠道的长短也有所不同。如飞机、内燃机车等产品,单位价格十分昂贵,应尽量减少中间环节,采取"生产企业—用户"这种直接式销售渠道。单价低的产品,一般销售渠道宜选择长一些。如针、线、电池等日用品,通常可采用"生产企业—批发商—零售商—消费者"这种间接式销售渠道。

2) 产品体积与重量

产品的体积大小与轻重,其销售渠道的长短也应有所区别。体积大而重的产品,如成套设备、大型机床等,其运输和储备成本较高,一般应选择直接式销售渠道,以避免多次装运的不便性,减少流通费用;体积小而轻的产品,如果其他因素许可,其销售渠道长一些也是可取的。

3) 产品技术性

技术性强的产品,一般需要生产企业提供多方面的售前和售后服务,如精密机床、发电设备等。应用户的特殊需要而生产的,其市场面和使用范围均较通用性产品要小,可采取直接式销售渠道,如专用设备、矿石等,一般可由产需双方直接签署供销合同。

4) 产品的易毁与易腐

容易毁坏和变质腐烂的产品,如果生产地点与消费者或用户的距离较近,一般应采用直接式销售渠道,以便减少中间流通环节所耗费的时间,迅速把产品出售给消费者及用户。如果生产地点与消费者或用户的距离较远,就应该采用间接式销售渠道,委托中间商来完成出售给消费者或用户的任务。

5) 产品的通用性与专用性

具有标准化的通用性产品,由于市场面较宽,使用范围广,可按样品或产品目录出售,并通过中间商完成销售任务。非标准化的专用性产品,是为适应用户的特殊需要而生产的,市场面和使用范围相对较小,可采用直接式销售渠道。

6) 新产品

为使开发生产的新产品迅速投入市场,及时打开销路,通常需要企业采取强有力的促销措施。由于中间商和经销商对新产品不甚了解,缺少把握,同时促销费用也较高,经营利润很难预测,往往不敢轻易接受新产品。因此,新产品的销售一般需要先采用直接式销售渠道,待打开销路后,再根据需要以及中间商的意愿,选择更有效的其他销售渠道。

7) 产品的时效性

在一般情况下,新颖时髦的产品流行迅猛,过时也很快,如时装、服饰等。对这类产品,要采用最短的销售渠道进行销售,以便在流行期内快销、多销;否则时过境迁,产品便无人问津,就得降价处理,便宜销售,直接影响企业的经济效益。

2. 市场因素

选择商品销售渠道,就必须充分考虑到市场的诸多因素。市场因素是指市场面大小、购买数量、购买习惯、市场竞争和市场需求弹性等情况。

1) 市场面大小

企业生产的产品,面向的市场范围广阔,意味着现实的和潜在的消费者数不胜数。在这种情况下,如果仅凭企业直接向消费者推销产品,不但会耗费巨大的人力、物力,而且经营费用会很高,销售效率也很低,这就需要选择多层次中间商的销售渠道。如果产品面向的市场范围较小,则说明现实的和潜在的消费者较少,分布范围不大,这样可由生产企业直销或通过零售商店销售。

2) 购买数量

企业生产的产品在销售过程中，若消费者通常是零星购买，购买次数很多，而每次数量很少，那么，生产企业就采用线路较长的销售渠道。若消费者通常是批量购买，购买次数不多，如工业原材料，那么生产企业一般可不依赖零售商、批发商等中间环节，而直接把产品销售给用户。

3) 购买习惯

消费者的购买习惯，也是企业进行销售渠道选择所必须考虑的因素。购买习惯包括消费者的购买时间、地点、方法和对销售服务的要求等不同情况。例如，对于日用生活消费品，消费者习惯就近购买，如果生产企业让批发商、零售商把产品转卖给消费者，消费者就能就近购买。

4) 市场竞争

企业在进行产品销售渠道决策时，还应考虑竞争对手所采用同类产品的销售渠道，以便在市场竞争中占据主动地位。一般情况下，生产企业应与竞争对手采取基本相同的销售渠道，进行市场竞争。但如果本企业的产品在质量、价格和性能等方面优于竞争对手时，应选择与竞争相一致的销售渠道，这样更利于赢得竞争的胜利。假若本企业产品在质量、价格、性能等方面不如竞争产品优越时，则可选择不同的销售渠道及不同的中间商，以避免与其直接对抗。

5) 市场需求弹性

市场需求弹性大小，对生产企业销售渠道的选择也有着相应的影响。市场需求弹性小的产品，生产企业一般多采用直接销售。在市场密度高和消费者集中的地区，即使需求弹性大，生产企业也可采用中间环节少的销售渠道。如果市场需求弹性大，市场密度不高和消费者不集中，生产企业则应选择由代理商、批发商或零售商进行产品销售。

3. 企业自身因素

产品销售渠道的选择决策，仅仅考虑产品和市场因素是不够的，还必须考虑到企业内部环境因素。企业的经营规模、市场信誉、资金能力、产品组合营销能力和销售服务能力、销售策略等因素，对产品销售渠道也有一定的制约作用。

1) 企业的经营规模

企业的生产经营规模很大，生产经营的产品种类繁多，面对的市场范围广泛，如果采用单一的销售渠道就会显得力不从心，满足不了产品销售的需要，一般应采用间接销售渠道和多种销售渠道，以求取得更大的销售效率。当企业生产经营的产品种类不多、市场面有限时，选择的销售渠道种类就不宜太多，否则，不利于加强销售渠道的管理，不利于节省流通费用。

2) 企业的信誉及资金

资金雄厚、信誉很高的生产企业，可以灵活选择销售渠道，甚至可以建立自己的销售网点，而不需要任何中间商。反之，资金不足、信誉不高的生产企业，则应更多地借助中间商的帮助，来促进产品的销售。

3) 企业产品组合

企业产品组合的广度愈大，即产品的不同种类愈多，则直接销售给消费者的能力愈强；

而产品组合的深度愈大,即同类产品的品种规格愈齐全,则该市场范围的中间商愈愿意接受其产品;但若产品组合的广度和深度小,则选择的销售渠道应有所接近。

4)企业营销能力

企业产品的市场经营能力和水平,对销售渠道的选择也有相应的影响作用。如果企业经营销售管理水平很高,销售力量强大,市场推销能力能够满足本企业产品的销售需要,那么就可以采取直接向消费者出售产品的销售渠道,没有必要再借助中间商的力量。反之,企业的经营水平不高,自我销售能力有限,就必须借助中间商的力量,选择有中间商参与的间接销售渠道。

5)企业销售服务能力

企业能提供良好的、较全面的销售服务,就能增强中间商和消费者对生产企业的信任,产品的市场销售就会通畅。如果经营能力较强,又能为消费者提供最佳的销售服务,一般可以采取直接式销售渠道;反之,则应采用中间商来推销产品。

6)企业销售策略

企业的销售策略常常可影响产品销售渠道的选择。如果企业要加强对销售渠道的控制,以便控制产品的最终销售价格,就应选择中间环节较少的销售渠道,如果企业注重加强产品的广告促销,则中间商往往愿意为其分销产品;如果企业乐于为中间商提供完善的销售服务和融通资金便利,以及提供产品促销帮助,这样就能争取到大量中间商,从而影响到销售渠道的选择。

【案例】良好的销售渠道带来了宝马汽车营销的成功

同那些驰名世界的老牌汽车公司相比,宝马(BMW)公司不算大。然而,由于宝马(BMW)公司在产品制造上坚持创新和个性多样化的方针,同时宝马(BMW)公司拥有的庞大的分销网络和宝马(BMW)公司对中间商的良好管理,使宝马车在日新月异的汽车市场竞争中,总是别具一格,引导产品新潮流。

宝马(BMW)公司在世界各地有16个大型销售网络和无数的销售商,宝马(BMW)公司80%的新产品是通过这些网络和中间商推向市场的。有人估算过,全世界每天平均有数以万计的人就EIMV牌汽车买卖同其销售网络的成员进行联系、洽谈。宝马(BMW)公司通过它的这些销售渠道同客户建立起密切的联系,并随时掌握市场消费心理和需求变化。

宝马(BMW)公司十分重视营销渠道的建设和管理。它的决策者们清醒地认识到,无论宝马车的质量多么优良,性能多么先进,造型多么优美,没有高效、得力的销售渠道,产品就不会打入国际市场,就不可能在强手如林的竞争中站稳脚跟。因此,宝马(BMW)公司从来都不惜巨资地在它认定的目标市场建立销售网点或代理机构,发展销售人员,并对销售商进行培训。

在宝马(BMW)公司的经营战略中,"用户意识"这一概念贯穿始终。同样,在销售环节,宝马(BMW)公司严格要求它的销售人员和中间商牢固地树立为用户服务的思想,因为他们直接同用户接触,代表着宝马(BMW)公司的形象。所以,宝马(BMW)公司对销售商的遴选十分严格,实行优胜劣汰的办法选择良好得力的贸易伙伴。

宝马(BMW)公司遴选中间商的标准首先是了解其背景、资金和信用情况。其次便是该中间商的经营水平和业务能力,具体包括以下几方面。

1. 中间商的市场经验和市场反馈能力

宝马(BMW)公司要求它的中间商必须有很好的推销能力,认为只有通晓市场销售业务,具有丰富的市场经验,才可能扩大宝马(BMW)车的销售量。同时中间商的市场信息的搜集能力,对于宝马(BMW)公司改进产品的设计和生产至关重要。例如,宝马(BMW)公司根据中间商的信息反馈,特别制作和安装了保护汽车后座乘客的安全系统,受到消费者的欢迎。

2. 中间商提供服务的能力

宝马(BMW)公司需要通过中间商向用户提供售前售后服务,如汽车的性能、成本、保险、维修甚至用移动电话等特殊装备等细节问题,中间商都必须能够进行内容广泛而且深入细致的咨询;为此,宝马(BMW)公司在美洲等地都有培训点,对中间商就用户的特殊服务和全面服务进行培训。

3. 中间商的经营设施和规模

中间商所处的地点是否适中,是否拥有现代化的运输工具和储存设施,有无样品陈列设施等,均是宝马(BMW)公司遴选中间商要考虑的重要因素。

宝马(BMW)公司在对营销渠道的管理上也极具特色。宝马(BMW)公司设有专门负责中间商管理的机构,经常进行监督管理。要评估中间商的业绩好坏,涉及他们推销方面的努力程度、市场信息的反馈能力和对用户售前售后服务的态度和效果等。宝马(BMW)公司还经常走访用户或进行问卷调查,以了解用户对销售商的评价。在宝马(BMW)公司进行的大规模问卷调查中,参加调查的商人和用户对宝马(BMW)公司的销售商的评价普遍很好。因此,尽管宝马(BMW)公司在与中间商签订合同中已有奖励条款,但宝马(BMW)公司还是对受到用户赞扬的销售商予以重奖。这样做的结果,使销售商更加起劲地帮助宝马(BMW)公司扩大影响,促进宝马车不断提高质量,真正起到宝马(BMW)公司与用户间的桥梁作用。当然,对于受到用户不满和批评的宝马(BMW)公司产品销售商,经过核查属实后,宝马(BMW)公司坚决解除合同,另选销售商。宝马(BMW)公司的这些做法,从侧面说明了它对销售渠道管理的严格和对"用户意识"的重视程度。

此外,宝马(BMW)公司还大力发展销售信息交换系统,这对于现代国际企业应付日趋激烈的市场竞争是不可缺少的。这可以使销售商之间、销售商与销售网、生产厂家的信息交流快捷、方便,而用户的一些临时要求也能最大限度地得到满足。

宝马(BMW)公司生产汽车的历史仅有60多年,但它的汽车同雍容华贵、硕大威武的奔驰、劳斯莱斯、凯迪拉克一样驰名世界,成为现代汽车家族中的佼佼者;而它的销售网络和广大销售商本着"用户第一"的宗旨所提供的优质服务,更是得到用户的交口称赞,连宝马(BMW)公司的竞争对手对此也是钦佩不已。

资料来源:http://wenku.baidu.com/link? url＝dXbQm5z12VnGA0DwAzSocLraudcPsXYbMW8s0PDaVqMIfNmVcNOj6pe7X05cI-qgPNncl7gFXF8oKhanSFkpnaqoapBQGx2nt664m0z0xRS

5.3.4　汽车分销渠道的设计

汽车企业在设计分销渠道时,必须在理想渠道与实际可用渠道之间进行选择。一般来讲,某家新企业在刚刚开始经营时,总是先采取在优先市场上进行销售的策略,以当地市场或某一地区的市场为销售对象,因其资本有限,需要采用现有中间商。一旦经营成功,它可能会扩展到其他新市场。这家企业可能仍利用现有的中间商销售其产品,虽然它可能在不同地区使用各种不同的市场营销渠道。总之,生产者的渠道系统需因时因地灵活变通。

渠道设计问题可从决策理论的角度加以探讨。通常,要想设计一个有效的渠道系统,需经历四个阶段,即消费者需求分析、确定渠道目标、制订渠道方案和评估分销方案。

1. 消费者需求分析

分销渠道指的是产品或服务从生产者流向消费者用户所经过的整个渠道,因此,设计分销渠道首先应该了解目标市场上消费者的购买需求,分析消费者想要购买什么。比如汽车配件市场,汽车企业购买较多,对于购买配件的方便程度要求越高,渠道的分销面就越广。

2. 确定渠道目标

有效的渠道设计应以确定企业所要达到的市场为起点。从原则上来讲,目标市场的选择并不是渠道设计的问题。然而,事实上,市场选择与渠道选择是相互依存的。有利的市场加上有利的渠道,才可能使企业获得利润。渠道设计问题的中心环节是确定到达目标市场的最佳途径。每一个生产者都必须在客户、产品、中间商、竞争者、企业政策和环境等所形成的限制条件下,确定其渠道目标。

生产企业在进行分销渠道的设计时,首先要决定采取什么类型的渠道,是直销还是通过中间商销售,即是采用直接销售渠道还是采用间接销售渠道。如果企业决定通过中间商分销其产品,就要决定中间商的类型:是批发商还是零售商?什么样的批发商和零售商?用不用代理商?具体选择哪些中间商?企业可以采用本行业传统类型的中间商和分销渠道,也可以开辟新渠道,选择新型中间商。企业在具体选择中间商时还要考虑以下因素:

第一,市场覆盖面。中间商的市场覆盖面是否与生产企业的目标市场一致,如某企业现打算在西北地区开辟市场,所选中间商的经营地域就必须包括这一范围;

第二,中间商是否具有经销某种产品必要的专门经验、市场知识、营销技术和专业设施等。

3. 制订渠道方案

在研究了渠道的目标之后,渠道设计的下一步工作就是明确各主要渠道的执行方案。渠道方案主要涉及以下几个基本的因素。

(1)选择中间商的类型。企业首先要明确可以完成其渠道任务的中间商类型。根据目标市场及现有中间商的状况,可以参考同类产品经营者的现有经验,设计自己的分销渠道方案。中间商的不同对生产企业的分销渠道会产生影响。例如,汽车收音机厂家在考虑其分销渠道时,可以选择与汽车厂家签订独家合同,要求汽车厂家只安装该品牌的收音机;可以借助通常使用的渠道,要求批发商将收音机转卖给零售商;也可以在加油站设立汽车收音机装配站直接销售给汽车使用者,并与当地电台协商,为其推销产品并付给相应的佣金。

(2)确定中间商的数量。中间商类型的确定,实际上也决定了分销渠道的长度。企业必须确定在每一渠道层次利用中间商的数量,由此来选择分销渠道的类型,即独家分销、选择分销或广泛分销。分销渠道的选择主要取决于产品类型:便利品需要广泛分销,选购品一般适合选择分销,特殊品可选择独家分销。例如,汽车配件、大型电子产品等多选择独家分销。

(3)确定渠道成员的权利和责任。为保证分销渠道的畅通,企业必须就价格政策、销售条件、市场区域划分、相互服务等方面明确中间商的权利和责任。

①价格政策。要求企业必须制订出具体的价格,并有具体的价格折扣条件,如数量折扣、促销折扣、季节折扣等政策。这样可以刺激中间商努力为企业推销产品,扩大产品储备,更好地满足客户的需求。

②销售条件。要求企业制订出相应的付款条件,如现金折扣;对中间商的保证范围,如不合格产品的退换、价格变动风险的分担等方面的保证。这样有利于中间商及早付款,加速企业的资金周转,同时可以引导中间商大量购买。

③区域销售权利。这是中间商比较关心的一个问题,尤其是独家分销的中间商。因此,企业必须把各个中间商所授权的销售区域划分清楚,以便于中间商拓展自己的业务,也有利于企业对中间商的业绩进行考核。

④相互服务。企业必须制订相应的职责与服务范围,明确企业要为中间商提供哪些方面的服务,承担哪些方面的职责;中间商要为企业提供哪些方面的服务,承担哪些方面的职责。在一般情况下,相互的职责和服务内容包括供货方式、促销的相互配合、产品的运输和储存、信息的相互沟通等。

4.评估分销方案

分销渠道方案确定后,生产者就要根据各种备选方案进行综合评价,以便找出最优的销售渠道方案。对每个分销渠道进行评估一般都需要遵循以下三个标准。

(1)经济性标准评估。该评估主要是比较每个方案可能达到的销售额及费用水平。可从以下两方面进行比较:

一是比较由本企业推销人员直接推销与使用销售代理商哪种方式销售额水平更高;

二是比较由本企业设立销售网点直接销售所花的费用与使用销售代理商所花的费用,看哪种方式支出的费用大。

企业对上述情况进行权衡,从中选择最佳分销方式。

(2)可控性标准评估。一般来说,采用中间商可控程度较低,企业直接销售可控程度较高。分销渠道长,可控性难度大,渠道短,可控性难度会降低些。因此企业必须进行全面比较、权衡,选择最优方案。

(3)适应性标准评估。在评估各渠道方案时,还有一项需要考虑的标准,那就是分销渠道是否具有地区、中间商等适应性。首先是地区适应性,在某一地区建立产品的分销渠道,应充分考虑该地区的消费水平、购买习惯和市场环境,并据此建立与此相适应的分销渠道。其次是中间商适应性。企业应根据各个市场上中间商的不同状态采取不同的分销渠道。如在某一市场,若有一两个销售能力特别强的中间商,渠道可以窄一点;若不存在突出的中间商,则可采取较宽的渠道。

此外,如果生产企业同所选择的中间商的合约时间长,而在此期间,其他销售方法如直接并购更有效,但生产企业不能随便解除合同,这样企业选择分销渠道便缺乏灵活性。因此除非在经济或可控性方面具有十分优越的条件,否则生产企业必须考虑选择策略的灵活性。

5.3.5 汽车分销渠道的策略

汽车配件企业选定分销渠道方案后,还要决策如何去管理渠道。一般来说,制造企业不可能像控制产品、定价和促销那样直接控制分销渠道,因为中间商是独立的经营者,他们有自身的利益要追求,有权在无利可图或不满意时撤出。客观上,制造企业和中间商之间也存在诸多矛盾,如零售商希望存货尽可能少,以节约空间和减少资金占用,一旦发生断档,又要求制造商提供紧急订货服务,以抓住市场机会;而频繁供货使制造企业增加了送货成本,特别是小批量的紧急送货。但从根本上来说,制造商和经销商的利益又是一致的,两者都只有通过将商品顺畅地卖给使用者才能获得效益,因此又要加强渠道内部各成员之间的协调与合作。企业必须安排专人负责分销渠道的管理,具体的管理程序包括以下主要内容。

1. 选择渠道成员

渠道方案确定以后,如何进行间接销售渠道管理,必须明确中间商应具备的标准。从生产企业来看,选择合适的中间商应具备的条件和特点有以下几点:

(1) 中间商的服务对象应与生产厂商的目标客户基本一致,这是确定中间商最基本的条件。

(2) 零售商应该位于客户流量大的地段,具有较好的交通运输及仓储、分销条件。

(3) 拥有经销该产品必备的知识、经验和技术,具有较强的售前、售中和售后服务能力。

(4) 制造企业可以综合考评中间商的开业年限和行业经验,以及经营汽车产品的范围、企业盈利及发展状况、财务支付能力、协作愿望与信誉等级等。

2. 激励渠道成员

销售渠道由各渠道成员的结合构成。一般来说,各渠道成员都会为了共同利益而努力工作。但是,由于中间商是独立的经济实体,拥有自己的经营理论,在处理供应商、客户的关系时,往往偏向客户一边,或者过分强调自己的利益,并影响到其为企业分销产品的积极性。因此,企业必须在了解中间商的需求和欲望的基础上,用行之有效的手段对其进行激励。

(1) 采取有效措施提高中间商的积极性,密切双方的合作关系。例如,较高的职能折扣、合作广告、举办展销、组织销售竞赛等,对中间商的工作及时考核,经营效果好的给予奖励或优惠待遇,建立长期合作关系。

(2) 企业应着眼于与有关中间商建立稳定、长期的伙伴关系。通过研究,明确各方在销售领域、产品供应、市场开发、技术指导、销售服务和财务等方面的相互要求,共同对这些方面的有关政策进行协商,并按照其信守承诺的程度确定合理的奖酬方案,给予必要的奖励。

(3) 把汽车制造商与中间商双方的需要结合起来,建立一个专业化的垂直营销管理系统。汽车制造商在企业内部设立相应的经销商关系管理部门,任务是了解中间商的需要,制订市场营销计划,帮助每一个中间商以最佳方式经营。通过该部门与中间商的共同工作,引导中间商深刻认识双方之间彼此依存、共同获利的关系。

3. 定期评估渠道成员的工作

对中间商的工作绩效要进行定期评估,目的是及时了解和发现问题,以便对不同类型的中间商有针对性地实施激励和推动工作,对表现较好的给予奖励,对于长期表现不佳者,果断中止合作关系。评估的具体内容包括以下几方面:

(1)检查每位渠道成员完成的销售量与利润额,统计每位经销商的平均存货水平。

(2)调查经销商是否积极努力推销本企业的产品。

(3)检查每位渠道成员同时经销多少种与本企业相竞争的产品。

(4)检查每位经销商为商品定价的合理程度,为用户服务的态度和能力。

(5)计算每位渠道成员的销量在企业整个销量中所占的比重,并与前期相比较。

通过上述诸方面的评估,企业可鉴别出那些贡献较大、工作努力的渠道成员,对这些中间商,企业应给予特别的关注,建立更密切的伙伴关系;对于鉴别出的那些不能胜任的渠道成员,必要时应做出相应调整。

4. 协调渠道成员间的矛盾

渠道存在的基础是专业化分工所带来的相互依赖,制造商、批发商(代理商)、零售商只有依靠各自的专业化分工一起协作才能共同完成整条价值链的价值实现。渠道成员一般各有其特定的专业职能:制造商可能专门负责生产和全国范围内的促销,而零售商也许专门从事分销和当地促销,这种专业化带来了相互依赖。然而,各渠道成员都力图获得最大限度的自主权,于是相互依赖关系的建立就带来了利益上的冲突。渠道冲突,是指某渠道成员从事的活动阻碍或者不利于本组织实现自身的目标,进而发生的种种矛盾和纠纷。分销渠道的设计是渠道成员在不同角度、不同利益和不同方法等多因素的影响下完成的,因此,渠道冲突是不可避免的。渠道冲突包括三种类型。

1)水平渠道冲突

这种冲突指的是在同一渠道模式中,同一层次中间商之间的冲突。产生水平冲突的原因大多是生产企业没有对目标市场的中间商数量分管区域做出合理的规划,使中间商为各自的利益互相倾轧。这是因为在生产企业开拓了一定的目标市场后,中间商为了获取更多的利益,必然要争取更多的市场份额,在目标市场上展开"圈地运动"。例如,某一地区经营A家汽车配件产品的中间商,可能认为同一地区经营A家企业配件产品的另一家中间商在定价、促销和售后服务等方面过于进取,抢了他们的生意。如果发生了这类矛盾,生产企业应及时采取有效措施,缓和并协调这些矛盾,否则,就会影响渠道成员的合作及产品的销售。另外,生产企业应未雨绸缪,采取相应措施防止这些情况的出现。

2)垂直渠道冲突

这种冲突是指在同一渠道中不同层次企业之间的冲突,这种冲突较之水平渠道冲突要更常见。例如,某些批发商可能会抱怨生产企业在价格方面控制太紧,留给自己的利润空间太小,而提供的服务(如广告、推销等)太少;零售商对批发商或生产企业可能也存在类似的不满。

垂直渠道冲突也称为渠道上下游冲突。在某些情况下,生产企业为了推广自己的产品,越过一级经销商直接向二级经销商供货,使上下游渠道间产生矛盾。因此,生产企业必须从全局着手,妥善解决垂直渠道冲突,促进渠道成员间更好地合作。

3)多渠道间的冲突

随着客户细分市场和可利用的渠道不断增加,越来越多的企业采用多渠道营销系统。

不同渠道间的冲突指的是生产企业建立多渠道营销系统后,不同渠道服务于同一目标市场时所产生的冲突。例如,汽车配件企业在同一地区通过几家经销商销售,当地又有品牌专营店,汽车制造商自己又开店直销,三者之间会引起诸多冲突与不满等。多渠道间的冲突在某一渠道降低价格或降低毛利时,表现得尤为强烈。因此,生产企业要重视引导渠道成员之间进行有效的竞争,防止过度竞争,并加以协调。多渠道冲突的实质是一种关系问题,而这种关系的最直接决定者是消费者,渠道冲突图如图5-11所示。

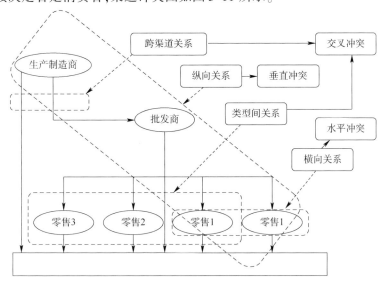

图5-11 渠道冲突图

导致以上渠道冲突的原因,一是各自目标不同,二是没有明确的授权,三是对未来的预期不同,四是中间商对制造商过分依赖。协调渠道成员间的矛盾冲突必须从以下几方面着手控制:

(1)构建渠道伙伴关系,确立共同的目标和价值观。首先要认识到渠道组织作为外部组织,和企业一起构成了价值链,是产品价值实现的必要环节。因此,企业首先要从理念上认识到企业和渠道组织的关系不应该是对立的关系,而应该是价值实现的伙伴关系。只有在这个正确理念的指引下,企业才能正确地采取一系列措施和渠道组织共同进行价值实现。通过确立共同的目标和价值观,有助于渠道成员增强对渠道环境的认识,从而更有助于互相为对方考虑,从整体考虑,最终有利于避免冲突的出现。

(2)对渠道成员间的权利、责任、义务尽可能明确界定。渠道成员之间冲突发生的差异性原因多种多样,目标不相容、渠道分工的差异、技术的差异等都可能产生渠道冲突。实际上大部分差异是可以通过明确界定渠道成员间的权利、责任、义务等来避免的。因此,这就要求企业在进行渠道规划时尽可能多地考虑到实际情况,详细界定渠道成员间的权利、义务,这样才能尽可能减少以上差异所带来的渠道冲突。

(3)渠道成员间要成立渠道管理组织。企业和渠道组织之所以能在一起,是因为要通过各自的专业化分工协作起来共同完成分配任务。因此,为了更好地分工协作,同时更好地处理渠道冲突,企业和其他渠道成员有必要共同成立渠道管理组织,如渠道委员会。它可以及时处理随时出现的渠道冲突,并且最重要的是通过建立定期或不定期的沟通机制,使企业和渠道组织、渠道成员间能加深对共同目标的认识,加深相互理解,最终避免冲突的实现。

5. 调整分销渠道

由于汽车消费者购买方式的变化、市场扩大或缩小、新的分销渠道的出现,现有渠道结构不能带来最高效的服务产出,在这种情况下,为了适应市场环境的变化,现有分销渠道经过一段时间的运作后,就需要加以修改和调整。调整分销渠道主要有如下几种方式:

(1) 增减渠道成员。这是一种结构性调整,即对现有销售渠道里的中间商进行增减活动。企业要分析当增加或减少某些中间商时,会对产品分销、企业收益等带来什么影响,影响的程度如何等。比如,企业决定在某一目标市场增加一家批发商,不仅要考虑所带来的直接利益,还应考虑对其他经销商的需求、成本和情绪会有何影响。

(2) 增减销售渠道。这属于功能性调整,如果增减渠道成员不能解决问题,企业可以考虑增减销售渠道的做法。增加或减少一条销售渠道都需要对可能带来的直接、间接反应、效应做系统地分析。例如,某汽车配件企业发现其经销商注重家用轿车市场而忽视商用市场,导致其商用车销售不畅,为了促进商用车市场的开发,需要增加一条销售渠道,必须对此做出系统地分析。

(3) 调整改进整个渠道。这也属于功能性调整,即企业对原有的分销体系、制度进行全盘调整,这类调整难度最大。因为它不是在原有渠道基础上的修补或完善,而是全面改变企业的渠道决策,它会带来市场营销组合有关因素的一系列变动,通常由企业最高管理者做出调整。

当营销环境发生较大变化,造成现有分销渠道系统在满足目标客户需求和欲望方面理想系统之间出现越来越大的差距时,厂商就要考虑对原有分销渠道进行调整。厂商可借助投资收益率分析,确定增加或减少某些分销渠道或对整个分销渠道做出调整。当目前已有的渠道成员不能很好地经营目标市场时,可以考虑重新选定某个目标市场的渠道成员来占领市场,当现有渠道成员不能将厂商产品有效送至目标市场时,优先考虑的不应该是将这个渠道成员剔除,而是考虑能否将其用于其他目标市场。

【案例】经销商"反炒"汽车厂家　新宝鼎、福特孰是孰非?

2006年12月6日,长安福特山西经销商新宝鼎宣布向长安福特发去《关于终止"福特品牌国产产品经销商销售和服务协议"的通知》,要求长安福特承担违约责任。12月9日,山西新宝鼎汽车公司召开新闻发布会,宣布与长安福特汽车公司解除合作协议。新宝鼎表示,解除合作协议的原因是长安福特商务政策滞后,导致新宝鼎长安福特店长期处于亏损状态。12月10日,长安福特发布声明,称对新宝鼎的做法表示遗憾。12月15日,汤德为介绍,山西新宝鼎没有达到厂家规定的经销商服务标准,并称新宝鼎的经营业绩在所有经销商中是最差的。12月16日下午,长安福特马自达在上海召开业绩说明会,其间对新宝鼎事件做出正式回应,长安福特认为,合作协议的解除原因,是由于山西新宝鼎没有达到长安福特马自达规定的经销商服务标准,因此厂家主动终止与山西新宝鼎的合作。12月17日,新宝鼎在上海市区静安宾馆再次召开新闻发布会,扬言要披露蒙迪欧和福克斯车辆重大质量隐瞒,并保留对长安福特马自达不公正评价诉讼的权利。12月19日,新宝鼎在北京召开新闻发布会,山西新宝鼎汽车销售有限公司总经理黄卫民表示,汤德为单方面言论完全失实,严正要求汤德为停止对新宝鼎的名誉侵权,为此将采取包括诉讼在内的一切手段。12月19

日,新宝鼎执行董事王福娟在北京的新闻发布会后表示,针对汤德为不负责任的言论,目前新宝鼎已经委托律师收集证据,准备启动对汤德为的民事诉讼。

资料来源:http://news.qq.com/a/20061221/002428.htm

5.4 汽车促销

现代汽车市场营销不仅要求汽车生产企业发展适销对路的汽车产品,制订吸引人的汽车价格,使目标客户易于获得他们所需要的汽车产品,而且还要求企业采用各种促销方式,开展一系列的促销活动,激发消费者的购买欲望,实现汽车产品的销售,满足客户的需求。

5.4.1 汽车促销的概念

促销即促进销售,汽车促销是汽车企业对汽车消费者所进行的信息沟通活动,通过向消费者传递汽车企业和汽车产品的有关信息,使消费者了解汽车企业和信赖汽车产品。促销的实质是传播和沟通信息。促销包含以下三层含义:

(1) 促销的核心是沟通信息。

(2) 促销的目的是引发消费者产生购买行为。

(3) 促销的方式有人员促销和非人员促销。

① 人员促销。人员促销又称直接促销,是企业运用推销人员向消费者推销商品或服务的一种促销活动。主要适用于消费者数量少、比较集中的情况。

② 非人员促销。非人员促销又称间接促销,是企业通过一定的媒体或活动传递产品或服务等有关信息,以促使消费者产生购买欲望、发生购买行为的一系列促销方式,包括广告、公关和销售促进等。它适用于消费者数量多、比较分散的情况。

5.4.2 汽车促销的作用

汽车促销的作用主要体现在以下几方面:

(1) 提供汽车产品和销售信息。通过促销宣传,可以将汽车企业的产品信息传递给消费者。明确告诉消费者有什么样的汽车产品,产品有什么特点,到什么地方购买,购买的条件是什么等,从而引起客户的注意,激发并强化购买欲望,为实现和扩大销售做好舆论准备。

(2) 突出汽车产品的卖点,提高竞争能力。在激烈的市场竞争中,同类汽车产品中,有些商品差别细微,而通过促销活动能够宣传突出企业产品特点的信息,从而激发了消费者的潜在需求,提高了企业和产品的竞争力。

(3) 强化企业的形象,巩固市场地位。恰当的促销活动可以树立良好的企业形象和商品形象,能使客户对企业及其产品产生好感,从而培养和提高用户的忠诚度,形成稳定的用户群,可以不断地巩固和扩大市场占有率。

(4)刺激需求,影响用户的购买倾向,开拓市场。这种作用尤其对新产品推向市场,效果更为明显。

5.4.3 汽车促销的种类

汽车促销即企业利用推销人员推销产品。对汽车销售企业而言,主要是由推销人员与客户直接面谈沟通信息,其主要方式有在汽车展厅内的人员推销,展示会上或驾乘活动的人员推销,带车上门的人员推销。人员推销方式具有直接、准确、推销过程灵活、易于与客户传递信息。

不同的促销方式有不同的效果,它是企业进行促销组合决策所必须考虑的因素。汽车产品常见的促销方式有以下几种,如图 5-12 所示。

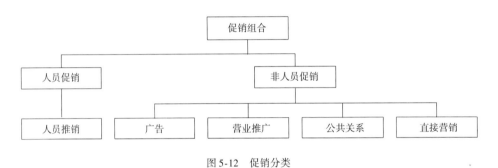

图 5-12 促销分类

1. 人员推销

人员推销是指通过销售员深入中间商或消费者进行直接的宣传介绍活动,使其采取购买行为的促销方式。人员推销的最大特点是具有直接性。无论是采取销售员面对面地与客户交谈的形式,还是采取销售员通过电话访问客户的形式,销售员都在通过自己的声音、形象、动作或拥有的样品、宣传图片等直接向客户展示、操作、说明、直接发生相互交流。在因特网时代,销售人员尽管会受到网络营销等新的销售方式的挑战,但是在一个相当长的时期内,人员销售的方式不仅不会减弱,反而会随着电子商务的开展而强化,因为电子商务借助的是因特网,但是其服务的对象仍然是富有情感的客户,他们更需要与人沟通和交流。赢得客户的情感,就会赢得他们的理智。人员销售的成功从客户的情感开始。感同身受,换位思考,销售人员若要成功的话,则需要站在客户的角度考虑问题,帮助客户解决问题。即不仅获得每一笔交易,更需要培育终身客户。

2. 广告

广告是通过报纸、杂志、广播、电视、广告牌等广告传播媒体形式向目标客户建立长期友好合作关系以及双向沟通的特点,但这种推销方式成本较高。采用广告宣传可以使广大客户对企业的产品、商标、服务等加强认识,并产生好感。统计表明,在各主要汽车生产国,汽车业是做广告最多、费用最高的行业之一。例如,在德国,1995 年全国销售汽车 331 万辆,宣传广告费达 29 亿马克,平均每辆车广告费 875 马克。在我国,汽车广告正在与日俱增,成为汽车促销的主要手段。广告的特点是可以更为广泛地宣传企业及其商品,传递信息面广,不受客户分散的约束,同时广告还能起到倡导消费,引导潮流的作用。

3. 营业推广

营业推广又称销售促进,是指企业运用各种短期诱因鼓励消费者和中间商购买、经销或代理企业产品或服务的促销活动。其特点是可有效地吸引客户,刺激购买欲望,可以较好地促进销售。但它有贬低产品之意,因此只能是一种辅助性促销方式。

4. 公共关系

公共关系一词来自英文 Public Relations,简称公关或 PR,也称公众关系。它是指企业在从事市场营销活动中正确建立企业与社会公众的关系,以便树立企业的良好形象,从而促进产品销售的一种活动。公共关系是一种创造"人和"的艺术,它不以短期促销效果为目标,通过公共关系使公众对企业及其产品产生好感,并树立良好企业形象,以此来激发消费者的需求。它是一种长期的活动,着眼于未来。

5. 销售技术服务促销

汽车产品的售前、售中和售后服务工作统称为销售技术服务。其主要特点是专业性强,是用户购车考虑的首要因素之一。所以,优质的销售技术服务对促进销量、增强企业竞争能力,效果十分明显。

6. 其他

植入式营销又称植入式广告,是指将产品或品牌及其代表性的视觉符号甚至服务内容策略性融入电影、电视剧或电视节目各种内容之中,通过场景的再现,让观众在不知不觉中对产品及品牌留下印象,继而达到营销产品的目的。植入营销相当于隐性广告或称其为软广告。植入式广告不仅运用于电影、电视,它还可以"植入"各种媒介,例如,报纸、杂志、网络游戏、手机短信,甚至小说之中。

5.4.4 汽车产品促销组合策略

促销组合决策实质上就是对促销预算如何在各种方式之间进行合理分配的决策。企业在做这些决策时,要考虑以下因素。

1. 促销目标

不同的促销目标采取不同的促销策略,见表 5-1。

不同的促销目标采取不同的促销策略　　　　表 5-1

促 销 目 标	促 销 策 略
提高汽车品牌知名度	广告 + 销售促进 + 公共关系
了解汽车产品性能	广告 + 人员促销 + 销售促进
取得销售效果	销售促进 + 人员促销 + 广告

2. 产品的种类和市场类型

例如,重型汽车因使用上的相对集中,市场也比较集中,因而人员推销对促进重型汽车的销售效果较好;而轻型汽车、微型汽车由于市场分散,则广告对促进这类汽车销售的效果会更好。总之,市场比较集中时人员推销的效果最好,营业推广和广告效果次之;反之,市场需求分散时广告的效果较好,营业推广和人员推销则次之。不同市场类型的促销方式选择见表5-2。

不同市场类型的促销方式选择 表5-2

市场类型	促销选择		
	首选	次选	再次选
市场集中	人员推销	营业推广	广告
市场分散	广告	营业推广	人员推销

3. 产品生命周期的阶段

当产品处于导入期时,需要进行广泛地宣传,以提高知名度,因而广告的效果最佳,营业推广也有相当作用。当产品处于成长期时,广告和公共关系仍需加强,营业推广则可相对减少。当产品进入成熟期时,应增加营业推广,削弱广告,因为此时大多数用户已经了解了这一产品,在此阶段应大力进行人员推销,以便与竞争对手争夺客户。当产品进入衰退期时,某些营业推广措施仍可适当保持,广告则可以停止。产品生命周期各个阶段的促销方式选择见表5-3。

产品生命周期各个阶段的促销方式选择 表5-3

产品生命周期	促销选择		
	首选	次选	再次选
导入期	广告	营业推广	人员推销
成长期	广告、公共关系	人员推销	营业推广
成熟期	营业推广	人员推销	广告
衰退期	营业推广	人员推销	公共关系

4. 促销预算

任何企业用于促销的费用总是有限的,这有限的费用自然会影响营销组合的选择。因此企业在选择促销组合时,首先要根据企业的财力及其他情况进行促销预算;其次要对各种促销方式进行比较,以尽可能低的费用取得尽可能好的促销效果;最后还要考虑到促销费用的分摊。不同促销预算下的促销方式选择见表5-4。

不同促销预算下的促销方式选择 表5-4

促销预算	促销选择		
	首选	次选	再次选
费用充足	广告	营业推广	人员推销
费用吃紧	人员推销	营业推广	广告

5.4.5 汽车促销策略

1. 人员推销

1) 人员推销种类

人员推销可分为三类,即上门推销、展厅推销和会议推销。

(1) 上门推销。上门推销是最常见的人员推销形式。它是由推销人员携带产品的样品、说明书和订单等走访客户,推销产品。这种推销形式,可以针对客户的需要提供有效的服务,方便客户,故为客户所广泛认可和接受。此种形式是一种积极主动的、名副其实的"正宗"推销形式。上门推销在国外十分普遍,在我国还仅仅是开始,从长远来说,人员推销将成为营销的一种重要方法。上门推销的优点是主动性强、效果显著。缺点是费工费时,劳动量大。

(2) 展厅推销。展厅推销又称门市推销,指汽车企业在适当地点设置固定的展厅、专卖店等,由营销员接待进入展厅的客户,推销产品。展厅推销和上门推销的方式正好相反,它是等待客户上门的一种推销方式,因为汽车产品是大件商品,它的特殊性决定了汽车销售企业都要选用这种方式。展厅推销的优点是场所固定,容易取得客户信任。缺点是缺少上门推销方式的积极主动特点。

(3) 会议推销。会议推销指通过寻找特定客户,亲情服务和产品说明会的方法销售产品的销售模式。会议营销的魅力在于它可以迅速使产品在市场上崛起;可以让品牌在短期内为目标受众群体所熟悉;可以使企业在短期内收回投资;可以最大限度地利用社会资源,没有积压大额货款的担忧;投资相对较少;可以让其从业人员获得丰厚的收入。近年来国内举办的汽车博览会就属于这种推销方式。会议推销的优点是聚集了众多厂家、中间商等,有助于短时间内进行大量洽谈活动,省时省钱。缺点是竞争者会派出人员参与推销,竞争激烈。

2) 人员促销策略的分类

人员促销的基本策略则主要有:

(1) 试探性策略,也称刺激—反应策略。就是在不了解客户需要的情况下,事先准备好要说的话,对客户进行试探。同时密切注意对方的反应,然后根据反应进行说明或宣传。

(2) 针对性策略,也称配合—成交策略。这种策略的特点是事先基本了解客户的某些方面的需要,然后有针对性地进行"说服",当讲到"点子"上引起客户共鸣时,就有可能促成交易。

(3) 诱导性策略,也称诱发—满足策略。这是一种创造性推销,即首先设法引起客户需要,再说明所推销的这种服务产品能较好地满足这种需要。这种策略要求推销人员有较高的推销技术,在"不知不觉"中成交。

2. 广告促销

汽车广告要体现汽车企业和汽车产品的形象,从而吸引、刺激、诱导消费者购买该汽车产品。在汽车营销活动中,广告具有十分重要的地位和作用。

1)广告的特点和种类

在市场营销活动中,广告作为一种传递信息的活动以促进销售为目的,通过一定形式的媒体,并消耗一定的费用,公开而广泛地向公众传递有关商品或劳务等有关经济信息的宣传手段。广告是指由特定的广告主有偿使用一定的媒体,传播产品和劳务信息给目标客户的促销行为。广告有商业性广告和公益性广告之分。所谓商业性广告,是指被确认的广告主,按照付费原则,通过大众传播媒介,以其所选择的多数人为目标对象,为了使他们遵循广告主的意图有所行动,对商品、劳务、观念等方面信息所采取的非人员方式的介绍和推广活动。公益性广告是一种非商业广告,不付费,如央视经常播放的精神文明广告、环境保护广告等。

(1)广告的主要特点。传递信息、激发需求。传递信息是广告活动的基本功能。在市场经济条件下,产品的制造者与最终消费者很少直接见面,而广告则起了沟通产需双方的桥梁作用。此外,广告激发需求功能的发挥,还可起到创造流行、建立新的消费习惯的作用。

指导消费、扩大销售。认知产品是购买产品的前提,消费者只有充分认识和了解产品之后,才能做出购买决定。现代市场上,新产品层出不穷,琳琅满目,如果不借助广告的宣传,消费者就很难找到自己需要的产品和其他服务项目。广告指导消费者购买,扩大了产品的销售。

有利于竞争、稳定市场。广告是企业在竞争激烈的现代市场上取胜的一个重要工具。企业通过广告这一有力武器,能加深消费者对企业的良好印象,建立信誉,使消费者相信本企业的产品优于其他竞争品,从而为企业开拓市场、巩固市场创造条件。

(2)广告的种类。根据不同的划分标准,广告有不同的种类。

根据内容和目的划分:

①开拓性广告,也称报道性广告。以激发客户对产品的需求为目标,适用于产品的导入期,用来向客户传递产品的用途、性能、质量、价格等有关信息,以促使新产品进入目标市场。

②劝告性广告,又称竞争性广告。以激发客户对产品产生兴趣,增进"选择性需求",适用于进入成长期和成熟前期的产品。

③提醒性广告,也叫备忘性广告或加强性广告。目的在于提醒客户,使其产生"惯性"需求。适用于已进入成熟后期或衰退期的产品。

根据是否盈利划分:

①企业广告,又称商誉广告。目的是提高企业的声望、名誉和形象,以利于销售产品。注重宣传、介绍企业的品牌、商标、厂址、厂史、生产能力和服务项目等情况。

②公益广告。公益广告是一种非营利性广告。它把广告活动与公益活动结合起来,诱导人们关注社会,关心公众福利,具有正确的导向价值,因此深受消费者的欢迎。

根据广告传播的区域划分:

①全国性广告。全国性广告是指在全国性的报纸、杂志、电台或者电视上所做的广告,目的在于将产品或劳务推向全国各地。

②地方性广告。地方性广告一般是配合差异性营销策略使用,宣传对象多为地方性产品,销量有限,而且选择性强。

③地区性广告。地区性广告是在地区性广告媒体上所做的广告,传播面更小,这类广告多是为配合集中性营销策略而使用的。

根据广告的不同对象分类:

①生产者的广告。主要是针对生产资料的工业用户发布的,起引导介绍作用。

②对经营者的广告。这是生产厂家针对采购商、代理商、批发商和零售商发布的。目的是引起中间商的推销兴趣。

③对消费者的广告。广告面向广大客户,是厂商和经营者用来直接向消费者推销产品的。

根据广告媒体分类:

任何广告都要借助一定的媒体。广告媒体多种多样,除电视、广播、报纸、杂志和网络外,还有路牌广告、招贴广告、交通广告、灯光广告、邮寄广告等。近年来又出现了空中"立体广告""烟云广告"和"时装模特"等新广告形式。

广告作为促销的一种重要形式,对于迅速、广泛地传播信息、沟通产销联系发挥了重要的作用。广告促销流程图如图5-13所示。

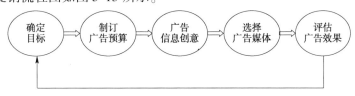

图5-13 广告促销流程图

2)汽车广告策划

汽车广告策划简单划分为五个步骤,如图5-14所示。

(1)确定广告目标。

制订汽车广告策略的第一步是确定汽车广告目标。汽车广告目标是指在一个特定时期内,对某个特定的公众所要完成的特定的传播任务。这些目标必须服从先前制订的有关汽车目标市场、汽车市场定位和汽车营销组合等决策。汽车广告按其目标可分为通知性、说服性和提醒性广告三种。

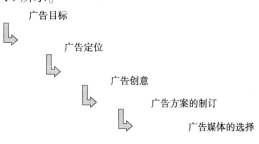

图5-14 汽车广告策划步骤

①通知性广告。主要用于汽车新产品上市的开拓阶段,旨在为汽车产品建立市场需求。例如,日本丰田汽车公司在进入中国市场时,打出"车到山前必有路,有路必有丰田车"的广告,震撼人心。

②说服性广告。主要用于竞争阶段,目的在于建立对其某一特定汽车品牌的选择性需求。在使用这类广告时,应确信能证明自己处于宣传的优势,并且不会遭到更强大的其他汽车品牌产品的反击。例如,"三星骏马快!优!新!"的广告,突出了该汽车产品的优势,朗朗上口。

③提醒性广告。用于汽车产品的成熟期,目的是保持消费者对该汽车产品的记忆。例如,上海大众仍经常为已经处于成熟期的桑塔纳轿车做广告,提醒消费者对桑塔纳轿车的注意。

(2)确定广告定位。广告定位是策划广告的重点,即产品诉求点的确立,广告定位大体

上分为以下三种:

①广告的实体定位策略。实体定位就是在广告中突出宣传产品本身的特点,主要包括功能定位、质量定位和价格定位,确立怎样的市场竞争地位,在目标用户心目中塑造何种形象,从而使广告最富有效果。

②目标市场定位策略。目标市场定位使广告传播更加具有针对性。例如,中央电视台黄金时间是晚7点至晚9点,如果是农用机械广告,最好不选择夏秋两季晚7点至8点播出,因为这段时间我国大部分地区的农民还在劳作。另外,进入外国市场,也要按照当地特点进行重新调整,使之符合当地的文化和传统习惯。

③心理定位策略。心理定位主要包括正向定位、逆向定位和是非定位三种方法。正向定位主要是正面宣传产品的优异之处;逆向定位主要是唤起用户的同情与支持;是非定位则强调自己与竞争对手的不同之处,把强大的竞争对手逐出竞争领域。

(3)设计广告创意。汽车广告创意类型如图5-15所示。

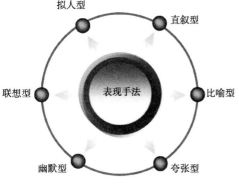

图5-15 汽车广告创意类型

(4)制作广告文案。汽车广告文案由标题、正文、随文和商标组成。其中标题和正文是文案的核心部分。随文是汽车广告的必要说明,如公司名、电话、地址、银行账号和经销部门等。标题是广告的题目,是广告文案的高度概括,也就是广告的主题。例如,别克轿车的"心静,思远,志在千里;有空间,就有可能;"奥迪轿车的"突破科技,启迪未来;引领时代,科技与成功互辉映"就是广告标题,是以最精练的语言对汽车的高度概括。因此,广告文案标题的设计必须考虑到客户的利益、必须突出广告的主题、必须诉求明确、必须长度适中,这是广告文案创作的原则。汽车广告文案依载体、风格、手法的不同,可分为直述式、故事式、证言式和抒情式等类型,如图5-16所示。

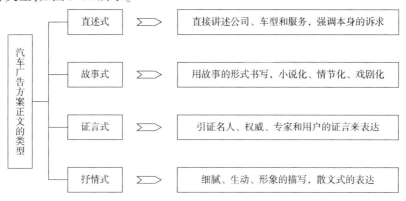

图5-16 汽车广告文案正文的类型

(5)汽车广告媒体的特点及其选择。确立了广告的媒体之后,还必须根据不同媒体的特点,设计创作广告信息的内容与形式,立意应独特、新颖,形式要生动,广告词要易记忆,宣传重点要突出。切忌别人看了广告后,却不知道广告要表达的是什么产品的什么特点。广告应达到讨人喜欢、独具特色和令人信服的效果,或者说要达到引起注意、激发兴趣、强化购买欲望并最终导致购买行为。纵观国内外的汽车广告,宣传的主题主要是围绕汽车产品的安全性、环保性、节能性、动力性、驾驶性、舒适性和浪漫性等内容展开。

广告要传达某种信息,但信息又必须以某种载体作依托才可以传达出去,传播广告信息的载体即是广告媒体。广告媒体的经典形式有四类,即电视、广播、报纸和杂志。而辅助媒体更多,如广告牌、油印品、公共汽车、邮寄广告,还有近年来出现的互联网网络媒体。

不同的广告媒体,有不同程度时间和范围的传达性、吸引性和适应性,因而各种广告媒体各有不同的特性。

①报纸。报纸的优点是传播范围广、读者广泛;传播及时、信息量大;较大的可选择性、伸缩性和较高的可信性。其缺点是时效短,不易保存;不易从造型、音响方面创新;各项费用差异大。其中《中国经营报》《财经》《汽车族》和《新京报》广告刊登额呈正增长的媒体,《京华时报》和《中国汽车画报》也是非常不错的选择。

②杂志。杂志作为广告媒介的优点是针对性强;有较长的时效性,可以反复阅读、过期阅读,比报纸在色彩、造型方面有创新的良好条件;传播时间长,可保存。其缺点是因专性强,传播范围有限,灵活性差。

③广播。广播作为广告媒介的优点是听众广泛,传播速度快,传播范围广,费用比电视广告便宜。其缺点是较难保存,听众过于分散,相对电视来说创新形式有所限制,只闻声、不见其形。

④电视。电视是传播广告信息最理想的媒介。其优点是具有传播的广泛性,深入千家万户;综合运用各种艺术形式,表现力强,具有直观性,有听觉、视觉的综合效果;传播速度快、信息量大。其缺点是针对电视的局限性不强;竞争者较多,价格昂贵。中央电视台的广告是最为主要的,特别是黄金时间的广告影响力更是巨大的。

同时各大主要电视台的广告也是非常重要的,如 CCTV-2、CCTV-8、湖南卫视、上海卫视、广州卫视、凤凰中文等电视台都是不错的选择。

⑤网络。网络促销是指利用现代化的网络技术向虚拟市场传递有关商品和劳务的信息,以启发需要引起消费者购买欲望和购买行为的各种活动。随着汽车销量的不断增长,汽车厂商加紧了在国内构建营销服务网络的步伐。2005 年汽车行业网络营销总投入超过 6 亿元人民币,其中网络广告超过 3.5 亿元;在北京,60% 以上的用户买车前会上网查询相关信息,通过新浪易车网上购车平台查询购车信息、找到经销商的潜在购车用户超过 20 万人口其中直接提交购车意向的超过 5 万人。互联网已经被证明是一种性价比最高的汽车经销商市场推广手段。

⑥户外广告。户外广告才是真正的大众传媒。"不是所有的人都看电视、读报纸或上网冲浪,但是任何人,只要他离开家,就会看到户外广告。"这是 Asia Poster 公司的 CEO 斯麦尔·伍德先生对户外广告的精辟阐述。收入的提高与休闲时间的增多,使得人们的户外活动激增。而城市化的加快与私家车的猛增,也导致道路人口更加密集。根据权威媒体数据,自 1970 年以来,人们每日搭乘交通的机会增加了 110%,而路上的车辆也陡增了 147%。对于很多人,唯一能够看到媒体的机会即是交通堵塞时路边的灯箱、候车亭和射灯广告牌等。

⑦其他。比如 POP 广告。凡是在商业空间、购买场所、零售商店的周围、内部以及在商

品陈设的地方所设置的广告物,都属于POP广告,利用POP广告强烈的色彩、美丽的图案、突出的造型、幽默的动作、准确而生动的广告语言,可以创造强烈的销售气氛,吸引消费者的视线,促成其购买冲动。

根据各种媒体客观上存在的优缺点,在选择时应着重考虑以下因素。

①产品的性质。对汽车来说,电视和印刷精美的杂志在形象化和色彩方面是最好的媒体。有的汽车杂志广告主要选用了能充分体现汽车外观的设计,给受众以视觉上的冲击。

②目标消费者的媒体习惯。不同媒体可将广告传播到不同的市场,而不同的消费者对杂志、报纸、广播或电视等媒体有不同的阅读、收视习惯和偏好。广告媒体的选择要根据消费者的这些习惯和偏好才能成功,如购买跑车的大多数消费者是中青年的成功人士,所以广播和电视就是跑车的最有效的广告媒体。

③传播信息类型。例如,宣布明日的购销活动,必须在电台或报纸上做广告;而如广告信息中会有大量的技术资料,则须在专业杂志上做广告。一般情况下,汽车产品的针对性强,因此,比较适合在专业杂志和报纸上做广告,能直接面向待定的消费者。

④媒体的成本。广告活动应考虑企业的经济负担能力,力求在一定的预算条件下,做到一定的覆盖、冲击与持续。电视是最昂贵的媒体,而报纸则较便宜。

3)广告促销策略的分类及特点

广告促销策略是一种密切结合市场营销而采用的广告策略。这种广告策略不仅告知消费者购买产品有什么利益,以说服其购买,而且结合市场营销的其他手段,给予消费者更多的附加利益,以引起消费者对广告的兴趣,在短期内收到即效性广告效果,有力地推动了产品销售。广告促销策略是多种多样的,它包括馈赠、文娱、中奖或公益等促销手段的运用。

(1)馈赠性广告促销策略。馈赠性广告促销策略是指企业通过发布带有馈赠行为的广告以促进产品销售的广告策略。这种促销策略可采用赠券、奖金、免费样品、折扣券或减价销售等形式。例如,报刊广告赠券是颇为流行的一种,即在广告的一角设有回条,读者剪下来此回条就可到指定的商店购买优惠价格的产品或获得馈赠的小件物品。食品、饮料、日用品的报刊广告运用此策略较多。但需要注意的一点是,广告中承诺的赠品应标明赠品的品种与数量,不应含糊其词,更不能欺骗消费者。

馈赠广告有以下特点:

①以附带馈赠行为为手段。

②可以刺激消费者希望获得馈赠品的心理而扩大产品销售。

③可以较准确地检验广告的阅读率。

(2)文娱性广告促销策略。文娱性广告促销策略是指运用文娱形式发布广告以促进产品销售的广告策略。企业出资赞助文娱节目表演,使广告不再是一种简单的、直观的、赤裸裸的硬性产品宣传,而演变为一种为人所喜闻乐见、多姿多彩的"广告文化"。并且,还可以通过定期搞一些文娱活动的同时发布简明扼要的产品广告。此外,还可以通过定期搞一些文娱竞赛节目,诸如猜谜语比赛、技术操作比赛、问答比赛等,给得胜者以奖励。

文娱广告有以下特点:

①以伴随文娱性活动发布广告为手段。

②减少广告的商业味,增加广告的知识性与趣味性。

③使消费者在享受娱乐中了解产品信息,并使企业形象得以增强。

(3) 中奖性广告促销策略。中奖性广告促销策略是一种以抽奖中奖形式的广告促销手段。这种方法在国外十分流行,对推动销售有一定效果。但此法也为某些经营作风不正的企业提供了可乘之机,如以劣充优、混迹提价、克扣分量,甚至哄骗群众,从中牟取暴利。因此,在运用此广告策略时,必须注意社会效果与合法性,在我国抽奖式有奖活动销售,奖品价值不能超过5000元,否则会被视为违反公平竞争原则。

中奖性广告促销策略具有以下特点:

①以奖品或奖金为刺激手段。

②购买者多为冲动性购买。

(4) 公益广告促销策略。公益广告的形式很多,如企业可以捐款捐物赞助公益事业,并发布广告扩大影响,如对老弱病残者、孤儿、受灾民众或办学等赞助;还可以对社会有较大影响的活动,如展销会开幕、工程落成或企业开张等祝贺;企业可以依据商品销售需要,举办诸如烹调技术、服装裁剪或卫生用品常识等免费专题讲座,实质上也起广告作用。

公益广告促销策略具有以下特点:

①以关系、赞助公益活动为发布广告的手段。

②以办好事、争民心、赢取广大群众好感为目标。

③有利于树立企业的知名度和信任度。

3. 营业推广促销策略

1) 营业推广的形式

营业推广的对象主要包括目标用户和汽车经销企业两类。对目标用户的营业推广,目的主要是鼓励用户试买、试用,争夺其他品牌的用户。其形式主要有服务促销、价格折扣、质量折扣、展销和卖方信贷等。对经销商的营业推广,目的主要是鼓励多买和大量购进,并建立持久的合作关系。其主要形式有批量和现金折扣、展销、业务会议、推销奖励、广告补贴、商业信用、价格保证和互惠等。

2) 营业推广的特点

(1) 营业推广是广告和人员推销的一种补充手段,是一种辅助性的促销手段。

(2) 营业推广是一种非经常性的促销活动。广告和人员推销则是连续性、常规性的促销活动。

(3) 营业推广的刺激性很强,但促销作用不能持久。图5-17说明了营业推广对商品销售的作用。

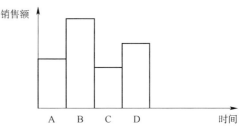

图5-17 营业推广对商品销售的作用

注:*A、B、C、D分别代表营业推广前、营业推广中、营业推广后较短期间内和营业推广后较长时间内。

4. 公共关系促销策略

公共关系是一种社会关系,但它又不同于一般社会关系,社会组织的存在和发展是社会的需要,是环境的产物,因而社会组织的信誉和形象,对自身的发展起着十分重要的作用。

一个具有良好企业形象的组织,可以赢得社会承认,可以建立起畅通的原料供应和产品销售渠道。为此,塑造形象是公共关系策略的最终目标,也是公共关系策略的重要职能。其作用具体表现在如下三个方面:

(1)可以帮助企业树立正确的营销战略。即在帮助企业确立营销目标的同时,既要考虑企业利益又要顾及消费者需求,既着眼企业利益,也注重社会效益,还要兼顾企业的暂时利益与长远利益等。

(2)可以帮助企业明确科学的营销谋略。

(3)可以帮助企业运用科学可行的方式促进营销目标的实现。这包括两个方面,一方面为实现营销目标,在运用公共关系策略营造企业形象、沟通信息、协调关系、提供服务等方面所作的种种具体努力和贡献;另一方面是指具体营销活动中公共关系策略的手段、技巧等。

汽车营销公关面对着各种层次、各种需求和各种利益的公众,其中有四种类型的公众是汽车营销公关必须重点关注的对象,即消费者公众、协作者公众、竞争者公众和政府公众。

1)消费者公众

消费者公众是最为重要的营销公众之一,因为他们是汽车营销活动的核心。消费者可以是个人,也可以是企事业单位、政府机关等。汽车营销公关要从以下几方面积极处理好与消费者公众的关系:

(1)主动、热情地了解汽车消费者的需要,千方百计地为满足消费者的要求而努力服务。

(2)坚持不搞"一次性买卖",努力通过汽车商品这一桥梁,与汽车消费者建立长期、稳定的关系。

(3)有责任帮助汽车消费者了解汽车生产商和销售商的宗旨、产品性能、服务方式,争取赢得消费者的信任和好感。

(4)随时注意和掌握消费者的消费信息,注意收集汽车消费者对已购汽车性能、服务方式等的满意程度,以此来改进、完善服务工作。

(5)自觉履行本行业、本职业、本岗位的职业道德、规范,尽可能照顾好汽车消费者的实际利益。

(6)根据汽车消费者的消费需求和特点,不断增加服务项目,制订优质服务制度,创造最佳的消费环境。

(7)对汽车商品消费者售前服务要做好实事求是的宣传;售中服务要把优质商品提供给消费者来挑选,不能以次充好,以假乱真;售后服务必须兑现服务承诺,从而树立起良好的营销形象。

(8)汽车营销公关在对本企业负责的同时,必须有对社会负责的认识,做到经济效益与社会效益的统一,对有害汽车消费者健康和安全的产品、对严重不利于社会环保等汽车产品,应主动请求停产,决不能见利忘义。

2)协作者公众

协作者公众主要是指经销汽车产品的社会组织和个人。但从企业经营活动的全方位来考察,供应商公众还包括那些给本企业生产活动提供材料、能源、劳动力等其他商品的社会组织和个人。严格来讲,前者通常称之为经销商公众,后者通常称之为供应商公众。

(1)经销商公众。汽车经销商公众是汽车生产商的商业伙伴,是汽车生产厂家在现代社会分工环境中生存与发展的必要依靠力量。经销商公众大体包括：批发商、零售商和经纪人等。

处理与汽车经销商公众的关系，必须注意以下几个方面：

①自觉吸收来自汽车经销商公众的信息。

②主动向汽车经销商公众发布汽车营销信息。

③积极为汽车经销商公众服务。

(2) 供应商公众。供应商公众是企业重要的外部公众。它对维持企业的生产经营活动有序、正常地运转具有积极重要的作用，尤其对社会化大生产的现代社会更是如此。处理与供应商公众的关系，应遵守以下基本原则：

①定期向供应商公众提供所需要的物资清单，从而保证企业的生产、劳务需要。

②严格遵守买卖双方的供货协议、合同制度、付款形式、数量价格和违约赔偿等。

③与供应商事前统一质量评定方法和评价的准则，防止因评价发生争执，影响双方关系。

④为了便于双方相互了解和长期合作，必须建立起物资供需的信息交流制度，保证供需双方的利益安全。

⑤与供应商的商业活动必须考虑到消费者的利益，严格防止假冒伪劣产品流入企业用于生产。

3) 竞争者公众

竞争者公众是指与本企业生产相同或相近产品、提供相同服务，从而具有同一市场的社会组织和个人。由于是同行，因此彼此之间在客观上就存在着一种竞争的关系。

如何处理好与竞争公众的关系，便成为汽车营销公关中的重大课题之一。事实上，竞争公众的存在，对一个企业的生存和发展而言既是挑战，又是机会。

在市场经济条件下，一方面竞争者公众的客观存在是不以人们的意志为转移的事实；另一方面，汽车营销领域作为市场竞争的"前沿阵地"，汽车营销人员作为市场竞争第一线的"战士"，只有遵循下列基本准则，才能从根本上处理好与竞争者公众的关系。

(1) 树立正确的竞争目的。在社会主义市场经济条件下，同行之间的竞争，从微观而言，是为了各自的经济效益；从宏观而言，推动了社会经济的繁荣和发展。因此，在市场竞争中，树立共同发展、共同繁荣的目的，是利国利民的营销公关价值观。

(2) 遵守竞争道德。同行之间的竞争应遵守职业道德规范，要在法律和政策允许范围内开展合情、合理、合法的竞争。在竞争中唯有通过科学经营管理、改进技术装备、提高产品质量、改善服务态度、注重营销公关的获胜者，才会被社会接受，成为其他企业的表率。

(3) 竞争中加强协作交流。同行之间虽然是竞争对手，但由于彼此的根本利益和最终目的的一致性，决定了竞争双方又是伙伴关系，因此，在竞争中合作，在合作中竞争便有着非常重要的意义。竞争不忘协作交流，在协作交流中共同解决竞争中遇到的问题。

4) 政府公众

在汽车营销公众中，政府是一个特殊的公众。政府不仅作为一个消费者有着自己的市场，而且只有它才有权把国家财政收入的部分资金作为政府对公共事业建设的投资以形成巨大的市场。

政府是商业政策的制订者,它通过商业政策所表达的市场导向,对市场营销环境的现状形成巨大的影响力,这些影响表现为:

(1)政府的产业政策影响着汽车企业营销战略计划的制订。

(2)公安、司法部门保护着企业营销活动在法律规范下正常运作。

(3)财税部门对汽车企业照章征税,并通过税率变化来引导市场。

(4)工商管理部门通过对汽车企业的登记、商标注册、合同管理来保证市场营销活动的有序化。

(5)物价部门对汽车商品的价格制订规范措施,防止市场营销中的暴利现象。

(6)质量检验部门对汽车商品的质量实行抽样监督,保障消费者的身体健康和生命财产安全。

(7)海关和商检部门对进出口商品实行报关、验关和质量、卫生检验,以维护出口商品在国际市场上的商业信誉和进口商品在国内市场上的公平竞争。

1)对政府公众的公关活动

汽车营销活动中,对政府公众的公关活动包括以下几方面:

(1)主动及时地向政府的统计部门提供准确的经济活动数据,以便让政府对企业的经营状况有一个全面认识。

(2)自觉接受政府和社会审计部门的审计,毫不隐瞒地提供各种财务资料,以便让政府对企业遵守财经纪律的状况有一个客观的评价。

(3)按时向政府的财税部门上缴税款,接受财税部门对企业资金运作的指导,让政府对企业的经济效益水平有一个真实的了解。

(4)随时向政府物价部门汇报本企业产品的定价情况,以便在政府公众中形成"物价信得过"的良好形象。

(5)积极向政府的工商管理部门提供真实的营销数据,以便赢得政府公众对企业的管理信心和商业信誉。

(6)主动接受政府有关部门对企业营销行为的监控,以便在政府公众中对企业营销行为放心。

总之,政府公众不仅影响营销环境的生成,而且影响营销手段的选择和运用。

2)汽车营销公关的任务

汽车营销公关的任务是为了帮助汽车这一特殊商品实现营销目标。具体地说,汽车营销公关工作主要承担以下四项任务。

(1)与新闻界联系。

与新闻界联系就是建立和保持与新闻传播媒体的关系,将有价值的汽车营销信息通过新闻媒体的传播,引起人们对汽车商品和售后服务的关注。

(2)商品公共宣传。

商品公共宣传就是配合第一线的营销部门为某个品牌或型号的汽车商品做宣传。

(3)企业信息沟通。

企业信息沟通就是利用公共关系手段帮助实现汽车企业与外部环境之间的信息沟通,促进各类公众对企业的了解。

(4)建议和咨询。

建议和咨询就是就公众事件、企业地位和企业形象等问题向管理当局提出建议或咨询。

3)汽车营销公关的作用

汽车营销公关的内容包括公众宣传,但又超越了单纯的公众宣传,这在汽车营销公关的任务中已充分反映。对一个企业而言,汽车营销公关除了公众宣传的作用以外,还有助于起到以下作用。

(1)协助开发新产品。

企业通过赠送、慈善义捐、赞助公益活动等形式推出新产品,其效果往往大于直接的广告宣传。

(2)协助商品的再定位。

汽车这一特殊商品往往在销售一段时间后,根据市场需求等重新进行价格定位,这时汽车营销公关的作用就变得至关重要。

(3)建立消费者对某一汽车型号的兴趣。

例如,建立人们对绿色产品(环保汽车)的兴趣,使人们觉得绿色产品即使价格高点也是值得的。

(4)影响特定的目标群体。

如果某一特定的消费群体或舆论媒体对企业的发展至关重要,汽车营销公关的结果很可能转变他们原先的态度。

(5)保护已经出现的公众认可和喜欢的产品。

有时企业的产品可能出现短期的消费者信任危机,比如,某批汽车产品质检不合格,这时汽车营销公关的作用往往大于广告宣传的作用,它可以通过良好的沟通、妥善的事后处理,消除公众的不信任感。

(6)建立有利于表现商品特点的企业形象。

汽车营销公关可以通过演说、公益活动、公众宣传等手段树立企业的良好形象,赢得公众的好感。

4)营销公关时机的选择原则

时机主要是指有利的时间和机会。在社会生活中,时机的出现是不以人们的意志为转移的客观存在。人们不能创造时机,只能把握和利用时机。时机具有瞬间性和不复返性。因此,充分利用时机开展营销公关活动,便成为有效公关的重要前提条件。当我们为营销策划一项公关活动时,其必要性来源于主体内部的需要。其有效性来源于对公关时机的选择。所以营销人员必须了解和把握营销公关时机的选择原则。

(1)求实原则。

求实原则是指能够根据自己的实际情况,实事求是地选择适合企业实情的营销公关时机。贯彻求实原则,一方面可以使公关主体避免赶时髦的做法;另一方面则可以使公关活动根据不同的时机量力而行,以取得更多的营销实效。

(2)焦点原则。

焦点原则是指营销公关时机的选择,以瞄准全社会集中关注的人和事为靶位,主动开展营销活动。贯彻焦点原则,一方面可以使公关主体进入社会焦点透视区域内,成为社会舆论的中心点；另一方面能够迅速及时地被公众所熟悉和认识。

(3) 深刻性原则。

深刻性原则是指营销公关时机的选择,以最容易让公众留下深刻印象的人或事为出发点。贯彻深刻性原则,一方面能立竿见影,给公众留下深刻的印象;另一方面也使自己的良好形象在公众中得到巩固和定位。

(4) 最大化原则。

最大化原则是指营销公关时机的选择以有大多数公众的参与为契机,扩大宣传,广交朋友。贯彻最大化原则,一方面可以节省营销公关的投入费用,实现事半功倍的效果;另一方面可以减少公关信息的传播环节,提高传播的真实性和准确性。

5) 汽车公共关系的方式

(1) 抓住轰动事件。

所谓轰动事件,是指事件的结果和程度超出了人们的一般想象,并且对现实的生活和人们的心理产生极大的震荡的事件。

轰动事件在一定时间和空间范围内通常为大多数人甚至全社会所关注,因此它是宣传企业组织形象,开展营销公关的良好时机。

【资料】20世纪80年代末,前联邦德国青年鲁斯特驾驶轻型飞机穿越国界,在众目睽睽下突降莫斯科红场,引起全世界的震动。当这一轰动全球的事件发生后,曾经训练过鲁斯特的某商业性航空俱乐部立即抓住了这个时机,广泛宣传鲁斯特的高超技术是他们培养出来的。这个公关宣传使该俱乐部争取到了更多的生源,赢得了商业利益。

与此同时,生产鲁斯特驾驶的轻型飞机制造公司也抓住这一千载难逢的轰动事件,大力进行营销攻势,广为宣传他们的飞机产品价廉物美、性能卓越。结果,此型号的飞机声誉大振,来自世界各地的订单比过去增加了几倍,从而扩大了该公司的销售市场。

上述的俱乐部和飞机制造公司都和该轰动事件有着某方面的内在联系,所以可以借助此轰动事件而获得商业利益。然而没有内在联系的企业是否也可以借用轰动事件来获利呢？回答是肯定的。我们还以鲁斯特事件为例。当时苏联最高法院判处鲁斯特12年徒刑并归还飞机后,前联邦德国某商业企业立即以高价购买飞机,并且制订了用该飞机做营销宣传飞行的计划,结果使该公司名声大噪。企业知名度的提高为商业活动创造了条件。

(2) 依靠名人效应。

所谓名人效应,就是指那些有相当知名度的人士。这些人由于有着众多的追随者、崇拜者和已存在的声誉,能对公众产生影响。例如,许多有使命感、责任感和成就感的企业和个人,往往会联合起来组织类似义演、义卖等社会活动。这些活动虽然是非营利性的,但是为了扩大社会影响,达到宣传效果,主办者往往都千方百计地邀请名人前来参加。这些名人或参加演出,或发表讲话,或参与活动,凡此种种都会扩大社会影响,有效地吸引公众。

在商业活动中,利用名人效应的事例不胜枚举。例如,电视广告就是由名人在为企业宣传商品。

(3) 借助全民活动。

所谓全民活动,就是指在一个城市、一个地区、一个国家,甚至全世界范围内开展的,在同一时期或同一时刻为着一个共同的目标去执行和完成同一个内容的、有全体社会成员参加的活动。

全民活动的最大特点有两个:一是参与者的普及性,使其产生了广泛的影响;二是活动时间的集中统一性,使其给人的印象深刻而持久。

【资料】1991年,非洲发生了百年未遇的大饥荒,一批又一批的灾民因饥饿而死亡,非洲人民的生存受到了空前的威胁。为了拯救苦难中的非洲人民,使捐助活动遍及全世界,在联合国和许多国家领导人的倡导下,开展了全球范围的"手拉手"活动,以此来表达全世界人民对非洲的关注。"手拉手"活动从美国旧金山的金门大桥上开始,连接五大洲四大洋。美国某医药公司瞄准这个千载难逢的机会,为在美国国内参与"手拉手"活动的人每人定制一顶太阳帽,帽上写着"Z公司爱非洲"。结果,该公司声誉鹊起,一个良好的公司形象便树立在全世界的面前。

(4)参与争议之辩。

所谓争议之辩,就是指某些特定的人与事由于处在善恶两难的判断之中,使社会评价出现不一致,从而引起社会成员各执一词的舆论争议。他们辩论的焦点不在于对事实真实性的怀疑,而在于价值判断上的分歧。由于争议之题经常成为社会舆论的焦点和热点,因此参与争议之辩不仅可以向公众有效地表示企业的价值观,而且可以在辩论活动中扩大企业的知名度,反映出企业对社会的责任心。

参与争议之辩有两种基本方式:一是直接参与的方式,即企业主体直接介入辩论,阐明自己的立场、观点;二是间接参与的方式,即企业主体对辩论主体本身不表态,但出面组织一些辩论活动、向辩论活动提供人力、财力赞助,或对辩论双方的观点做出客观公正的汇总和传播工作等。

(5)跃入流行之潮。

流行的出现是营销公关选择的最好时机之一。流行的发生往往使整个社会在短时间内到处可见某一种行为方式和消费方式,从而可以利用其集中性和爆发性的特点,来提高营销公关的宣传效果和宣传强度。

【资料】某服装厂的营销人员和设计人员早在年初就根据气象预测和妇女审美观的变化,设计出背带连衣裙并且建议工厂领导及时决策,大量生产,以适应夏天的高温气候和妇女的审美情趣,从而抢先占领市场。但是在何时推出背带连衣裙的营销公关活动上却发生了分歧。部分人主张马上就搞营销公关,以倡导流行;另一部分人则认为倡导流行成本太高,而背带连衣裙流行是夏天的必然趋势,因此主张推迟到流行之初搞营销公关,以借助流行之力,这样可减少营销成本。该厂决策层根据工厂的财力和对流行趋势的判断,决定采取借流行之力的营销公关策略。结果,该厂在当年6月成功举办了推动背带连衣裙的展示活动,使该厂的背带连衣裙在市场上独领风骚。

(6)借托热点人物。

所谓热点人物,主要是指那些重大新闻事件中的主角人物。由于他们为新闻舆论所报道,为公众所议论,因此是选择营销公关活动的又一个有利时机。

热点人物与名人是有区别的。前者主要是因为某事某物而使他(她)成为舆论关注的热点;后者则是因为他(她)在某一方面的成就和贡献而成为同行业中的佼佼者。一般来说,热点人物具有明显的时间效应,名人则具有历史效应。热点人物可以是正面性的,也可以是反面性的,而名人通常是指有正面作用的事业成功者。

借助热点人物的公关活动有三种基本方式:一是邀请热点人物参加本企业的营销公关活动,从而可以使公关活动也成为社会的热点;二是通过访问热点人物,提高企业的知名度;三是评价热点人物,加强企业在公众中的印象。

(7)追踪体育比赛。

现代体育比赛是营销公关活动最理想的舞台,尤其是世界性的体育比赛,它的内涵早已超越了单纯的竞技比赛的范围而升华为一种人类文化的表达和共享。因此,它所包容的观众,是世界上任何活动项目都不能比拟的。如果我们按体育比赛的规模来划分,可分为城市性、全国性、洲际性和世界性比赛;如果按运动类别和项目来划分,又可分为足球、篮球、游泳、田径、汽车比赛等。因此,体育比赛对营销公关活动而言,是难得的机会。正是由于机会难得,所以凡是有远见的国际性大公司都会在此进行第二场比赛——营销竞争。特别是在国际奥委会和国际足联限制在竞赛期间搞商业广告活动以后,为了经济目的的营销公关竞争便成为赛场外的最大"竞赛项目"。

借体育比赛之际开展营销公关活动有六种基本形式:宣传型营销公关、赞助型营销公关、奖励型营销公关、猜奖型营销公关、服务型营销公关和娱乐型营销公关。

5. 销售促进策略

汽车销售促进是汽车营销活动中的一个关键因素。汽车销售促进包括各种属于短期性的刺激工具,用于刺激汽车消费者和贸易商较迅速或较大量地购买某一品牌的汽车产品或服务。汽车销售促进在汽车业中广泛使用,是刺激销售增长,尤其是销售短期增长的有效工具。

销售促进的方式可以针对消费者推广和经销商推广分别列举如下。

1)针对消费者的销售促进方式

针对消费者的销售促进方式通常包括产品样品赠送、产品的包装兑现、产品夹带(例如买一赠一)、累计销售产品数量和购物券类赠送等方式。

2)针对经销商的销售促进方式

针对经销商的销售促进方式主要包括经销商一定经销期间的返点奖励政策;经销商累计销售价格折扣奖励销售政策;经销商销售任务完成及超额奖励政策;代理商渠道拓展折扣奖励政策;针对代理商及经销商的广告促销费用销售奖励政策;针对代理商所辖区域内的下一级经销商的相应奖励政策。

(1)汽车销售促进目标的探讨。

汽车销售促进的具体目标要根据汽车目标市场的类型变化而变化。具体包括以下几点:

①对消费者来说,汽车目标包括鼓励消费者购买汽车和促使其重复购买;争取未使用者购买;吸引竞争品牌的使用者购买。

②对经销商来说,汽车销售促进的目标包括吸引经销商经营新的汽车品牌,鼓励他们购买非流行的汽车产品;抵消竞争性的促销影响,建立经销商的品牌忠诚度和获得进入新的经销网点的机会;促使经销商参与制造商的促销活动。

③对促销人员来说,汽车销售促进的目的包括鼓励他们支持一种新的汽车产品,激励他

们寻找更多的潜在消费者。

(2) 汽车销售促进方式。

选择汽车销售促进时,要综合考虑汽车市场营销环境、目标市场的特征、竞争者状态、销售促进的对象与目标、每一种工具的成本效益预测等因素,还要注意将汽车销售促进同其他销售促进的工具如广告、公共关系、人员促销等互补配合。以下列出一些汽车销售促进的工具。

① 分期付款。汽车价格一般较高,普通消费者一次付款较难接受,因此,分期付款便出现了,并且在各个汽车公司都有分期付款的业务。

② 汽车置换业务。汽车置换业务包括汽车以旧换新,二手车翻新后的跟踪服务、二手车再销售等项目,是一系列业务组合。汽车置换业务已成为全球流行的销售方式,在中国市场不久也能发展起来。

③ 赠品。在购买汽车时附带赠送某些礼品,一般为印刷有商标的生活用品(上海大众的赠品为小型按摩器),这样可以在一定程度上增加消费者对汽车产品的兴趣。

④ 免费试车。邀请潜在的消费者免费试驾汽车,刺激其购买兴趣,例如,上海大众有专门供客户试驾的车辆,包括桑塔纳 3000、波罗和帕萨特等热销车型。这样能为消费者提供亲身体验,有利于进一步加强消费者的购买欲望,最终达成交易。

⑤ 售点示范和商品示范。在汽车展厅通过布置统一标准的室内装饰画、广告陈列架等结合汽车的陈列,向消费者进行展示。一般为汽车产品的广告画。

⑥ 价格折扣。对经销商的购车给予低于定价的直接折扣,如上海大众的桑塔纳 3000 舒适性手排定价为 137900 元,而打折后为 133000 元,这样就刺激了客户的购买热情。虽然减少了利润,但是在库存太多的情况下,能有效地减少库存压力,调节资金的周转。

⑦ 增加配置。如今人们对家用轿车的配置比较重视,而一些汽车企业也通过对现有产品进行增加配置,而其价格基本保持不变,从而吸引消费者的目光,这也是一种变相的降价。

⑧ 汽车展览会。按一定的间隔期组织汽车展览会,云集各大厂商的新汽车产品,介绍其优点和性能,从而实现交易。这对普通的新汽车产品主要是展示,面对高级品牌的汽车则可以实现当场交易。例如,全国大型的北京车展、上海车展和广州车展就经常展示玛莎拉蒂和宾利等高级轿车。

⑨ 销售竞赛。汽车生产企业出资赞助经销商和促销人员的年度竞赛,对完成销售目标的中间商给予一定的奖励,刺激他们增加销量。

本章小结

1. 本章主要讲述了汽车营销 4P 策略,通过本章的学习,能够绘制产品生命周期图,能够分析不同汽车品牌的产品策略、价格策略、渠道策略和促销策略。

2. 产品策略是市场营销战略的核心,价格、渠道和促销策略都要围绕产品策略展开。产品策略方面,主要是为目标市场开发合适的产品或产品组合。产品是可以满足人们某种需求的东西,它不仅包含有形的实体,还包括一些无形的蕴含在产品中的其他因素。一个好的产品是核心产品、有形产品和附加产品的完美组合和统一。在产品策略中,我们不仅考虑到了以有形产品体现出来的核心产品,还注意了附着在有形产品上的附加利益。

3. 价格策略根据不同的市场定位,制订不同的价格策略,产品的定价依据是企业的品牌战略,注重品牌的含金量。

4. 渠道策略指企业除了直销外并不直接面对消费者,而是注重经销商的培育和销售网络的建立,企业与消费者的联系是通过分销商来进行的。

5. 促销策略指企业注重销售行为的改变来刺激消费者,以短期的行为(如让利、买一送一、营销现场气氛等)促成消费的增长,吸引其他品牌的消费者或导致提前消费来促进销售的增长。

6. 本章的重点是基于产品生命周期各个阶段的产品策略,基于心理的汽车产品定价策略,密集型、独占型和选择型三种渠道策略以及广告、人员推销、营业推广和公共关系四种促销策略。通过本章的学习,能够进行汽车产品策略的制订,特别是基于新能源汽车快速发展的今天,如何利用4P策略进行不同品种的新能源汽车产品策略分析是一个重要课题。

自测题

一、单项选择题

1. 所谓产品组合的(　　),是指产品大类中每种产品有多少品种规格。
   A. 长度　　　　　　　　　　B. 宽度
   C. 关联性　　　　　　　　　D. 深度
2. 某汽车制造商给全国各地的汽车经销商一种额外的折扣,以促进他们执行配件提供、免费咨询、售后服务等更多的功能。这种折扣属于(　　)。
   A. 现金折扣　　　　　　　　B. 数量折扣
   C. 功能折扣　　　　　　　　D. 季节折扣
3. 市场营销学以中间机构层次的数目确定渠道的(　　)。
   A. 长度　　　　　　　　　　B. 宽度
   C. 流程　　　　　　　　　　D. 密度
4. 直接市场营销渠道主要用于分销(　　)。
   A. 产业用品　　　　　　　　B. 农产品
   C. 生活消费品　　　　　　　D. 食品
5. 消费品市场营销的主要促销工具是(　　)。
   A. 人员推销　　　　　　　　B. 广告
   C. 销售促进　　　　　　　　D. 宣传

二、多项选择题

1. 产品生命周期各阶段的分界是根据产品的(　　)。
   A. 市场增长率　　　　　　　B. 成本
   C. 销售量　　　　　　　　　D. 利润额

2. 导入期产品的特点是( )。
   A. 产品销量大
   B. 促销费用高,支付费用的目的是要建立完善的销售渠道
   C. 销售利润常常很低甚至为负值
   D. 制造成本高
3. 下列属于无门市零售的是( )。
   A. 直复营销　　　　　　　　B. 面对面直接销售
   C. 电话营销　　　　　　　　D. 直接邮寄营销
4. 广告的目标主要有( )。
   A. 提醒使用　　　　　　　　B. 介绍产品价格
   C. 提供信息　　　　　　　　D. 诱导购买

三、判断题
1. 含有两个销售中介机构的渠道叫作二层渠道。　　　　　　　　　　(　)
2. 消费品市场营销的主要促销工具是销售促进。　　　　　　　　　　(　)
3. 产品生命周期指的是产品的物理寿命。　　　　　　　　　　　　　(　)

四、案例分析题
在国内汽车市场上,几大品牌的汽车在推出新款时价格都很高,随着时间的推移和手机普及,原先产品的价格越来越低,但是它新出的款式价格始终维持高价,这样就形成了价格从高到低的全系列产品,满足了不同层次的人的需要。

问题:
(1)新款汽车面世时采取的是何种定价方式?
(2)这种定价方式的优点有哪些?

第6章 汽车营销信息化

导言

本章主要介绍了汽车营销信息化的相关知识,以及基于互联网+的背景下,汽车网络营销的现状和模式。通过本章的学习,力求使学生了解汽车营销信息化的现状以及掌握汽车网络营销的模式。

学习目标

1. 认知目标
(1) 理解汽车营销信息化的现状。
(2) 掌握汽车网络营销的概念。
(3) 掌握汽车网络营销的模式。
2. 技能目标
(1) 能够利用本章知识对案例进行分析。
(2) 能够进行不同品牌的网络营销策略制订。
3. 情感目标
(1) 培养认真分析问题、解决问题的能力。
(2) 增强理解能力、思维能力和理论联系实际能力,提高学习兴趣。

上海大众的网络营销系统

据中国汽车工业协会统计分析,2014 年 1—9 月,销量排名前十位的轿车生产企业依次为:一汽大众、上海大众、上海通用、北京现代、东风日产、神龙、长安福特、东风悦达、一汽丰田和重庆长安,分别销售 120.72 万辆、111.90 万辆、105.47 万辆、63.36 万辆、53.12 万辆、44.13 万辆、43.34 万辆、36.08 万辆、30.03 万辆和 28.34 万辆。上海大众以 111.90 万辆的成绩排在第二位,销量的不断攀升,背后是营销组织机构的调整和优化,合理的网络营销体系符合上海大众更高及更长远的发展要求。

网络营销系统一般分为企业内部网络系统、网络营销站点、网络营销组织和管理人员、企业管理信息系统人员组成,如图6-1 所示。

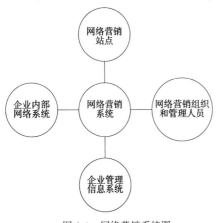

图 6-1 网络营销系统图

企业内部网络系统：顾名思义是为方便联网和信息共享,于是将 Internet 的联网技术应用到 LAN 中组建企业内联网(Intranet),只有那些经过授权的成员也就是企业员工才可以进入网络。上海大众每一个 4S 店都配置内部网络,供员工实现数据的共享。

网络营销站点：2010 年上海大众将销售服务中心规划成了营销本部和商务中心两部分,营销本部侧重于整体的管理以及策略的研究和制订,商务中心则侧重于各项营销政策的落实和区域营销目标的达成,区域一线的营销人员直接划归到了商务中心,并对部分区域进行了合并和重组。这次变革打破了原来纯粹按照地区来划分销售区域的划分方式,而主要以客户的相似性为特点来划分,在保持其他销售服务中心不变的情况下,形成了新的华东、华南和北方销售服务中心,如图 6-2 所示。

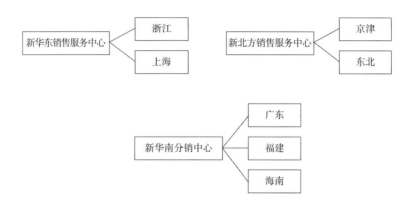

图 6-2　上海大众网络营销点

在新的销售服务中心组织机构中,商务中心得到加强。将 12 个销售服务中心变革为 10 个后,新的销售服务中心仍承担着包括销售、市场、网络发展、售后服务在内的众多管理工作。不过,通过在销售服务中心设立营销本部与商务中心两个部门,将这些业务再次分工,营销本部侧重于整体的管理策略,而商务中心的主要功能是各项营销目标在区域的达成与落实。如华东销售服务中心营销本部做出要在浙江开辟二三线市场的决策,而浙江商务中心就会负责具体去实施商务中心的成立,使上海大众的销售和服务更加贴近市场。

网络营销组织和管理人员：上海大众的管理团队正日益感知到企业发展在组织流程方面所出现的瓶颈。尤其是公司在一体化之后,感受到内外部环境都对销售系统提出了更为苛刻的要求,对组织体系变革的呼声也越来越高。高层管理团队认识到,具备低运营成本、高效运作的市场和销售组织是日后上海大众制胜的关键因素。只有通过良好乃至卓越的市场销售运作,才能获得上海大众所企盼的诸如市场份额上升、销售增长、利润增长等外部销售业绩以及诸如员工满意度提高、变革能力提高等内部销售业绩。上海大众的销售组织必须有能力,并且拥有合格的资源,来确保实现销售的目标。高绩效的汽车厂家其销售组织体系必须将组织、流程、关键绩效指标和信息系统整合在一起,以完成实现市场销售战略。上海大众的组织结构如图 6-3 所示,上海大众网络营销组织体系的设计方法及特点见表 6-1。

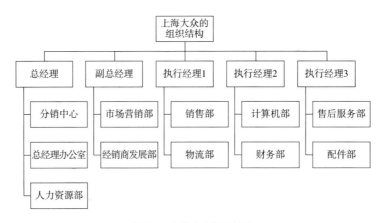

图 6-3　上海大众组织结构

上海大众网络营销组织体系的设计方法及特点　　　　表 6-1

组织体系的设计方法	特　点	划分标准	适合上海大众的组织模块
市场导向	（1）根据区域细分市场设计组织构架 （2）根据各个细分市场设置管理团队销售与服务的工作流程	区域市场	（1）渠道管理 （2）网络管理 （3）地区销售/服务
产品导向	（1）根据产品序列或产品品牌设计组织构架 （2）建立品牌部门、专门的细分团队来管理品牌的市场运作、销售策略和服务策略	产品品牌	产品推广
客户导向	（1）根据客户需求设计组织构架 （2）以客户视角来设计流程和设置部门	客户类	（1）客户开发 （2）客户关系
职能导向	（1）根据职能设计组织构架 （2）传统的以关键业务流程为组织设计的线索 （3）职能部门负责政策及标准制订、工具开发，以及控制	一般以职能为划分标准	较为通用的

企业管理信息系统：上海大众非常希望看到越来越多的潜在客户变成其汽车的真正拥有者，要完成这一转变，对客户的跟踪就必须从上海大众转移到其遍布全国各地的 500 多家经销商。这个过程仅有客户开发中心远远不够，上海大众需要的是一个包括 DMS（dealer manage system，经销商管理系统）在内的更为完整的 CRM（customer relation management，客户关系管理系统）平台。上海大众客户开发中心通过 DMS 系统，每天都会把潜在用户信息发送给相应的经销商，让它们与客户进一步建立联系。经销商们在接收到上海大众传来的客户信息后，大多由销售经理或指定人员分配给销售员逐一跟踪。上海大众的 DMS 系统于 2002 年开发完毕。目前，它已成为上海大众总部和分销中心管理经销商的基础系统，经销商的进销存等信息会实时通过系统记录下来，总部和分销中心可以实时查看这些数据，并且根据数据分析，及时制订和改变市场策略。

上海 DMS 的具体操作流程如图 6-4 所示。

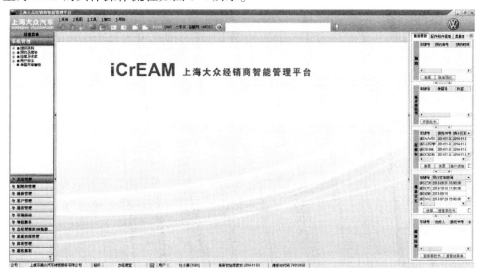

图 6-4　上海 DMS 的具体操作流程

资料来源：http://www.wendangku.net/doc/6a212e7de87101f69e3195da.html

6.1　汽车行业信息化概述

1. 汽车行业信息化的概念

汽车行业信息化主要是将研发技术、制造技术、管理技术、信息技术和自动化技术有机地结合起来，通过有效的应用，带动汽车研发模式和设计理念的创新、汽车制造模式和方法的创新、企业管理模式和业务流程的创新、供应链协同商务模式、相互信任和双赢机制的创新，从而实现汽车研发、设计、制造信息化、企业管理信息化，生产过程控制智能化，全面提升汽车行业竞争力。

信息化水平直接关乎管理、生产、成本、效率等各个环节，最终全面影响企业的竞争力。相比其他行业，汽车行业的信息化建设复杂程度高、涉及范围广，除常规的信息化应用之外，企业还需要考虑应用产品全生命周期管理、曲面造型、模具设计与制造、供应商管理库存、精益生产、及时生产、分销管理、制造执行系统、商业智能、质量统计分析、竞争情报系统、无线射频识别、工控、快速成型和立体仓库等新技术、新流程的应用。

2. 汽车行业信息化的业务领域

汽车企业信息化发展到今天，主要分为四个业务领域，由四种主要的 IT 信息系统所代表，即企业资源计划系统（ERP）、供应链管理系统（SCM）、客户关系管理系统（CRM）和产品生命周期管理系统（PLM）。这四种信息系统的有机结合应用，构成了企业信息化的重要组成部分。企业可以根据自身的情况，面向某类特定的业务问题，选用一种或几种系统来构建自己的企业信息化框架体系。四种系统的简介如下。

1）企业资源规划系统（Enterprise Resources Planning, ERP）

ERP 是由美国计算机技术咨询和评估集团 Gartner Group Inc 提出的一种供应链的管理

思想。企业资源计划是指建立在信息技术基础上,以系统化的管理思想,为企业决策层及员工提供决策运行手段的管理平台。ERP 系统支持离散型、流程型等混合制造环境,应用范围从制造业扩展到了零售业、服务业、银行业、电信业、政府机关和学校等事业部门,通过融合数据库技术、图形用户界面、第四代查询语言、客户服务器结构、计算机辅助开发工具、可移植的开放系统等对企业资源进行了有效的集成。

2)供应链管理系统(Supply Chain Management,SCM)

供应链管理是对供应链中的信息流、物流和资金流进行设计、规划和控制,从而增强竞争实力,提高供应链中各成员的效率和效益。它是确保客户满意的一个主要环节,即保证在正确的时间把正确的产品、服务送到正确的地方。它是在 ERP 的基础上发展起来的,它把公司的制造过程、库存系统和供货商产生的数据合并在一起,从一个统一的视角展示产品制造过程中的各种影响因素,把企业活动与合作伙伴整合在一起,成为一个严密的有机体。

3)客户关系管理系统(Customer Relationship Management,CRM)

客户关系管理是适应企业"以产品为中心"到"以客户为中心"的经营模式的战略转移而迅猛发展起来的新的管理理念,它把追求客户满意和客户忠诚作为最终目标。CRM 首先是一种管理理念,也是一种管理软件和技术。在 CRM 软件系统中,以客户作为系统组织的主线。CRM 作为软件系统以先进的软件技术实现企业的市场营销、销售、服务和技术支持等前端办公领域自动化管理和流程的改善。

4)产品生命周期管理系统(Product Life-cycle Management,PLM)

产品生命周期管理系统对产品的整个生命周期(包括培育期、成长期、成熟期、衰退期、结束期)进行全面管理,通过培育期的研发成本最小化和成长期至结束期的企业利润最大化来达到降低成本和增加利润的目标。

6.2 汽车电子商务

6.2.1 汽车电子商务概述

1.国内外汽车电子商务的发展

电子商务源于 ELECTRONIC COMMERCE,简写为 EC。顾名思义,电子商务包含两方面内容:一是电子方式;二是商贸活动。一般来说,电子商务是指利用电子信息网络等电子化手段进行的商务活动,是指商务活动的电子化、网络化。广义而言,电子商务还包括政府机构、企事业单位各种内部业务的电子化。电子商务可被看作是一种信息化的商业和行政作业,这种方法通过改善产品和服务质量、提高服务传递速度,满足政府组织、厂商和消费者的降低成本的需求,并通过计算机网络加快信息交流以支持决策。电子商务可以包括通过电子方式进行的各项活动。随着信息技术的发展,电子商务的内涵和外延也在不断充实和扩展,并不断被赋予新的含义,开拓出更广阔的空间。

电子商务将成为 21 世纪人类信息世界的核心,也是网络应用的发展方向,具有无法预测的增长前景。电子商务还将构筑 21 世纪新型的贸易框架。大力发展电子商务,对于国家以信息化带动化的战略,实现跨越式发展,增强国家竞争力,具有十分重要的战略意义。

我国电子商务虽然起步较晚,但发展很快。电子商务与互联网之间是相辅相成的关系,由于我国互联网用户人数众多,因而电子商务在我国具有较好的发展基础。近年来,我国电子商务行业发展迅猛,产业规模迅速扩大,电子商务信息、交易和技术等服务企业不断涌现。2017年,中国电子商务市场交易规模达 134 万亿元,同比增长 314%。其中,B2B 电子商务市场交易额达 10 万亿元,同比增长 219%。网络零售市场交易规模达 282 万亿元,同比增长 497%。

电子商务发展虽然很快,但在重点群体中所占的比例却很不均衡,大学生和办公室职员两个群体所占的比例大大超过了中小学生和农村外出务工人员,中小学生由于自身年龄及经济能力的原因暂不予考虑,而农村外出务工人员所占比例较低则说明了电子商务的发展的不平衡。因此,在今后几年里,电子商务发展应该向城市郊区及农村扩展。

2016 年是新车电商看起来颇为风光的一年。"双 11"当天,中国最大的电商平台阿里集团汽车新车订单量据称超过 10 万台,有近超过 50 个品牌的国产和进口豪华车主机厂在阿里平台开设了旗舰店。特别是与以往打折销售的低端车型、库存车型有所不同的是,豪华车品牌纷纷亮相,"双 11"前,玛莎拉蒂天猫旗舰店更是创下首款 SUV Levante 100 台仅用了 18 秒便预售一空的记录。如图 6-5 所示为 2013—2016 年中国新车电商销量走势图。

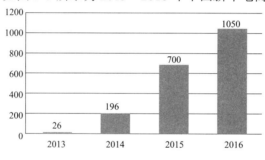

图 6-5　2013—2016 年中国新车电商销量走势

2.汽车行业应用电子商务的优劣分析

电子商务是一种以信息网络为载体的商务活动新模式,它的发展受制于信息网络基础设施水平和对应于网络经济的社会法律、诚信环境状况。尽管我国政府高度重视电子商务发展,但由于我国各项社会性基础设施不甚完备,相比发达国家仍有较大差距。而保障电子商务活动规范、安全运行的社会法规、诚信环境不完备则是制约我国电子商务发展的更直接、深层的因素。

1)优势分析

(1)汽车工业在国民经济中的地位有利于电子商务的应用。

随着汽车工业自身的发展,汽车工业在世界各国的经济发展中所处的地位越来越突出,逐渐成为各主要汽车生产国的支柱产业。正是由于它在各国经济中的地位,决定了汽车企业一般都具有相当的规模和实力,是资本和技术密集型企业,这就为汽车行业应用电子商务提供了经济和技术基础。

(2)汽车工业行业特点适合电子商务的应用。

汽车的零部件较多,也就决定了它的供应商较多,产业链较长,是一个大规模的协同产业,它需要有整车厂商、各级供应商、经销商的协同作业,需要广地域的全球采购。要实现广地域的全球采购只有利用信息技术连接供应链上的各个企业、各项业务,形成订单流程,缩短订单处理的时间,使销售、制造与供应商集成一体化,实现快速反应、及时采购、生产和装配,只有这样,才能提高效率、降低成本、增强竞争能力。据福特公司统计,通过网络采购,每笔交易的费用只有15美元,而传统方式采购的交易费用是150美元。

(3)汽车工业产品特点适合电子商务的应用。

汽车工业的许多零部件都是规范化的产品,有严格的技术标准,是标准件,即只要关心它们的规格,而不必担心它们的质量,这就使电子商务的风险减少了很多。

2)劣势分析

(1)消费者的消费观念和能力不利于电子商务的应用。

在我国这样的发展中国家,消费者的消费观念还比较传统,消费能力有限。对于消费者而言,汽车还是高档商品,消费者会花上千元去尝试网上购物,但他们不可能仅凭感性认识就做出购车决定,他们只可能通过网络这个窗口,了解汽车行情、市场变化情况及时尚车型、款式及价格等,最后还必须亲自到现场看车、验车、试车、讨价还价、办理相应购车手续。

(2)网络交易的安全问题制约电子商务的发展。

在我国目前商业信誉还较低的情况下,网络交易的安全无法得到切实保障。另外,还有网上交易的支付等问题,虽然支付系统在不断完善,银行卡、在线支付等已经在中国银行、招商银行等实现,但从技术和方便易用性上讲,它还存在许多弊端和漏洞,有待进一步完善。

总之,随着经济全球化和信息技术与信息产业迅速发展,电子商务将成为今后信息交流的热点,成为各国争先发展,各个产业部门最为关注的领域。中国电子商务虽然还处在初始阶段,面临着体制、技术、管理等诸多问题,但是已迈出可喜的一步。

6.2.2 汽车行业电子商务的模式分析

由于商务活动的对象都离不开个人与个人、企业与企业、企业与个人这三种模式。同样,电子商务作为人们利用电子化手段进行以商品交换为中心的各种商务活动,它也会涉及企业或个人。从企业角度来看,电子商务使企业有效地完成自身内部的各项经营管理活动,并解决企业之间的商业贸易和合作关系,发展和密切个体消费者与企业之间的联系,最终降低供、产、销的成本,增加企业利润,开辟新的市场。对个人而言,电子商务正在逐渐渗透到每个人的生存空间,其范围涉及人们的生活、工作、学习及消费等各个领域。因此,电子商务有多种模式,具有代表性的有B2B模式、B2C模式、C2C模式、O2O模式和供应链集成模式。我们这里说的"B"代表企业、"C"代表个人、"2"的意思是说这种关系的维持是双向的。

1. B2B 模式

美国汽车行业 B2B 的电子商务中心模式主要用于改善汽车生产商和零部件供应商的关系,通过集成供应链的上游企业,达到降低采购成本和提高效率的目的。例如,CU 公司的 Tradexchange,Ford 公司的 Autoxchange,以及前面提到的 COVISINT,B2B 电子商务中心采购模式的成功典范。

第6章 汽车营销信息化

目前,我国汽车行业的各大中型企业都建立了自己的网站,基本上都有自己的 ERP(Enterprise Resource Planning)系统,在其内部已有了较完善的供应链管理。何时何处采购、采购多少都可直接由 MRP(Manufacturing Resource Planning)根据生产计划自动决定,为生产提供及时的原材料和零部件。另外,大型汽车集团公司采购的原材料及零部件量大面广,其中直接采购约占总采购量的60%~80%,电子商务采购使买卖双方的交易费用大大降低,效率大大提高。因此,B2B 的模式是我国汽车电子商务最有效、最直接的模式。我国最大的汽车 B2B 网站如图6-6所示。

图6-6 车镇网

我国 B2B 市场经历了1999—2013年间以"商情发布"为代表商业模式的1.0阶段,现已经进入了商业模式更多样、行业覆盖更全面、产业结合更紧密的2.0阶段。2.0阶段 B2B 企业在提供信息的基础上,进一步将业务的边界拓展到交易和产业服务领域。交易平台和企业服务是现阶段 B2B 的两大业务类型。在产业升级的背景下,B2B 交易平台以交易为切入点,促进了线下流通环节的资源优化与效率提升,对诸多行业造成了颠覆式的影响。如图6-7所示为 B2C 的发展历程。

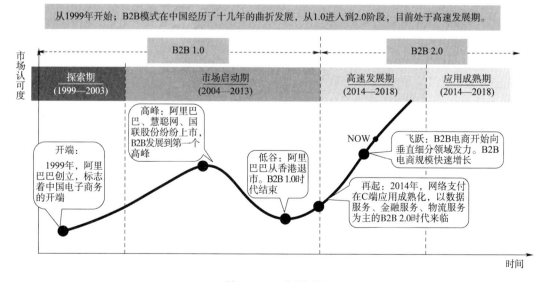

图6-7 B2B 发展历程

B2B 电商的经营模式主要分成自营模式和平台模式。自营型电商：自营型电商就是在线上搭建一个商场，电商企业以较低的进价购买商品，然后以较高的售价出售商品，以其差价作为盈利模式。自营型电商总体上可以分为两大类：第一类是自营型电商入驻平台型电商，第二类是自营型电商以独立门户出现，消费者直接访问购买，而无须平台型电商的引流。平台型电商就是在线上搭建一个商城，吸引商家入驻，电商企业以收取商家一定费用作为盈利模式，就好比电商企业是线下的大商城，商家就是一个个专柜。B2B 交易平台模式如图 6-8 所示。

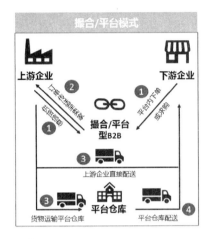

图 6-8　B2B 交易平台模式

2. B2C 模式

B2C 电子商务是企业通过 Internet 向个人网络消费者直接销售产品和提供服务的经营方式，即网上零售。它是普通消费者广泛接触的一类电子商务，也是电子商务应用最普遍、发展最快的领域。国内的 B2C 商务正进行得如火如荼，各种类型的 B2C 网站也如雨后春笋一般，发展势头迅猛。中国 B2C 电子商务的发展，已不再是卓越、当当和近几年夺人眼球的淘宝天下了；大中、国美传统交易商家也把交易搬到网上，为 B2C 发展增添力量；而鲜花类、家具日用类等网站的崛起，也无声地在 B2C 领域占领一席之地。B2C 电子商务网站由三个基本部分组成：为客户提供在线购物场所的商场网站、负责为客户所购商品进行配送的配送系统和负责客户身份的确认及货款结算的银行及认证系统。

企业对消费者的模式基本等同于电子零售商业，由于受消费者观念和能力以及汽车本身产品特性的影响，这一模式不是现在汽车电子商务的主流。但由于其营销方式的特殊性，它在汽车销售方面仍有一定的优势，如它能扩大产品的销售范围，加强和终端客户的联系，满足消费者个性化消费的需求。如图 6-9 所示为东风汽车的 B2C 模式。

3. C2C 模式

C2C 是英文 Consumer to Consumer（个人对个人）的缩写，C2C 同 B2B、B2C 一样，都是电子商务的模式之一。不同的是，C2C 是个人对个人的电子商务模式，最早由个人通过第三方交易平台（如 eBay、淘宝、拍拍等）进行在线交易。个人卖家最早仅出售一些二手商品，以竞价为主要手段，后逐渐演变成经营性交易，个人卖家逐步成长为商家，以团队和公司进行运营。因此现在将以前的 C2C 商家称为"平台电商"可能更为合适。为 C2C 买家和卖家提供交易平台,收取服务费、佣金、广告费等也是一种电子商务模式。需要注意的是,早期的很多平台 C 店卖家逐步成长为规模较大的大卖家。C 只是一个暂时的状态,随着经营情况的发展,C 店的身份也会转化为企业组织。

图 6-9　东风汽车的 B2C 模式

C2C 现有以下五种盈利模式。

1)会员费

会员费也就是会员制服务收费,是指 C2C 网站为会员提供网上店铺出租,公司认证,产品信息推荐等多种服务组合而收取的费用。由于提供的是多种服务的有效组合,适应会员的需求,因此这种模式的收费比较稳定。费用第一年交纳,第二年到期时需要客户续费,续费后再进行下一年的服务,不续费的会员将恢复为免费会员,不再享受多种服务。

2)交易提成费

交易提成费不论什么时候都是 C2C 网站的主要利润来源。因为 C2C 网站是一个交易平台,它为交易双方提供机会,就相当于现实生活中的交易所、大卖场,从交易中收取提成是其市场本性的体现。

3)广告费

C2C 网站在网络中的地位就像大型超市在生活中的地位,它是网民经常光顾的地方,拥有超强的人气、频繁的点击率和数量庞大的会员。其中蕴藏的商机是所有企业都不想错过的。由此为网站带来的广告收入也应该是网站利润的一大来源。企业将网站上有价值的位置用于放置各类型广告,根据网站流量和网站人群精度标定广告位价格,然后再通过各种形式向客户出售。如果 C2C 网站具有充足的访问量和用户黏度,广告业务会非常大。

C2C 网站超强的人气是其广告的最大优势,但是目前 C2C 电子商务平台广告背后都对应相应的店铺,很难将希望投放大额广告但又不属于 C2C 电子商务领域的公司融合进来。但随着用户使用习惯的成熟,以及 C2C 电子商务网站在广告模式上的不断创新,在具有如此多的用户数量的基础上,广告收入将会成为未来 C2C 电子商务的重要来源。

4)搜索排名竞价

C2C 网站商品的丰富性决定了购买者搜索行为的频繁性。搜索的大量应用就决定了商品信息在搜索结果中排名的重要性,由此便引出了根据搜索关键字竞价的业务。用户可以为某关键字提出自己认为合适的价格,最终由出价最高者竞得,在有效时间内该用户的商品可获得竞得的排位。只有卖家认识到竞价为他们带来的潜在收益,才愿意花钱使用。

基于C2C电子商务网站上品种繁多、款式纷杂的特点,随着网站的不断发展,搜索引擎的作用逐步凸显出来。而类似百度搜索的盈利模式,C2C电子商务平台也可以通过搜索引擎竞价排名的模式进行盈利。但同样基于C2C电子商务网站用户的特点,这种盈利模式不可能和百度的搜索竞价排名完全比拟,用户对于此种服务的态度依赖于用户自身的发展和壮大。对于一般卖家用户而言,搜索引擎竞价排名服务还和自己稍有距离。

5) 支付环节收费

支付问题一向是制约电子商务发展的"瓶颈",直到阿里巴巴推出了支付宝才在一定程度上促进了网上在线支付业务的开展。即买家可以先把预付款通过网上银行打到支付公司的个人专用账户,待收到卖家发出的货物后,再通知支付公司把货款打入卖家账户,这样买家不用担心收不到货还要付款,卖家也不用担心发了货而收不到款,而支付公司就按成交额的一定比例收取手续费。

C2C潜在的盈利模式有以下四种。

1) 移动电子商务

随着互联网技术的不断发展,移动互联网已经成为下一代互联网发展的方向,中国的网民也在不断地接受移动互联网,移动互联网上进行网络购物的用户也在不断增加。C2C电子商务平台与移动通信运营商合作,通过手机上网实现随时随地操作简便的商务活动,可采用按流量收费、包月收费等多种可选择的收费方式,利润双方协议拆分。

2) 物流

C2C电子商务网站的一个特点就是交易数量多,但交易成交额往往较小。我国C2C电子商务的交易规模已经达到数百亿元,由此而产生的物流规模也是相当巨大的。目前B2C电子商务平台将物流作为自己的提供服务之一,但在C2C电子商务市场,目前仍然依赖与第三方物流公司的物流支持。

C2C电子商务平台可以考虑和物流企业之间实现战略合作,开发自己的特色物流服务,提高物流服务质量的同时,在物流中获取利润。如果C2C电子商务平台向第四方物流系统发展,并成功构建第四方物流系统,那么毫无疑问,物流将成为我国C2C电子商务盈利的重要支撑点。

3) 金融手段

目前我国C2C电子商务平台都拥有第三方支付平台,基于C2C电子商务平台的交易规模而产生的停滞在第三方支付系统上大量的无法移动的资金流。这些资金流由于法律法规的原因,是不能动的。第三方支付平台只具有保管的功能作用,而无法将其作为投资使用。但是随着第三方支付的发展,其在金融系统中的作用也逐步明显。其发展状况甚至已经超越一些小银行。我国政府已经在考虑发放支付牌照的事宜,而目前也已有多家支付平台在冲刺申请。一旦获得支付牌照,并且将支付平台纳入金融系统,那对于C2C电子商务而言又将进入一个崭新的阶段,而以此为基点C2C电子商务平台的盈利则不再遥远。

4）融合 B2C 电子商务

以淘宝网为例，2008年4月10日，淘宝 B2C 商城——"淘宝商城"全面上线，淘宝网这样一个 C2C 电子商务平台以 B2C 电子商务平台的姿态向进驻商城的店铺收费，同时为他们提供更多服务，给予这里的买家更多保障。这代表了我国 C2C 电子商务发展的方向，从目前的行业发展状态可以看出，C2C 和 B2C 电子商务的界限逐渐模糊，而且 B2C 电子商务进入 C2C 电子商务平台后能够获得更多用户的关注，由此而为企业带来更多的收入。同时，C2C 电子商务平台希望通过向 B2C 电子商务的卖家提供更多的服务而获得一定的收入，随着不断地发展，从 B2C 电子商务中获得的收入可能成为 C2C 电子商务平台发展过程中的重要盈利点。

通过对上述四种盈利模式的分析，广告收入、物流系统、金融手段和融合 B2C 电子商务在我国 C2C 电子商务平台盈利模式的发展过程中将成为最重要的四个手段。随着我国 C2C 电子商务相关政策的不断发展和成熟，以及 C2C 电子商务的不断发展，该行业将走出无法盈利的困境。

4. O2O 模式

O2O 即 Online To Offline，是指线上营销线上购买带到线下经营和线下消费，通过打折、提供信息、服务预订等方式，把线下商店的消息推送给互联网用户，也即将线下商务的机会与互联网结合在一起，让互联网成为线下交易的前台，最大化的实现信息和实物之间、线上和线下之间、网店和实体店之间的无缝衔接，创建了一个 O2O，即 Online To Offline 模式，是一种从线上到线下的商业模式。一个标准的 O2O 模式的流程下，平台（网站、App 应用等）与商家洽谈，就活动时间、折扣、人数等达成协议。平台向自身用户推荐该项活动，用户付款到平台，获得平台提供的"凭证"。用户持凭证到线下直接享受服务。服务完毕后，平台上向商家结算，同时保留一定比例作为服务佣金。国家统计局数据显示，截至2014年末，中国汽车保有量达到 1.54 亿辆，每百户家庭汽车拥有量约 25 辆，这也是世界公认的汽车社会门槛。若按照当前市场的销售速度——每年约 2000 万辆的销量，到 2020 年左右汽车保有量将突破 2 亿辆。随着汽车走近更多人的生活，汽车的售后维修保养自然成为了一个巨大的市场，它正吸引着越来越多的资本和人才进入。然后这一市场的"垄断"和混乱也让不少人困扰。

O2O 运营模式将互联网与线下商店结合在一起，让消费者通过线上下单，线下体验和提车的方式完成整个购车过程。这种模式将电子商务与传统消费有效地结合起来，充分发挥互联网信息量大、信息传递快的优势。表面来看，O2O 好像只是在网络上为线下的商业伙伴进行信息的发布，但实际上，O2O 营销模式的核心是在线预付，如果没有在线支付的功能，O2O 中提供线上服务的互联网公司就无法统计自己的业绩。以团购为例，如果不能提供在线支付的功能，O2O 企业就没有向商家收取佣金的依据，容易引发纠纷。O2O 模式原理如图 6-10 所示。

O2O 模式在发展过程中经历了如下三个阶段：

第一阶段是以旅游业为代表的线上 O2O 时代。携程是典型标杆，提供旅游全方位信息支持，但前端的信息传递孤立于后端的支付和服务，整个商业模式缺乏持久的生命力和活力。

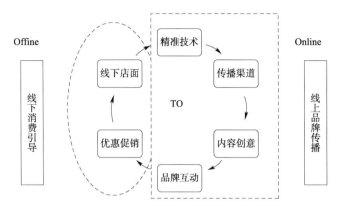

图 6-10　O2O 模式原理

第二阶段是以生活信息服务为主导的中间型 O2O 时代。大众点评网是典型标杆,致力于为网友提供餐饮、购物、休闲娱乐及生活服务等领域的商户信息、消费优惠以及发布消费评价的互动平台;同时,大众点评网也为中小商户提供一站式精准营销解决方案,包括电子优惠券、关键词推广、团购等。

第三阶段 O2O 将逐渐渗透到餐饮、汽车租赁、重商品消费以及便民生活等各个方面。随着移动互联网的发展和消费需求的不断转变和扩张,将迎来线下 O2O 时代。聚划算与分众传媒的合作就是典型的线下 O2O 模式,聚划算提供网络商品,分众提供线下渠道,支付宝提供移动支付的技术支持,三方合作将消费者与线上线下有机地串联起来,线下认知线上交易成单。满座网与中粮悦活、好邻居的三方合作也开启了 O2O 的新篇章,消费者可以通过网上下单,通过好邻居便利店提取悦活产品,这种线上线下 O2O 电子商务成功的关键主要有以下几点。

1)有机结合,无缝对接

O2O 模式的本质是探索一种虚实相融的商业模式。低价商品采购能力、及时送达的物流配送能力和贯穿各个环节的信息系统能力,是支撑电子商务未来长足发展的三大核心。O2O 模式要取得成功的关键在于"供需链"——围绕用户需求的物流体系、服务体系以及与上游供应商研发制造系统,充分整合企业在采购、物流、信息化等方面的优势。在实践中网店和实体店可以通过 IT 系统的整合实现信息共享,以数字化消费需求为中心推动产品采购、物流配送等运营体系创新以及与上游供应商系统的无缝对接,通过调整产品战略、市场战略、组织战略、供应链战略、营销战略、物流战略、财务战略和人力资源战略,从产品、形象、营销和推广上进行资源整合,综合传播,让实体店承担起网店的配送服务,或者客户可以根据自己的意愿去实体店取货。如美宜佳生活馆就是个成功的例子。客户在网上下订单后,根据客户自己选定的配送地点,由网店把订单转到合适的实体店,由实体店负责配送服务,客户到配送地点自取货。这样系统对接后,网店不仅能动态地调度各个门店的货品,即时供货,降低门店库存,增加门店收入,而且从门店出货,不仅没有库存压力,还能降低物流成本,以较低综合成本来获得利润。

2)准确市场定位

体现特色经营雷同的经营结构和营销手段必然会导致恶性竞争,因此,在实行 O2O 运营模式时要做好企业的准确市场定位,选择符合这种运营模式的经营方式。在选择经营方式时,企业要注意现实生活中很多实体店里面的陈列、装修、摆设都在营造一种独特的购物氛围,这些是网店无法提供的,企业定位的核心是在目标客户心目中树立一个独特的形象和地位,这就要求企业必须进行市场细分,区分消费群体,实现针对细分人群的精准营销。O2O模式的重点服务对象应该是以下三类人群:一是追求最大化的综合性价比;二是讲究生活质量、追求时尚潮流,想买在本地实体店买不到的新潮物品;三是工作比较忙、空闲时间比较少、文化素质比较高的人群,如白领、银行职员等,这些才是企业真正的服务对象。企业在进行重新定位后需及时调整保障措施,调整商品结构,体现特色经营,注重服务提升以及培育客户忠诚度,传递的商业价值也要差异化。如百丽品牌,在线上和线下的市场定位是不一样的,采用的宣传营销策略也不一样,传递的商业价值也有差异,但一样拥有各自的忠实客户群。

3)O2O电子商务模式必须考虑企业的商业模式转型方式

在成熟的电子商务平台上建立B2C,是不少传统企业采用O2O模式时首先考虑的做法,依靠成熟的平台和较高的人气,企业可以轻松地以低成本把市场扩展至全国,覆盖更广客户群,成为企业线下销售的辅助渠道,同时进一步扩大了传统品牌的知名度和影响力,具有低成本、见效快的优势。有些企业灵活采用了自建和外包策略的组合,如发展初期外包,条件成熟后自己运作;或部分业务外包,部分业务自主完成。还有些企业采用自建官方商城方式,由于一开始就拥有了传统的工厂、仓储等做支撑,对传统企业涉入电子商务有很大的优势,可以通过数据化的需求来推动供应商逐步实现标准化和模块化,最终实现按需定制,放大企业的竞争力。此外还可以采用实体店设置网上授权专卖店方式,如李宁通过授权网店,并适度限定网络销售的价格折扣,基本上做到了品牌厂家、区域代理商和终端加盟商三者之间的利益平衡。无论采用何种商业模式转型方式,企业均需结合自身实际情况来进行选择。

4)完善服务,提升企业竞争力

实行O2O模式,配送时间不准确是一大难题。企业如果能够从消费者下订单开始就计算出准确的送货时间,遇到不可抗力等特殊情况及时与客户沟通,以消费者为中心进行服务,将会大大提升企业的竞争力。

通过互联网,传统企业在寻找新的增长点的同时,也可以与消费者建立了更为广泛的互动平台。无论是直接与客户的交流,还是浏览客户留言评价,企业都获得了真实而丰富的信息,不仅有利于改进产品,推动产品的创新,还有助于形成稳固的客户群,提升客户的忠诚度,甚至成为他们下一步制订战略的重要依据。为了更准确地把握消费需求,企业在O2O模式时还可以推出定期客服回访活动,网站客服人员在间隔固定时间内,对有消费记录的消费者进行产品满意度回访调研,同时对这些数据进行专业的深度分析,这样既可以提高客户满意度,增强企业竞争力,也可以进行企业财务管理分析,从而指导企业的各项经营管理活动。

5.供应链集成模式

电子商务的任何一笔交易,都包含着信息流、资金流和物流,其中信息流既包括商品信息的提供、网络营销、技术支持、售后服务,也包括各种商业活动凭证,还包括交易方的支付能力、商业信誉等。资金流主要是指资金的转移过程。在电子商务系统里,信息流和资金流的处理可以通过网络本身解决,但物流是商品的实体流动,只有通过传统的物理方式才能解决。在汽车行业实现电子商务,就是要高效率地管理企业的所有信息,创建一条畅通于供应商、企事业内部、经销商和客户之间的信息流,把他们紧密地连接在一起,形成供应链。只有这样,才是实现了真正意义上的电子商务——供应链集成模式电子商务。

对汽车企业而言,真正的电子商务是利用以 Internet 为核心的信息技术,进行商务活动和企业资源管理。它的核心是高效率地管理企业的所有信息,帮助企业创建一条畅通于供应商、企业内部、经销商和客户之间的信息流,并通过高效率的管理、增值和应用,把供应商、企业、经销商和客户连接在一起,形成企业供应链。供应链是指围绕核心企业,通过对信息流、物流和资金流的控制,从采购原材料,制成中间产品以及最终产品,最后由销售网络将产品送到消费者手中的,将供应商、制造商、分销商、零售商、直到最终用户连成一个整体的基于功能的网链结构模式。

汽车制造商与上游供应商通过电子商务平台组成一个高效的上游零部件产品供应链,上游供应商包括原材料供应商、零件供应商和部件供应商。汽车零部件的供应十分复杂,分为好几层。如福特公司,它将大型集成系统、座椅、车轮和制动器等列为可以形成批量定制的服务。汽车生产商将直接接受消费者网上订货,然后组装汽车,打上自己的品牌,通过完善的第三方物流配送系统直接送到消费者手中,让消费者真正享受到足不出户就可以得到想要的一切。汽车行业业务范围全面,接触的部门较多,有工商、税务、保险、银行、海关等,这些部门与企业之间的业务联系也是通过网络来完成的。基于供应链的汽车配件电商模式如图 6-11 所示。

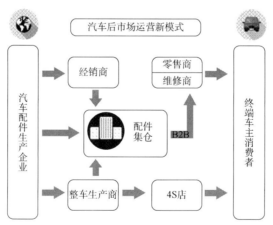

图 6-11 基于供应链的汽车配件电商模式

总之,基于供应链的电子商务模式是在整个社会信息化建设和网络经济发展水平非常成熟情况下的一种理想模式,以我国现有经济、技术水平不可能马上实现这一理想模式,只有在它的指导下制订各项规划,逐步提高我国信息化和汽车行业管理水平,开展各种方式的有益探索,我国汽车行业的电子商务才能有美好的未来。

汽车行业电子商务的应用一般可分为六个层次:一是企业建立专门的网站,向客户提供企业的信息,以树立良好的企业形象;二是进行网上市场调研,并实行有效的客户关系管理;三是实现零部件的网上采购;四是企业建立起与分销渠道网络联系模式,实现网络化分销;

五是实现供应链网上集成,实现一体化运作;六是实现网上直接销售,向客户提供定制化的产品和服务。根据国际、国内领先的汽车企业的实践,目前汽车行业的电子商务应用主要表现在以下方面。

1) 网上车展

向客户提供汽车展示是实现销售的第一步。而在传统方式下,利用实物进行展示,一方面需要投入较多的人力、物力和场地,另一方面,展示的信息和辐射面都极为有限,而且需要客户到特定的展示地点才能看到展示效果。因此,实物展示已经越来越不适应汽车企业和消费者的需要。而网上车展在很大程度上克服了传统展示的不足,它是在网上模拟车展的形式,为汽车企业包括整车厂、零配件厂、汽车及其零配件经销商、代理商、汽车保险、汽配厂商等,提供一个展示自己的企业形象、产品特色的信息渠道。网上车展因其信息量大、展示形式多样、展示费用低廉以及可实现交互等许多优点,已为越来越多的企业和客户所认同。网上车展既有单个企业组建网站进行的,也有专业从事车展服务的网站实现的。例如,易车企业网(www.bitauto.com)(图 6-12)已经向全国的汽车行业企业提供了专门的网上车展服务,它帮助参展企业提供包括厂商主页、企业简介、产品服务、质量保证体系、销售区域和联系方式等六个方面的内容。

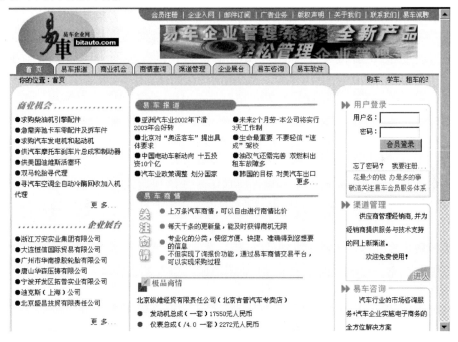

图 6-12　易车网站主页

易车企业网为汽车经销商、汽配、汽保企业提供了信息交流的平台,方便企业发布和收集自己所需的信息,大大加快了对市场的反应速度,而且使信息收集和处理的费用也大大降低,较好地解决了汽车企业成本高、市场反应慢的缺陷。

由于网上车展突破了时空的限制,既可以把一个企业众多的产品展示给客户,也可以把众多企业的产品集中在一起,形成一个网上车市,将大大提高汽车展示的效果,并为汽车交易带来极大的便利。

2）汽车配件电商

汽车配件电商根据不同的交易服务模式可分为 B2B 电商平台和 B2C 电商平台两种模式，其中 B2B 电商平台包括垂直信息平台、汽配用品电商平台和供应链服务平台三种类型；B2C 电商平台，可细分为汽配用品 B2C 电商综合平台和 B2C 电商垂直平台。

汽车配件电商平台通过互联网手段，缩短配件用品的经销环节，提升汽车配件的交易流通和维修保养服务的质量和效率，同时使产品和服务的价格更加透明化。

（1）汽车配件 B2B 电商平台。

传统的汽车维修和配件市场主要分为两大模式：OEM（Original Equipment Manufacture）市场、AM（After Market）市场。汽配 B2B 平台的发展，着重于缩短流通环节经销商的供应流程。电商平台直接与汽车配件厂商或经销商进行合作，并通过线上平台进行产品展示，最终销售给汽配用品零售商或维修保养服务商。通过线上平台完成在线交易，能够促进汽配用品行业向价格透明化和服务规范化的方向发展，同时，也能降低维修服务商的采购成本，最终给车主消费者带来产品价格的降低和服务质量的提升。

①垂直信息平台。垂直信息平台是汽车后市场 B2B 电商平台发展初期的主要服务模式。一方面，由众多汽车配件厂商和经销商在平台中发布汽车配件产品信息、进行产品宣传；另一方面，汽配供应商和采购商则会根据需求，在平台上搜索筛选合适的对象进行洽谈；最终供需双方在线下完成交易流程。主要盈利方式为网站的广告收入和经销商的订阅收入。在汽配 B2B 信息平台方面，主要企业包括盖世汽车网、慧聪汽配网、中国汽配网等。

②汽配用品电商平台。随着电子商务和在线支付技术的发展，众多新进入市场的 B2B 电商平台开始注重在线交易服务，除了线上的产品展示外，也同样实现了在线交易和支付，并通过扎实的仓储物流建设，向线下服务店铺和经销商提供物流供应。这一类汽配用品电商平台真正实现了 O2O 一体化服务，用户的交易和支付流程在线上完成，而电商平台的线下服务体系也能为汽配产品的物流运送提供保证。在盈利模式上，向商户收取平台使用佣金，或是按照交易订单收取服务提成，是这些 B2B 交易电商目前的主要收入点。

汽配用品 B2B 电商平台打破当前混乱的分销模式，缩减中间多层的经销环节，使销售渠道向更加扁平化的趋势发展，能够有效提高流通效率降低流通成本，也能给车主消费者带来产品价格的实惠和产品品质的提高。但这类商业模式的企业有可能影响到汽车零配件厂商原有的线下渠道和稳定的价格体系，因而面临一定的潜在风险。

在汽配 B2B 电商平台的主要企业，目前包括诸葛修车网、康众汽配、淘汽档口、中驰车福、汽配龙等。例如，中驰车福目前正在致力打造的是一个借助互联网云计算技术打造的短链高效和低成本的供应链平台，包括基于"配件大数据"全行业产品目录的网上商城与覆盖全国的仓储物流系统。

③供应链服务平台。供应链服务平台模式，即为汽车维修保养整个产业链提供系统性的信息化建设，包括为上游的汽车配件用品厂商/经销商提供云仓储系统、进存销系统；为下游的汽车维修保养门店提供配件采购平台、搭建云店铺等。

该种模式并非仅仅是建设一个线上电商平台或是线下供应链网络，而是以维修保养店为主要服务对象，将整个供应链条中从配件提供商到服务提供商都通过云 ERP 系统实现线上线下协同,包括仓储的线上管理、消费者的线上管理,并最后通过提供供应链服务,获取服务提升,实现盈利目标。

供应链服务平台模式的优点在于,企业是深耕汽车维修保养电商整个供应链条,通过提供云 ERP 系统,与配件供应商和服务提供商关系更为紧密,与汽车配件用品 B2B 电商模式相比门槛更高。但这种形式的缺点在于扩张复制速度相比 B2B 电商平台来说较慢,需要深耕每一个区域市场。

(2)汽车配件用品 B2C 电商平台。

汽车配件用品 B2C 电商平台,是直接面向个人车主消费者,由车主用户直接进入平台选择和购买汽车配件产品。目前中国汽车后市场的汽车配件用品 B2C 电商平台主要分为综合类电商平台和垂直电商平台。2015 年,无论是以京东、阿里汽车、当当为代表的汽车配件用品 B2C 电商综合类平台,还是以御途网、酷配网为代表的汽车配件用品 B2C 电商垂直平台,总体发展情况都比较平稳,商业模式上也逐渐成熟。

汽车配件用品 B2C 电商平台,着重于缩短传统 AM 市场的经销流程,促使汽车配件用品流通销售过程的透明化,同时降低产品的最终价格。电商化后的汽车配件用品 AM 市场能够借助互联网的力量打破 OEM 市场的垄断地位,促进汽车后市场向多元化的方向发展。从盈利模式上来看,汽车配件用品 B2C 电商平台主要通过向入驻企业和收取会员费用以及相关的数据营销等增值服务费用来获得收入。

总体来看,中国车主消费者对汽车配件用品了解程度较低,自主进行汽车改装维修的经验较少,而汽车配件用品 B2C 电商平台作为直接面向消费者的零售终端,在用户群体和产品品类方面存在一定限制。从目前各 B2C 电商平台销售情况来看,以机油和轮胎这类标准化程度高、使用技术要求低的产品为主。此外还有一些安装便利的行车记录设备和电子导航设备,这些产品的使用不需要用户太多的培训和学习,对用户 DIY 能力要求较低。而专业水平要求高的刹车片、火花塞、减振器等配件用品销量相对较低。

3)提供高水平的客户服务

对中国的汽车制造商来说,真正要实现在网上售车还有不少障碍,但通过网络实现高水平的客户服务是十分容易做到的。高水平的客户服务可体现在以下方面。

(1)向客户提供全方位的产品和服务信息。

在网上介绍产品、提供技术支持、查询订单处理信息,不仅可以大大减轻客户服务人员的工作量,让他们有更多的时间与客户增加进一步的接触,开发更多的新用户,有效改善企业与客户的关系,而且因为网络独有的实时交互性使客户在任何时间、任何地点均可调阅企业最新的资料,使客户的满意度得到提高。目前已有越来越多的企业开始重视网络在向客户提供全方位产品和服务信息中的作用。

(2)向客户提供知识服务。

经常访问汽车网站的客户可分成三类:第一类是已经有买车打算,希望通过网站了解最新的产品信息,以帮助自己做出正确的购车决策;第二类是已经买车,想了解有关汽车各方面的知识;第三类则是那些还没有购车,而且短时间内也不准备购车的访问者,但他们对汽车知识有浓厚的兴趣。因此,利用网站向客户提供专业化的知识服务对这三类客户都有重要意义。对第一类访问者,可向他们提供选车购车相关常识、购车程序及材料手续等相关知识,通过专业、系统的知识服务吸引他们的注意力,尽可能让他们选购本公司的产品;对第二类访问者,可向他们提供汽车保险、出险后索赔理赔、养车修车、安全驾驶、质量纠纷、租车、救援、二手车交易等知识和信息,通过细致入微的服务,增进他们使用本企业产品的感情,提高他们的忠诚度,并通过他们开发更多的潜在客户;对第三类客户,尽管目前尚不具备购车实力,但他们是未来汽车消费的主力军,向他们提供丰富的汽车文化、与汽车相关的趣闻轶事以及汽车行业的最新发展知识,培养他们对本公司产品和品牌的认知度,对企业的发展具有重要的意义。

(3) 向客户提供网上订购服务。

汽车企业可以利用网站建立起网络销售平台,鼓励客户直接在网上订购汽车配件、养护用品、工具和设备等,依托整个连锁体系来开展对客户的直接销售和配送,并通过互联网延伸客户服务。通过网络销售,消费者可对车型、颜色和内饰等进行特别订货,最大限度地满足个性化消费的需要。目前大多数企业主要是通过需求预测来组织生产和销售的,而需求预测与实际需求量之间往往存在较大差距,导致了汽车产品在一些销售店紧缺,却在另一些销售店堆积。使用互联网后,企业可及时调整货源配置,也使客户收货时间得以大大缩短。尽管目前世界范围内能真正做到订单生产的企业还很少,但这是大势所趋,也是汽车企业提高竞争力的必由之路。可以预见,在未来三五年内,将会有越来越多的汽车生产企业朝这个方向努力,并会对汽车生产和销售的方式带来革命性的变革。

(4) 提高内部管理水平。

汽车企业的内部管理极为复杂,业务运作牵涉到总部、分销中心、仓储配送中心、连锁店、加盟店、养护中心、维修厂和快修中心等众多机构和部门,企业内部实行的管理信息系统包括汽配的进销存管理系统、汽修业务管理系统和办公自动化系统等。内部电子商务的实施可以起到强化内部管理、规范经营管理模式等作用,促进组织体系各个组成部分实施规范化管理。在财务管理方面,电子商务可以实施动态地掌握企业各个环节的销售、库存等情况,分析优化资金流,减少呆账、坏账,缩短账期,增加整个经营体系的资金周转率。

(5) 加快新产品的开发和生产。

汽车行业的激烈竞争使得传统的依靠降价策略维持生存变得越来越困难,新产品的开发的能力和速度直接影响企业的竞争地位。利用互联网丰富的信息渠道寻求技术支持,合作开发项目、解决技术难题,协同开发出适宜市场需求、灵活多变的产品,已成为众多企业提高新产品开发能力的重要思路。不少企业已经开始利用互联网,以公开招标的形式面向全世界选择合适的合作伙伴,并在网上进行远程合作开发,既可节约高额的通信费用和交通费用,又可显著缩短开发时间,从而大大提高对市场的反应能力。

(6) 提高物流配送的效率。

物流配送在汽车行业中占有极其重要的地位。传统的物流配送由于缺乏信息流的支持,不但效率低下,而且物流成本极为可观,严重影响了汽车企业的经济效益。实施物流配送的电子商务解决方案,在分销中心与供货商之间、分销中心与连锁店、分销中心与客户之间、连锁店与客户之间、各分销中心之间、各连锁店之间构筑起畅通的物流配送网络化通道,可以全方位统筹配送任务,显著提高配送效率,大幅度降低配送成本,而且还可大大降低库存。因此,物流系统的电子商务化对汽车行业的发展具有十分重要的意义。

(7) 为汽车零部件企业提供直接交易平台。

据统计,我国注册的生产汽车零部件的中、小企业(含生产厂家与经销商)数量达数十万家,对这些企业来说,实施电子商务的需要更为迫切。由于这些企业在规模、资金和管理方面的实力比较弱小,适应市场的能力较为低下,受地域和自身条件的限制,一般只能为很少数量的客户服务。而电子商务则可以帮助这些企业全面提升开拓市场的能力,因为因特网为他们提供了开发新市场、赢得新客户的有效手段,使他们直接参与到与大企业的竞争中去,拥有更为广阔的市场空间。网络使汽车零部件的流通减少了许多中间环节,提高了流通的效率,降低了流通的成本,使汽车零部件产业的发展进入一个全新的阶段。

6.2.3 网络营销

1. 竞争优势分析

(1) 成本费用控制。开展网络营销给企业带来的最直接的竞争优势是企业成本费用的控制。网络营销采取的是新的营销管理模式。它通过因特网改造传统的企业营销管理组织结构与运作模式,并通过整合其他相关部门如生产部门、采购部门,实现企业成本费用最大限度地控制。互联网通过开放的统一标准,将不同类型的计算机连接在一起,可以实现资源和信息共享,同时还可以实现远程的信息交流和沟通。这一切都是互联网技术的发展和使用的结果。许多企业已将互联网技术应用到企业管理中来,并且取得了很大的经济效益。利用互联网降低在管理过程中交通、通信、人工、财务和办公室租金等成本费用,可最大限度地提高管理效益。许多人在网上创办企业也正是因为网上企业的管理成本比较低廉,才有可能独自创业和寻求发展机会。

(2) 创造市场机会。互联网上没有时间和空间限制,它的触角可以延伸到世界每一个地方。因此,利用互联网从事市场营销活动可以远及过去靠人工进行销售或者传统销售所不能达到的市场,网络营销可以为企业创造更多新的市场机会。

(3) 让客户满意。在激烈的市场竞争中,没有比让客户满意更重要。由于市场中客户需求千差万别,而且客户的情况又不相同,要想采取有效营销策略来满足每个客户的需求比登天还难。互联网出现后改变了这种情况,利用互联网企业可以将企业中的产品介绍、技术支持和订货情况等信息放到网上,客户可以随时随地根据自己的需求有选择性地了解有关信息。这样克服了在为客户提供服务时的时间和空间限制。

(4) 满足消费者个性化需求。网络营销是一种以消费者为导向,强调个性化的营销方式;网络营销具有企业和消费者的极强的互动性,是实现全过程营销的理想工具;互动性提高消费者的参与性和积极性,使企业营销决策有的放矢,从根本上提高消费者的满意度;网络营销能满足消费者对购物方便性的需求,省去了去商场购物的距离和时间的消耗,提高了消费者的购物效率;由于网络营销能为企业节约巨额的促销和流通费用,使产品成本和价格的降低成为可能,可以实现以更低的价格购买。

2. 网络营销竞争的战略重点

迈克尔·戴尔被称为赚钱的天才,有人问戴尔这样一个问题:"在运作公司的整个过程中什么是最有价值的?"戴尔脱口而出:"客户"。他说:"按照客户的要求去做是 Dell 公司的信条。"美国学者希博德(Patricia B. Seybold)出版了一本名为《客户公司》的书,深入分析了包括 Dell、Amazon 这些著名的网上公司的许多实例后,归纳出这些公司成功的共同原则,那就是企业在制订网上营销策略时,应该把重点放在客户身上,完全从客户的角度出发,建立一个对客户友善的网上营销环境。营销策略的重心从产品转向客户,企业界不再单纯追求生产更多、更廉价的产品,而是努力提供更适合客户需要(哪怕是小批量、个性化)的产品和服务。应该说,"一切为客户服务"这个原则看似简单,但它正是网络营销成功的第一法则。互联网络的功能使网络营销可以扩大企业的视野,重新界定市场的范围,缩短与消费者的距离,取代人力沟通与单向媒体的促销功能,改变市场竞争形态。因此,企业电子商务网络营销战略的重点也相应体现在以下几个方面:

(1)客户关系再造。说到底,企业经营的直接目的之一是为企业的拥有者带来利润,而利润是由客户给的,没有客户就谈不上企业发展。客户是企业的衣食父母,因此,客户应受到尊重。所以应准确知道:客户是谁,他们有什么需求。网上企业的经营者一定要懂得,客户想要的东西其实很清楚,在需要时能方便、快捷地提供最满意的服务,当然花费不要太多,并且最好是为自己量体定做一套产品和服务。因此,网站必须从这些需求出发,把重点放在最终客户。制造商也许以为经销商是他们的客户;消费品公司也许以为零售商是他们的客户;非营利机构也许以为捐款者是他们的客户,但真正的客户是产品和服务的最终使用者,是那些真正使用产品或服务的公司或个人。以往受限于时间与资料,买主无法充分比较服务的优劣,而如今,网络随时随地无所不在,电子商务把最终用户推到经济发展的主导地位。只有那些能向最终用户提供最佳服务的企业才有竞争力。消费者在整个经济生活的链条中占据主导和中心的地位。所以不仅不能得罪还要设法紧紧拉住每一个已有的客户,拉住客户的最重要的策略就是提供满意的服务。独特的网上营销方式,使消费者的选择空间扩展到全球范围的商店,他们很容易获得有关产品的各种信息。在这种情况下企业若不去充分研究客户的需求,吸引住更多的客户,自然就难以生存。

因此,一个网上企业应努力实行客户关系再造,做到以下几点:

①从客户角度重组企业流程。

②把重点放在最终客户。

③让客户喜欢你的网站。

④让客户更方便地和你打交道。

⑤培养稳定的客户群体。

⑥促进客户忠诚。

⑦提供更多、更及时的售后服务。

(2)定制化营销。所谓定制化营销,是指网站经营者根据客户的各种需求,主动为客户提供一对一的个性化服务。互联网的趋势将由大量销售转向定制化的销售,公司将能够了解每个消费者的要求并迅速给予答复,在生产产品时就可以对其进行定制。企业根据网上客户在需求上存在的差异,将信息或服务化整为零或提供定时定量服务,进而让客户可以根据自己的喜好去选择和组合,从而对网站在为大多数客户服务的同时,变成能够一对一地满足客户特殊需求的市场营销工具。定制营销也将促进市场的细化,从而使按需提供的产品和服务能为客户广泛接受。而且,细分的程度越高,就越能够准确地掌握客户的需求,市场的细化则会扩大企业运行的空间。

例如,通用汽车公司别克牌汽车制造厂提供一种服务系统,让客户在汽车销售商的陈列厅里的计算机终端前自己设计所喜欢的汽车结构,客户可从大量可供选择的方案中就车身、车轴悬架、发动机、轮胎、颜色、车内结构等做出具体选择,客户可以看到自己选择的部件组装出来的汽车样子,并可继续更换其中的部件,直到满意为止。客户每设计出一种配置,车子的价格也同时计算出来,客户可利用软件进行模拟驾驶试验,满意自己设计结果的客户可填写订单,电子信用分析系统帮客户制订付款计划,一旦做出选择,通过在线订购订单输入通用汽车的生产计划表,从客户填写订单到工厂按客户设计的配置生产出汽车并交货,前后只需 8 周时间。从费用上看,按消费者要求定制的汽车,其单价不一定比批量生产的标准汽车贵。对整个汽车行业来说,在消费者提出要求后再制造和在消费者提出要求前制造,前者可节约世界各地价值 500 多亿美元的成品库存,同样的情况也发生在 Gateway 2000 电脑公司。用户如果想购买该公司那种充满美国牛仔风格的电脑时,可以先上网查阅它那以牛奶作为标志的网站,上面有一个详细的配置选择系统,你可以根据自己的喜好而组装,系统不断提醒你的选择是否正确,同时告诉你价格和最好的性能价格比。

3. 网络营销管理模型

1) 服务关系模型

服务关系模型(图 6-13)是根据网络营销软营销的理论,依靠增强与客户的关系,达到留住客户、增加销售的目的。现代营销学认为保留一个老客户相当于争取 5 个新的客户。而网络双向互动、信息量大且可选择地阅读、成本低、联系方便等特点决定了它是一种优越于其他媒体的客户服务工具。通过网络营销,可以达到更好地服务于客户的目的,从而增强与客户的关系,建立客户忠诚度,永远留住客户。满意而忠诚的客户总是乐意购买公司产品的,这样自然而然地提高了公司的销售量。著名的 80/20 公式指出,企业 80% 的利润来源于 20% 的老客户。而争取一个客户的成本相当于保留一个老客户成本的 5 倍。在产品日益丰富的现代市场,消费者的购买主动性日趋增强,忠诚度下降。如何培养客户的忠诚度成为企业最大的挑战。

图 6-13 服务关系模型

2) 刺激反应模型

刺激反应模型(图 6-14)是利用各种有用信息,对消费者进行有针对性的刺激,使之产生消费欲望,达到增加购买的目的。本模型尤其适用于通过零售渠道销售的企业,它们可通过网络向客户连续地提供有用的信息,包括新产品信息、产品的新用途等,而且可根据情况适时地变化,保持网上站点的新鲜感和吸引力。这些有用的新的信息能刺激客户的消费欲望,从而增加了购买。

图 6-14 刺激反应模型

3) 便于折扣模型

便于折扣模型(图6-15)就是通过网络提高客户购买的方便性,由于减少了中间环节,降低了流通费用和管理费用,从而加大了产品价格的折扣。对客户而言,必须购买方便,使客户减少购物时间、精力和体力上的支出与消耗;对企业而言,实现简化销售渠道,降低销售成本,减少管理费用的目的。买卖书籍、鲜花和礼品等的网上商店是这种模式的最好应用。

图6-15 便于折扣模型

4) 娱乐参与模型

娱乐参与模型(图6-16)是根据网络营销商务娱乐一体化的特性,在网站或网页上运用带有一定特色的新闻、游戏或文艺节目来吸引目标客户,使得客户在参与中形成对网络营销企业的信任度,直至购买。新闻业已有一些成功运用此模型的例子。报纸和杂志出版商通过它们的网页来促进客户的参与。它们的网页使客户能根据自己的兴趣形成一些有共同话题的"网络社区(network communities)",同时也提供了比传统的"给编辑的信"参与程度高得多的读编交流机会。这样做的结果是有效地提高了客户的忠诚度。

图6-16 娱乐参与模型

5) 品牌忠诚模型

品牌忠诚模型(图6-17)是通过多种媒介,形成和提高产品和网站的品牌知名度,进而获取客户的品牌忠诚,以实现网络营销企业长期的更高利润。企业可以通过网页的设计,突出品牌宣传,树立整体的企业品牌形象,建立客户忠诚度,实现市场渗透,最终达到提高市场占有率的目的。例如,可口可乐公司,不仅仅是将网络作为网络营销的工具,而是将网络作为增强品牌形象的工具。

图6-17 品牌忠诚模型

4. 汽车网络营销模式

1) 自身网络站点建设

这种网络营销形式是指汽车制造商通过建设自己的官方网站,以视频、声音、图片和文字的形式向网站的访问者介绍企业和企业的产品。如设立360度全景观车页面,包括车内全景、车体外观、中控台和排挡等,访问者可以通过点击上下左右和放大缩小图标来观看汽车的各个部位。另外访问者还可以通过站点了解车型的配置价格、产品亮点、品牌故事、新闻活动、特约经销商等,并可以在线预约试车、下载图片和视频、提出问题等。

官方网站能否吸引大量用户流量是企业开展网络营销促销成功的关键。因此,企业在网站建设时要注意以下几点:第一,页面打开速度要快。在网上,速度决定一切,国外研究表明,网民对主页打开的等待时间一般不超过 8 秒,时间太长访问者就会失去耐心而离开。第二,网站的动态性要强。网站里的信息量要大且要经常更新。第三,网站的交互性要好。只有注重与客户的沟通才能留住客户。一般来说,网站应建立自己的意见反馈专区,包括论坛、邮件列表和即时通信软件工具等。图 6-18 是大众汽车(中国)的网页,界面上分成上、下、左和中四部分菜单栏。

活动集锦

图 6-18 大众汽车(中国)网页

上部菜单栏主要有车型对比、查询经销商、精彩回眸和缤纷下载四部分链接。点击车型对比,进入如图 6-19a)所示的界面,可以将自己的车型和大众品牌的任一车型进行对比查询;点击"查询经销商"进入如图 6-19b)所示的界面;点击"精彩回眸"进入 6-19c)所示的界面,在左上角有活动集锦和车展在线,活动集锦主要涉及与大众有关的各种赛事会议等;车展在线列举了近三年北京、上海和广州三地的汽车展会情况。点击"缤纷下载",进入如图 6-19d)所示所示界面,能够查询大众品牌下的各种车型的电子书,能够详细了解相应车型的具体配置。

图 6-19

d) 缤纷下载

图 6-19　网页界面

　　左侧菜单栏主要分成全系车型、众新·图新、大众之道、品牌专属、精彩回眸、新闻动向和缤纷下载模块。点击"全系车型"进入如图 6-20 所示的界面,在上面的菜单栏将所示车型分成全系车型、大众进口汽车、上汽大众和一汽大众四个部分。点击"众新·图新"进入如图 6-21 所示的界面,此界面主要体现大众汽车的创新精神,列举了 I. D. 、I. D. BUZZ 和 I. D. CROZZ 三款概念车型,这些车型集中体现了大众产品的节能、环保和智能化。点击"大众之道"进入如图 6-22 所示界面,此部分主要展示大众品牌和大众汽车在中国的历史。点击"品牌专属"进入如图 6-23 所示的大众金融界面,此界面主要介绍对于购买大众汽车可以享受金融政策的内容。另外此部分也列有精彩回眸和缤纷下载,和上部菜单栏内容一样。最后就是新闻动向菜单栏,此部分主要展示近三年大众汽车品牌举办和参与的各项活动和赛事,如图 6-24 所示。

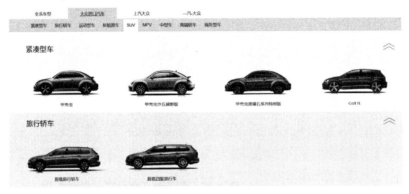

图 6-20　全系车型界面

图 6-21　众新·图新界面

第6章 汽车营销信息化

图 6-22 大众之道界面

大众汽车金融简介

大众汽车金融服务是德国大众汽车集团的一个重要业务组成部分,由大众汽车金融服务股份公司以及大众银行有限公司、保时捷金融服务以及在美国、加拿大和西班牙直接或间接隶属于德国大众汽车集团的联营公司(不包括斯堪尼亚和曼尔茨堡保时捷控股公司的金融服务)构成(自2017年9月1日起)。其核心业务领域涵盖了面向经销商和客户的融资、租赁、银行和保险业、车队管理和移动性解决方案。大众汽车金融服务在全世界总共有15,324名员工,其中在德国的员工有6,503名。大众汽车金融服务的总资产约为1,701亿欧元,其中营业额为21亿欧元,合同总量为1,820万份(截止日:2016年12月31日)。

大众汽车金融(中国)有限公司与大众汽车新动力投资有限公司(以下合称为"大众汽车金融中国")是大众汽车金融服务股份公司的全资子公司,也是中国第一家外商独资的专业汽车金融服务企业,自2004年各分,子公司相继成立以来,到目前为止拥有雇员超过900人。大众汽车金融中国与上汽大众、一汽·大众、大众汽车(中国)销售有限公司等企业紧密协作,为包括大众、奥迪、斯柯达、保时捷、斯泰尼亚、西雅特、宾利、兰博基尼以及曼等在内的大众汽车集团多个人品牌提供一系列创新金融服务。目前的主要业务范围包括:新车与二手车零售信贷、经销商融资、售后服务、汽车原厂延保、融资租赁等。

»下载大众汽车金融宣传手册

图 6-23 大众金融界面

图 6-24 新闻动向界面

2) 搜索引擎推广

搜索引擎自诞生以来就开始了迅猛地发展,现已大大改变了网民们的学习、生活和工作的方式。在中国,"有问题,百度一下"已经成为众多网民的一种时尚生活方式。作为在未来最被看好的互联网媒体,搜索引擎同样在企业的网络营销中发挥着重要的作用。目前中国汽车企业多在新产品推出前后和某一产品进行大型促销活动时在百度、谷歌等搜索引擎上购买"汽车""轿车""购车"等热门关键词,以增加官方网站或促销信息网页的点击量,从而达到广告效果。企业在进行搜索引擎推广时不要局限于购买关键词,在网站开通时进行免费搜索引擎注册,对官方网站的网页内容进行搜索引擎优化也是有效的方式。常用的搜索引擎见表6-2。

常用搜索引擎　　　　　　　　　　　　表 6-2

序 号	网站名称	网 址	类 型
1	谷歌	http://www.google.com	综合性全文索引搜索引擎
2	百度	http://www.baidu.com	综合性全文索引搜索引擎
3	奇虎论坛搜索	http://www.qihoo.com	综合性全文索引搜索引擎
4	奇搜商务搜索	http://www.qeesoo.com	综合性全文索引搜索引擎

3) 综合门户推广

综合门户网站是目前中国互联网上最大的广告媒体,综合门户网站的首页可以发布汽车产品的视频或图片广告,其汽车频道则为消费者提供最详尽的购车资讯和最便捷的购车通道。汽车频道一般包括新闻、车型、导购、用车、答疑和社区等栏目,消费者可以在其中查询制订车型所有经销商的信息,最新的车市活动等,并可在网上提交购车意向,计算购车所花金额等。门户网站汽车频道网络社区的建设至关重要,网络社区不仅可以增加网站人气,积聚目标受众,使营销活动更加精准,还可以催生原创力量,丰富网络营销内容。目前汽车企业还可和综合门户网站进行阶段合作,开展旨在宣传推广汽车产品的网络公关活动,将产品、公关、线下选秀和网上投票等结合在一起,制造新闻点,扩大传播影响。十大门户网站见表 6-3。

门户网站列表　　　　　　　　　　　　表 6-3

网站名称	网 站	网站简介
新浪网	sina新浪	新浪网为全球用户 24 小时提供全面及时的中文资讯,内容覆盖国内外突发新闻事件、体坛赛事、娱乐时尚、产业资讯、实用信息等,设有新闻、体育、娱乐、财经、科技、房产、汽车等 30 多个内容频道,同时开设博客、视频、论坛等自由互动交流空间
人民网	人民网people www.people.com.cn	人民网是世界十大报纸之一,《人民日报》建设的以新闻为主的大型网上信息发布平台,也是互联网上最大的中文和多语种新闻网站之一。作为国家重点新闻网站,人民网以新闻报道的权威性、及时性、多样性和评论性为特色,在网民中树立起了"权威媒体、大众网站"的形象
腾讯网	腾讯网 QQ.com	腾讯网(www.QQ.com)是中国浏览量最大的中文门户网站,是腾讯公司推出的集新闻信息、互动社区、娱乐产品和基础服务为一体的大型综合门户网站。腾讯网服务于全球华人用户,致力成为最具传播力和互动性、权威、主流、时尚的互联网媒体平台。通过强大的实时新闻和全面深入的信息资讯服务,为中国数以亿计的互联网用户提供富有创意的网上新生活
网易网	网易 NetEase www.163.com	网易是中国领先的互联网技术公司,为用户提供免费邮箱、游戏、搜索引擎服务,开设新闻、娱乐、体育等 30 多个内容频道及博客、视频、论坛等互动交流,网聚人的力量

续上表

网站名称	网　　站	网站简介
搜狐网	搜狐 SOHU.com	1995年11月1日,张朝阳博士从美国麻省理工学院回国。1996年8月,他拿到天使投资并以此创办搜狐前身"爱特信信息技术有限公司",建立爱特信网站,其中一部分内容是分类搜索,称作"爱特信指南针"。因为与搜索相关,结合中国传统文化"之乎者也",改名为"搜乎"。爱特信第二轮融资阶段时,确定搜乎业务为未来发展重点方向。考虑到无论在世界还是中国文化中,狐狸都象征着机敏、灵活和聪慧,而这些特质也符合搜索引擎服务的特点,因此1997年11月将"搜乎"改为"搜狐",1998年2月,爱特信正式更名为搜狐公司,搜狐品牌正式诞生。10月,SOHOO.COM域名改为SOHU.COM,"出门靠地图,上网找搜狐",搜狐由此打开了中国网民通往互联网世界的神奇大门
凤凰网	凤凰网 ifeng.com	凤凰网是中国领先的综合门户网站,提供含文、图、音、视频的全方位综合新闻资讯、深度访谈、观点评论、财经产品、互动应用、分享社区等服务,同时与凤凰无线、凤凰宽频形成三屏联动,为全球主流华人提供互联网、无线通信、电视网三网融合无缝衔接的新媒体优质体验
新华网	新华网 NEWS www.xinhuanet.com	新华网是由党中央直接部署,国家通讯社新华社主办的中央重点新闻网站主力军,是党和国家重要的网上舆论阵地,在海内外具有重大影响力
环球网	环球网 www.huanqiu.com	环球网是由环球时报社主办,以国际资讯为主的新闻类网站
中华网	china.com 中华网	中华网以中国的市场为核心,致力于当地用户提供流动增值服务、网上娱乐及互联网服务。本公司也推出网上游戏,及透过其门户网站提供包罗万象的网上产品及服务
和讯网	和讯 hexun.com 中国财经网络领袖	和讯网——中国财经网络领袖和中产阶级网络家园,创立于1996年,是中国最早而且最大的财经门户网站,为用户全方位提供财经资讯及全球金融市场行情,覆盖股票、基金、期货、股指期货、外汇、债券、保险、银行、黄金、理财、股吧、博客等财经综合信息

4)专业汽车站点推广

垂直类专业汽车网站是一种提供购车资讯和购车服务的汽车网络营销平台,专注于网上汽车业务。它与汽车频道不同的是它的专业性,它专注于网上汽车业务。如定位为第一汽车购买顾问的网上车市网即专注于网上汽车业务,开通网上订车功能不到一年,就实现了单月最高6000个订单的佳绩。

专业汽车站点的品牌专区往往对汽车企业具有品牌塑造和形象建设的职能,在专区内有时甚至可以找到汽车企业自身的官方网站上没有的信息资料。另外,一些省市级的专业汽车网站也成为当地汽车经销商发布促销信息和网友进行交流的平台。汽车垂直网站与汽车产业链及消费者关系如图 6-25 所示,垂直类汽车网站见表 6-4。

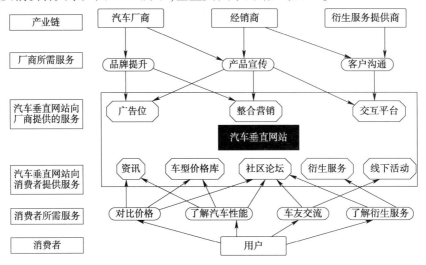

图 6-25　汽车垂直网站与汽车产业链及消费者关系图

垂直类专业汽车网站　　　　　　　　　　　表 6-4

序号	网　　名	地　　址
1	汽车之家	https://www.autohome.com.cn
2	太平洋汽车网	www.pcauto.com.cn
3	易车网	www.bitauto.com
4	中国汽车网	www.chinacar.com.cn
5	车 168	https://www.che168.com
6	爱卡汽车	www.xcar.com.cn
7	网上车市	www.cheshi.com
8	车天下	www.chetxia.com
9	万车网	https://baike.baidu.com/item

汽车垂直网站一方面向产业链的各个环节提供服务,获取利润。如给汽车厂商、经销商提供广告位,为经销商提供整合营销的平台。给衍生服务提供商提供与消费者沟通的交互平台。此外,汽车垂直网站又为消费者提供服务,如汽车资讯,翔实的车型价格库,发表自己评论的社区论坛,以及一些线下服务。本身来讲,这部分服务现在是不盈利的,汽车垂直网站提供给消费者服务的主要目的是提高自己网站的人气和知名度,以吸引厂商、经销商的关注,给自己带来更多的广告主。深层次来说,消费者是汽车垂直网站获利的基础。

(1)汽车类垂直网站向产业链提供的服务。

汽车类垂直网站向产业链提供的业务服务主要有广告位、整合营销和交互平台等,见表 6-5。

汽车类垂直网站向产业链提供的业务服务　　　　　　　　表 6-5

业 务 名 称	简　　介	关键成功因素	网 站 举 例
广告位	为厂商、经销商提供展示自己的平台	资讯丰富,车型库强大	中国汽车网 太平洋汽车网
整合营销	品牌、新车型的营销平台	社区活跃、线下活动多样	易车网
交互平台	与消费者交流的平台	衍生服务丰富、资讯内容有吸引力	爱卡汽车 中国汽车网

除了以上服务之外,也有一些研究机构提供了服务。如数据服务、咨询服务等。广告位、整合营销、交互平台是现阶段汽车垂直网站提供给产业链方面的主要服务,其中广告位的收入占汽车垂直网站收入的比例很大,其他业务有少量的盈利。

(2)汽车垂直网站向消费者提供的服务。

汽车垂直网站向消费者提供的业务服务(表 6-6)主要包括社区论坛、线下活动、资讯商情和汽车测评等,这些服务目前还处于不盈利状态。

汽车垂直网站向消费者提供的业务服务　　　　　　　　表 6-6

业 务 名 称	简　　介	关键成功因素	网 站 举 例
社区论坛	发布用车者的评论,是自由交流的平台	有吸引人们关注的话题	爱卡汽车网 中国汽车网
线下活动	看车团、团购等	拥有好的资源	易车网 太平洋汽车网
资讯商情	发布最新汽车动态、新车新闻、最新车价	快速全面	中国汽车网 网上车市
汽车评测	对汽车进行对比评测,得到实际运行中的技术数据	有专业化的队伍、品牌	汽车之家

现阶段汽车垂直网站的盈利点在于给厂商、经销商、衍生服务提供商提供的服务,对消费者提供的服务主要是提高自己的点击率,吸引厂商、经销商的关注。从长远来看,开发消费者这方面的盈利模式,是汽车垂直网站重点发展的方向。

5)博客营销

博客营销是一种基于个人知识资源(包括思想、体验等表现形式)的网络信息传递形式。开展博客营销的基础问题是对某个领域知识的掌握、学习和有效利用,并通过对知识的传播达到营销信息传递的目的。目前博客网络营销价值主要体现在八个方面:

(1)可以直接带来潜在用户。

(2)降低网站推广费用。

(3)为用户通过搜索引擎获取信息提供了机会。

(4)可以方便地增加企业网站的链接数量。

(5)以更低的成本对读者行为进行研究。

(6)博客是建立权威网站品牌效应的理想途径之一。

(7)减小了被竞争者超越的潜在损失。

(8) 让营销人员从被动的媒体依赖转向自主发布信息。

虽然博客潜藏着巨大的商业价值,并且随着博客的迅速发展,也出现了各种盈利模式,如博客门户模式、博客服务托管收费模式和增值服务模式等。博客营销就是把博客营销中用来传递信息的文字图片变成了视频和声音。博客的魅力不仅体现在"草根"的飞跃,还体现在品牌体验的商业价值,通过客户在与品牌的深度沟通中亲身体验品牌本身的核心价值。通用汽车为了影响大众传媒对自身的报道,通过公关公司设立了专门的博客日志网站,从而让主流媒体记者在搜集信息时,可以获得有利于自己的资讯。通用汽车的 FastLane 博客是最受欢迎的企业博客之一,如图 6-26 所示为通用的 Fastlane Blog 页面。

图 6-26 通用的 Fastlane Blog

6) 手机移动营销

手机上的无线互联网,将是下一个甚至比互联网还要大的网络,其中蕴含的商业价值无可限量。截至 2018 年 6 月 30 日,我国网民规模达 8.02 亿,普及率为 57.7%。其中,手机网民规模已达 7.88 亿,网民通过手机接入互联网的比例高达 98.3%。由于手机的贴身性、直接性和关注度都远较其他媒体要高,因此基于 WAP(移动手机网)的营销平台,拥有更为鲜明的用户族群、更高的活跃度的用户和提供更为精准的效果评测。客户通过手机轻松上网,随时随地可以查询新上市的汽车车型的相关情况、查询最近的汽车经销商,并可以参与抽奖活动。

20 世纪 90 年代初期以前,由于我国主要处于计划经济时代,汽车产品长期供不应求,也无所谓汽车产品的市场营销。但从 20 世纪 90 年代中期开始,随着我国社会主义市场经济体制的建立与发展,汽车市场实现了由卖方市场向买方市场的转变。为顺应这种形势,各大中等城市形成了一批以店铺经营、集中交易为主要特色的集中型汽车交易市场。这种汽车交易市场因其品种比较齐全,能够满足人们货比三家的消费心理,而且市场内由于商家竞争较为充分,产品价格较低,尤其部分汽车交易市场还提供一条龙服务,为购车者带来了极大的便利。但由于竞争过度,不少商家限于恶性价格战,商家经营规模偏小,从业者素质良莠不齐等,这种集中型汽车交易市场也暴露出诸多缺点,难以适应汽车市场发展和与国际接轨的要求。基于集中型汽车市场所面临的一系列问题,某些城市建设了汽车工业园区。相对于集中型汽车交易市场,汽车园区拥有功能的多元化、管理的体系化、服务的标准化和经营的规模化等优势,但它也要求有更先进的营销模式、多元功能设置和国际商务水准,需要大量的资金投入和成熟的发展过程,尤其是资金问题制约了汽车工业园区未能在全国普及。

20世纪90年代中期开始,我国出现了以汽车厂家为中心,以区域管理为依托,以特许或特约经销商为基点(专卖店),受控于厂家的营销模式——汽车专卖制。这一制度可以较好地满足用户对汽车品牌档次与服务质量的要求,实现了汽车企业经营观念的转变和营销管理的现代化,而且还产生了分散经营所无法实现的规模效益。

进入21世纪以来中国已经成为世界上最大的汽车生产国和最大的新车销售市场。随着数字社会和e化时代的到来,网络技术已渗入当今社会和经济的各个方面,电子商务、虚拟现实等网络技术已经走向实际应用,汽车营销也顺应这一潮流而进入网络化。网络营销可以在营销活动的很多方面如资源配置、产品研发调研、市场调查、达成交易、商品配送、客户沟通等,发挥传统营销模式所没有的优势。

本章小结

1. 本章主要内容以汽车电子商务模式和汽车网络营销模式为主,结合相应的案例进行分析,注重学生的分析问题、解决问题的能力。

2. 经历了传统门户时代、Web2.0/博客(用户提供内容)、移动互联时代的发展,目前互联网已经发展到了"电商时代"。电商是互联网发展至今最重要的财富,互联网电商让许多传统行业重新焕发了生机,而汽车这一国民支柱产业也已成为最大的"蛋糕"之一。

3. 相对于电商中比较成熟的服装、食品等门类,汽车存在商品价值高、购买频次低、用户体验权重大、物流运输特殊、上路行驶需相关证照、保养维修多等诸多特点,加上汽车购买流程相对复杂、商品单价高,使得消费者通过电商渠道购买汽车相对谨慎。但是越来越多的经营模式正在与汽车产品或其服务相结合,来不断满足消费者的需求。汽车电子商务主要有B2B模式、B2C模式、C2C模式、O2O模式和供应链集成模式。另外我国现有的汽车电子商务主要有网上车展、汽车配件的供应链集成还有二手车销售等。

4. 汽车网络营销主要通过介绍几种常见的网络营销模式:自身网站建设以大众汽车网站为例进行了详细介绍;搜索引擎推广主要介绍了百度、谷歌等常见的搜索引擎网站;综合门户推广主要介绍了新浪、腾讯等常见的门户网站;最后一种是汽车类垂直网站的模式。通过本章知识的学习,应具备利用网络进行不同品牌汽车的网站的分析能力、能有效利用搜索引擎进行汽车相关知识的查询能力,具备门户网站中对汽车板块的分析能力,总结不同汽车垂直网站的特色能力。

5. 基于互联网+的背景下,进一步探索汽车网络营销的新模式。

自测题

一、单项选择题

1. 下列网站不属于O2O模式的是(　　　)。

　　A. 人人网　　　　　　　　　　　B. 途牛网

C. 上海大众的供应商平台网　　　　D. 养车网
2. 企业与消费者之间的电子商务称为(　　)。
   A. B2B　　　　　　　　　　　　B. C2C
   C. B2C　　　　　　　　　　　　D. B2G
3. 网络营销对传统营销渠道产生了一定冲击,以下说法错误的是(　　)。
   A. 中间商的重要性有所提高
   B. 由跨国公司所建立的传统的国际分销网络对小竞争者造成的进入障碍将明显降低
   C. 分销商将很有可能不再承担售后服务工作
   D. 通过互联网,生产商可与最终用户直接联系

二、多项选择题

1. 网站的主要功能有(　　)。
   A. 产品/服务展示　　　　　　　B. 信息发布
   C. 客户服务　　　　　　　　　　D. 网上调查
2. 我国用户最常使用的网络服务排在前三位的是(　　)。
   A. 电子邮箱　　　　　　　　　　B. 网上销售
   C. 搜索引擎　　　　　　　　　　D. 网上聊天
3. C2C 模式是指个人消费者对个人消费者的网络营销模式。(　　)网站就属于这种模式的典型代表。
   A. 淘宝网　　　　　　　　　　　B. 海尔
   C. 易趣　　　　　　　　　　　　D. 长虹
4. B2B 模式是指企业通过网络将商品或服务直接对另外一些企业的网络营销模式。具有这种网络营销模式性质的公司网站有(　　)。
   A. Lenovo 公司　　　　　　　　B. Dell 公司
   C. Intel 公司　　　　　　　　　D. CISCO 公司

三、判断题

1. 人人车网是典型的 B2C 网站。　　　　　　　　　　　　　　　　　　　　(　　)
2. 汽车是一种贵重体验型产品,通常在购买过程中会涉及试乘试驾,所以汽车电子商务比较适合 O2O 模式。　　　　　　　　　　　　　　　　　　　　　　　　　　(　　)
3. 传统的客户是主动地接受信息、接受产品,而网络客户则带有被动性。　　(　　)

四、简答题

根据本章所学知识,分别就汽车行业的 B2B、B2C 和 O2O 进行举例。

第7章 汽车4S店服务流程

导言

本章主要介绍了汽车4S店的整车销售、售后服务、配件销售管理和信息反馈的四个功能模块。通过本章的学习,力求使学生掌握汽车销售流程八步曲、汽车服务流程和汽车配件管理的相关知识,提高实际工作的能力。

学习目标

1. 认知目标
(1)掌握汽车销售流程八步曲。
(2)掌握汽车服务流程。
(3)掌握汽车配件的管理原则。
2. 技能目标
(1)能够利用本章知识完成汽车销售流程和售后服务流程的相关环节。
(2)能够进行配件管理的相关环节工作。
3. 情感目标
(1)培养认真分析问题、一丝不苟的学习习惯。
(2)增强实际工作能力,提高学习兴趣。

乔治卖车

这是美国中部一个普通城市里一个普通地区的一家比较知名的车行。这个车行展厅内有6辆各种类型的越野车。这天下午,阳光明媚,微风吹拂,让展厅看起来格外明亮,店中的7个销售人员都各自在忙着自己的事情。

这是一个普通的工作日,一对夫妻带着两个孩子走进了车行。凭着做了10年汽车销售的直觉,乔治认为这对夫妻是真实的买家。

乔治热情地上前打招呼——汽车销售的第一个步骤,并用目光与包括两个孩子在内的所有的人交流,目光交流的同时,他做了自我介绍,并与夫妻分别握手。之后,他开始不经意地抱怨天空逐渐积累起来的云层,以及周末可能到来的雨雪天气,似乎是自言自语地说,也许周末的郊游计划要泡汤了。这显然很自然地转向了他需要引导到的话题:他诚恳地问,"两位需要什么帮助?"——消除陌生感,拉近陌生人之间距离的能力。

这对夫妇说他们现在开的是福特金牛,考虑再买一辆新车,他们对越野车非常感兴趣。乔治开始了汽车销售流程中的第二步骤——收集客户需求的信息。他开始耐心、友好地询问:什么时候要用车?谁开这辆新车?主要用它来解决什么困难?在彼此沟通之后,乔治开始了汽车销售的第三个步骤——满足客户需求,从而确保客户将来再回到自己车行的可能性得到提高。他们开始解释说,周末要去外省看望一个亲戚,他们非常希望能有一个宽敞的四轮驱动的汽车,可以安全以及更稳妥地到达目的地。

在交谈中,乔治发现了这对夫妻的业余爱好,他们喜欢钓鱼。这样的信息对于销售人员来说是非常重要的。这种客户信息为销售人员留下了绝佳的下一次致电的由头。销售不是一个容易学习和掌握的流程性的工作,它不像体育运动,体育运动是只要按照事先规定的动作执行,执行到位就可以取得比一般人好的成绩,而在销售工作中既有流程性质的内容,也有非常灵活的依靠某种非规则性质的内容。比如,掌握及了解客户业余爱好的能力,就是被大多数销售人员所忽视的,甚至根本就不会去考虑。在优秀的销售人员中,他们一直认为自然界中"变色龙"的技能对销售过程最为有用。客户由此感知到的将是一种来自销售人员的绝对真诚、个性化的投入和关切,在这种感知下,客户会非常放心地与销售人员交往。由此,在上述的案例中,乔治展现出自己也对钓鱼感兴趣,至少可以获得一个与客户有共同兴趣的话题,从而建立起与客户在汽车采购以外的谈资。

乔治非常认真地倾听来自客户的所有信息,以确认自己能够完全理解客户对越野车的准确需求,之后他慎重而缓慢地说,车行现在的确有几款车可以推荐给他们,因为这几款车比较符合他们的期望。——销售流程中的第四个步骤:产品展示。他随口一问,计划月付多少车款。此时,客户表达出先别急着讨论付款方式,他们先要知道所推荐的都是些什么车,到底有哪些地方可以满足他们的需要,之后再谈论价格的问题(客户的水平也越来越高了)。

乔治首先推荐了"探险者",并尝试着谈论配件选取的不同作用。他邀请了两个孩子到车的座位上去感觉一下,因为两个孩子好像没有什么事情干,开始调皮,这样一来,父母对乔治的安排表示赞赏。

这对夫妻看来对汽车非常内行。他推荐的许多新的技术,新的操控,客户都非常熟悉,由此可见,这对夫妻在来之前一定收集了各种汽车方面的资讯。目前,这种客户在来采购之前尽量多的收集信息的现象越来越普遍了。40%的汽车消费者在采购汽车之前都会通过互联网搜索足够多的有关信息来了解汽车。这些客户多数都是高收入、高学历,而且多数倾向购买较高档次的汽车(如越野车),从而也将为车行带来更高的利润。其实,客户对汽车越是了解,对汽车的销售人员就越有帮助。但是,现在有许多销售人员都认为这样的客户不好对付,太内行了,也就没有任何销售利润了。乔治却认为,越是了解汽车的客户,越是没有那些一窍不通的客户所持的小心、谨慎、怀疑的态度。

这对夫妻看来对"探险者"非常感兴趣,但是,乔治还为他们展示了"远征者",一个较大型的越野车。因为后者的利润会多一些。这对夫妻看了一眼展厅内的标有价格的招牌,叹了口气说,超过他们的预算了。这时,乔治开了一个玩笑:"这样吧,我先把这个车留下来,等你们预算够了的时候再来。"客户哈哈大笑。

乔治此刻建议这对夫妇到他的办公室来详细谈谈。这也就是汽车销售流程中的第五个步骤——协商。协商通常都是价格协商。在通往办公室的路上,他顺手从促销广告上摘了两个气球下来,给两个看起来无所事事的孩子玩,为自己与客户能够专心协商创造了更好的条件。

汽车销售人员的办公桌一般都是两个倒班的销售人员共同使用的,但是,尽管如此,乔治还是在桌上放了自己以及家人的相片,这其实是另外一个与客户有可能谈到的共同话题。他首先写下夫妻俩的名字、联系方式,通常采购汽车的潜在客户都不会是第一次来就决定购买,留下联系方式,以便将来有机会在客户到其他的车行都调查过以后,再联系客户成功性会高许多。他再一次尝试着问了客户的预算是多少,但客户真的非常老练,反问道,"你的报价是多少?"乔治断定他们一定已经通过多种渠道了解了该车的价格情况,因此,乔治给了一个比市场上通常的报价要低一点的价格。但是,客户似乎更加精明,面对他们的开价,乔治实际只能挣到 65 美元,因为这个价格仅比车行的进价高 1%。乔治表示出无法接受,于是,他说如果按照他们的开价,恐怕一些配置就没有了。于是,乔治又给了一个比进价高 6% 的报价。经过再次协商,乔治最终达成了比进价高 4% 的价格。对于乔治来说,这个价格利润很薄,不过还算可以了,毕竟,客户第一次来就能够到达这个步骤已经不错了。而这个价格则意味着车行可以挣到 1000 美元,乔治的提成是 250 美元。

  乔治非常有效率地做好了相关的文件,因为需要经理签字,只好让客户稍等片刻。通常,对于车行的销售经理来说,最后检查销售人员的合同予以确定是一个非常好的辅导缺乏经验的销售人员的机会。乔治带回经理签了字的合同,但在这时,客户却说他们还需要再考虑一下。此时,乔治完全可以使用另外一个销售中的技巧,那就是压力签约,他可以运用压力迫使客户现在就签约,但是他没有这样做,他宁愿让他们自由地离开。这其实也是这个车行的自我约束规则,这个规则表示,如果期望客户再回来,那么不应使用压力,应该让客户在放松的气氛下自由地选择(受过较高的教育的客户绝对不喜欢压力销售的方式)。乔治非常自信这个客户肯定回来,他给了他们名片,欢迎他们随时与他联系。

  两天以后,客户终于打来电话,表示他们去看了其他的车行,但是不喜欢他们,准备在乔治这里购买他们喜欢的车,虽然价格还是高了一点,但是可以接受。他们询问何时可以提车?令人高兴的是,车行里有现车,所以乔治邀请他们下午来。

  下午客户来了,接受了乔治推荐的延长保修期的建议,并且安排了下一次维护的时间,还为客户介绍了售后服务的专门人员——汽车销售流程的最后一个步骤——售后服务的安排。并由专门的维护人员确定了 90 天的日期回来更换发动机滤清器。这个介绍实际上是要确定该客户购买这辆车以后的维护,保养都会回到车行,而不是去路边廉价的小维修店。

  这是一个真实的例子,也是非常典型的,有代表性的。通过这个例子,我们可以看到一个汽车销售人员不仅需要有一个流程性的销售技能表现,还需要许多销售人员个人素质方面的技能,如沟通的细节问题,拉近距离的方法,发现客户个人兴趣方面的能力,以及协商能力。尽管汽车销售流程会给汽车销售人员一个明确的步骤可以遵守,但是,具体的软性的销售素质还需要靠灵活的、机智的、聪颖的个人基本实力。虽然很多的销售基本实力不容易得到量化,但是,根据我们对汽车销售人员的长期研究,我们提炼了七种必须的销售基本实力,这七种基本实力分别是:行业知识、客户利益、顾问形象、行业权威、赞扬客户、客户关系、压力推销。

  资料来源:https://wenku.baidu.com/view/ce5b7f0a7cd184254b353555.html

7.1 新车销售流程

  汽车 4S 店销售系统岗位包括:销售部经理、大厅经理、业务助理、大厅接待和销售顾问。

1. 销售部经理

直接上级:总经理

直接下级:大厅经理、业务助理、大厅接待、销售顾问

本职工作:

(1) 贯彻落实企业文化精神,培养营销员的业务能力和团队协作精神,提高营销员的综合素质。

(2) 企划营销业务的具体运作及方法。

(3) 制订本部门年度、季度、月份、周、天销售目标和计划,并具体落实实施。

(4) 排除业务上的困难,迅速、切实地处理业务工作,完成目标任务。

(5) 经常调查分析汽车市场走势及周边市场情况,采取相应的营销策略和方法。

(6) 严格执行汽车集团公司和本公司规定的价格政策,直接监督检查营销员及分销商的营销工作。

(7) 规范管理下属人员正确执行公司各项规章制度,并公平公正地对其进行业务考核。

(8) 裁决部门内部在营销工作中的业务、人事争议。

(9) 与品牌公司的营销部门建立顺畅的业务、通信联系。

(10) 每天定时召开晨会。

(11) 每月底对直接下级考核进行汇总分析,次月3日前报总经理。

(12) 监督展厅卫生及展车卫生情况。

(13) 完成上级领导授权和交办的其他工作任务。

2. 大厅经理

直接上级:销售部经理

本职工作:

(1) 负责检查监督展厅车辆的卫生情况、环境温度情况,督促销售顾问做好展车的卫生保洁工作。

(2) 根据销售情况,及时补充展厅车辆,以保证展厅的布局合理。

(3) 负责大厅的空间布局和优化,体现本公司的文化气息。

(4) 负责大厅内宣传图册、宣传画册、广告画及活动模幅的张贴和悬挂。

(5) 督促营销顾问(员)对来店客户的接待工作,并协助营销顾问(员)完成来店客户的接待工作。

(6) 负责监督检查大厅接待对展厅报夹的整理工作,每周更新一次。

(7) 负责监督展厅背景音乐的不间断播放并按音响播放规定操作。

(8) 巡视、检查展厅内部环境(含营销员办公室、卫生间)。

(9) 负责对大厅接待和服务顾问的考评工作。

3. 业务助理

直接上级:销售部经理

本职工作:

(1) 负责本部门车辆的进销存管理,根据销售情况,及时补充、调整入库车辆,按入库顺

序出库,以保证充足的车源,做到合理库存。

(2)每天上午9:00、下午13:00前更新看板。

(3)负责本公司总经理、销售部经理的客户车辆的交车工作。

(4)负责展厅报夹的整理工作,要求每周五更新一次。

(5)负责展厅背景音乐的不间断播放。

(6)巡视、检查展厅内部环境(含营销员办公室、卫生间)。

4. 大厅接待

直接上级:销售部经理

本职工作:

(1)使用礼貌、规范用语,亲切、清晰、快速地接听来电,总机不得占线过长,总机接听后应及时接转分机,如遇有客户咨询,应及时转至相关人员,做好来电记录,下班前交经理签字。

(2)每天做好晨会会议记录,下班前交销售经理签字。

(3)安排销售顾问进行大厅值班,做好来店记录,要求前台必须有一位销售顾问迎接客户,来店记录下班前交销售经理签字。

(4)负责对销售部人员的考勤。

(5)负责公司信件、包裹、报纸等的接收工作,并及时交收件人,做好交接记录。

(6)负责本品牌车辆销售的开票和每月销售统计工作。

(7)负责对整个展厅环境的监督。大厅接待区域应无闲杂人员围绕聊天。

5. 销售顾问

直接上级:销售部经理

本职工作:

(1)执行公司经营管理方针,紧紧围绕公司各项工作目标和指标,执行各项考核标准,服从公司领导和分管领导安排,做好本职工作,完成下达任务。

(2)以营销工作为中心,集中精力,开拓市场,钻研产品知识和销售技巧,完成销售目标,做好服务,增收节支,提高效益。及时将完整、真实的客户档案交给业务助理。

(3)根据公司年度目标和本部门的工作方案、考核方案,结合自身实际,制订切实可行的年度和阶段工作计划,并落实实施。

(4)切实做好公司、部门统筹安排给个人的业务的销售与服务工作,使在本区域内的各项指标达标。

(5)工作中要严格遵守公司各项规章制度;随时随地树立、宣传、维护品牌和代理的汽车品牌形象;随时随地树立、维护好个人品牌形象;为客户提供最优质、周到的购车、咨询和售后跟踪及其他有关业务的服务。

(6)克服工作中遇到的困难;不断虚心学习,提高业务水平,力求上进。

(7)经常调查、分析汽车市场走向及周边市场情况;熟悉本品牌及竞争品牌车型的性能、价格等,根据实际采取相应的营销策略和方法。

(8)在节假日值班当值期间代理大厅接待工作,履行大厅接待岗位职责。

(9)对本岗位分管范围的安全工作负全责。

(10)完成上级领导授权和交代的其他工作任务。

销售流程,意在通过标准的客户接待,让销售顾问能很好地掌握客户的基本需求,并有针对性地进行静态、动态讲车,让客户能够更好地了解汽车产品,帮助客户拥有自己满意的爱车。同时,销售顾问可以对照检查自己的工作,具体的意义体现在以下方面:

(1)通过细化各项指标,提高销售顾问接待水平。

(2)培育销售顾问具备良好素质。

(3)快速达成经销商销售业绩。

(4)通过标准化工作,建立良好的客户满意度。

每个品牌4S店的销售流程都有自己的特色,汽车销售服务流程总体来说可以分为几大步骤:潜在客户开发、展厅接待、需求分析、产品介绍、试乘试驾、交易谈判、成交交车、售后跟踪。在几大步骤里,其中以需求分析,产品介绍,交易谈判和售后跟踪最为重要。一个汽车销售人员的高明之处就体现在这些地方。现代汽车销售服务流程如图7-1所示。

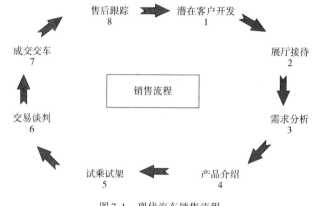

图7-1 现代汽车销售流程

7.1.1 潜在客户开发

在销售流程的潜在客户发展步骤中,最重要的是通过了解潜在客户的购买需求开始和他建立一种良好的关系。只有当销售人员确定关系建立后,才能对该潜在客户进行邀约。

万事开头难,只有找出潜在的客户,才能进行下一步的工作。潜在客户必须具备三个基本条件:一是有需要;二是有购买能力;三是有购买的决策权。如果只有一个条件满足,就不是潜在的客户。满足前两个条件的客户,算作潜在客户。

潜客开发实际上就是寻找销售对象,而寻找销售对象是销售过程的一个开始。所以说开发客户的过程就是寻找并确定销售对象的过程,是销售工作的必然要求。

寻找客户是一个循序渐进的过程,现在最好利用的资源就是来电的客户,让其成为购买者。然后就是利用所有的人脉资源,告诉你所有的同学和朋友你在做销售顾问,让他们买车或身边的人买车都告诉你,这样你的客户就开始扩展了。

客户自己送上门来的比例很小,因此需要不断开发新的客户,这才是销量增长的必要手段。寻找潜在客户的主要途径有电话黄页、行业名录、朋友或熟人介绍、保有客户介绍等。

在这个阶段,销售人员应努力收集尽量多的信息。

一般获取客户分为两种:主动获取和被动获取。

主动获取是通过各种方法、途径主动开拓客户。例如:展示会、车友会等。

被动获取是客户主动联系经销商,获取客户资料的一种方式。例如,客户通过经销商网站联系经销商、客户向经销商发送电子邮件、客户致电经销商、客户到店咨询等。

1. 走出去

(1) 积极参加本地车展,在车展上获得想购车人的信息,并留下自己的名片给他们。

(2) 进行大客户的专访,通过他们认识一些新的客户。

(3) 参加一些汽车文化类活动,在活动中认识一些潜在客户,并努力把他们发展成为自己的客户。

(4) 参加一些电台的采访,通过电台向听众宣传自己,其中有很大一部分人是驾驶员及乘坐出租车的人群。

2. 请进来

(1) 经常邀请亲戚朋友来店里参观,通过亲戚介绍给亲戚的亲戚朋友,通过朋友介绍给朋友的亲戚朋友。

(2) 认真接待展厅里来的每一个人,在第一时间把自己推销出去,深入了解客户需求,帮助客户选择适合客户的最佳车型。

(3) 积极邀请客户前来试乘试驾,让客户感受到开车的乐趣。

(4) 接受客户电话预约,并不断与预约客户保持联系,尽量避免预约客户取消预约。

3. 定期跟踪保有客户

(1) 积极与老客户联系,了解老客户的用车情况,向老客户提供最新车的消息,并向老客户介绍新车及售后服务。

(2) 定期上门回访老客户,给老客户送去店里的礼品,顺便可以从老客户那里认识新的潜在客户。

(3) 积极邀请老客户前来参加店里举办的活动,老客户会带来新客户。

4. 来电接待

来电接待指的是客户通过电话与销售顾问进行初步的沟通和交流,询问一些关于相应品牌汽车的特点。这种方式在发达国家的早期汽车市场是比较常见的,来电接待流程如图7-2所示。

销售员在访问客户之前用电话预约,是有礼貌的表现,而且,通过电话事先预约,可以使访问更有效率。打电话预约看似简单,关键是要掌握如何说、怎么说、说些什么。打电话要牢记"5 W1 H",即①When(什么时候);②Who(对象是谁);③Where(什么地点);④What(说什么事情);⑤Why(为什么);⑥How(如何说)。电话拨通后,要简洁地把话说完,尽可能省时省事,否则易让客户产生厌恶感,影响预约的质量以至销售的成功。

潜在客户在接收信息的时候期望的感受:销售顾问的态度要积极、口齿清晰、语速适中、重要段落之间要停顿、说话时与听筒保持正确的距离。

(1) 接听电话:动作要迅速,电话铃响3声内要接听;离开座位时,将电话转接,以免客户打进来的电话被转来转去；要面带微笑接听电话；打电话时，务必要确定对方当时有空；所有相关信息都应该被记录在册。

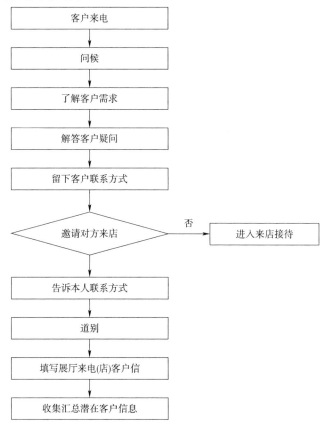

图 7-2 来电接待流程图

（2）电话营销的目标设定：根据商品的特性，确认客户是否是真正的潜在客户；订下约访时间；确定客户来店时间；确认出客户何时做最后决定；让客户同意接受服务提案。

（3）电话预约的要领是：①力求谈话简洁，抓住要点。②考虑交谈对方的立场。③使对方感到有被尊重的感觉。④没有强迫对方的意思。

成功的电话预约，不仅可以使对方对你产生好感，也便于推销工作的进一步进行。

【实训环节】

【基本话术】

"您好！感谢您致电××××经销店。我是接待员××，请问有什么我可以帮助您的？"

"如果您时间方便，我们欢迎您到店看车，我们店也有试驾车，届时您可以亲自试驾感受一下车辆。"

"您还可以陪同您的家人或朋友一同到店，您来的时候需要带上驾照，我们需要办理一下试驾手续。"

"您想了解哪款车？请问您对车身和内饰的颜色有什么要求吗？您大概想什么时间用车呢？"

7.1.2 展厅接待

销售人员的自身准备主要是形象准备和销售工具方面的准备。

1. 销售人员的形象准备

销售人员是公司和产品的代言人,在客户心目中甚至比公司负责人更具有代表性。所以,为了给客户留下良好的第一印象,销售人员的仪容仪表就非常重要了。

1)着装原则

切记要以身体为主,服装为辅。如果让服装反客为主,销售人员本身就会变得无足轻重,在客户的印象里也只有服装而没有销售人员。正如著名的时装设计大师夏奈儿所说:"一个女人如果打扮不当,您会注意她的衣着。要是她穿的无懈可击,您就注意这个女人本身。"

要按T(时间)、P(场合)、O(事件)的不同,分别穿戴不同的服装。要根据客户来选择与他们同一档次的服装,不能过高或过低。无论怎样着装,着装目的要清楚,就是要让客户喜欢而不是反感。

2)男性销售人员的衣着规范及仪表

西装:深色,如有经济能力最好能选购高档一些的西装。

衬衫:一色、白色、浅色或中色,注重领子、袖口清洁,并熨烫平整。一定要每天更换。

领带:以中色为主,不要太花或太暗,注意和衬衣或西装的反搭配协调。

长裤:选用与上衣色彩质地相衬的面料,裤长以盖住鞋面为准。

便装:中性色彩,干净整齐,无油污。

皮鞋:黑色或深色,注意和衣服的搭配。如有经济能力,最好选购一双名牌皮鞋,且要把鞋面擦亮,皮鞋底边擦干净。

短袜:黑色或深色,穿时不要露出里裤。

身体:要求无异味,可适当选用好一些的男士香水,但切忌香水过于浓烈。

头发:头发要梳理整齐,不要挡住额头,更不要有头皮屑。

眼睛:检查有没有眼屎、眼袋、黑眼圈和红血丝。

嘴:不要有烟气、异味、口臭,出门前可多吃口香糖。

胡子:胡须必须刮干净,最好别留胡子。

手:不留长指甲,指甲无污泥,手心干爽洁净。

3)女性销售人员的衣着规范及仪表

头发:干净整洁不留怪发,无头皮屑。

眼睛:不要有渗出的眼线、睫毛液,无眼袋、黑眼圈。

嘴唇:一定要涂有口红,并且保持口气清香。

服装:西装套裙或套装,色泽以中性为宜。不可穿着过于男性化或过于性感的服装,款式以简洁大方为宜。

鞋子:黑色高跟淑女鞋,保持鞋面的光亮和鞋边的干净。

袜子:高筒连裤丝袜,色泽以肉色最好。

首饰:不可太过醒目和珠光宝气,最好不要佩戴3件以上的首饰。

身体:不可有异味,选择淡雅的香水。

化妆:一定要化妆,否则是对客户的不尊敬。但以淡妆为宜,不可浓妆艳抹。

4)接待礼仪

(1)名片规范。

名片准备:销售顾问销售工具包名片数量充足,要保持名片的清洁平整。

初次相识:可在刚结识时递上自己的名片,并将自己的姓名自信而清晰地说出来。

递交名片:双手食指弯曲与大拇指夹住名片左右两端恭敬地送到对方胸前。名片上的名字反向对自己,使对方接过就可以正读。

接受名片:用双手去接,接过名片要专心的看一遍,然后自然的阅读一遍,以示尊重或请教不认识的名字,如对方名片上未留电话,应礼貌询问;不可漫不经心地往口袋里面一塞了事,尤其是不能往裤子口袋塞名片;若同时与几个人交换名片,又是初次见面,要暂时按对方席座顺序把名片放在桌上,等记住对方后,将名片收好。

(2)交流规范。

手势:适当地利用手势,可以起到加强、强调交谈内容的作用。注意手势不要过分夸张,否则会给客户一种华而不实的感觉。

握手:手要洁净、干燥和温暖,先问候再握手。伸出右手,手掌呈垂直状态,五指并拢,握手3秒左右,同时目光注视对方并面带微笑,握手的顺序是上级在先、主人在先、长者在先、女性在先。

坐姿:面桌而坐时,前臂可放与桌面之上,而肘部要离开桌面。

位置:无论是站、坐、走都不宜在客户身边,也不宜直接面对面,而应站或坐在客户的一侧,即可以看到双方的面部表情,有利于双方的沟通。

距离:与客户初次见面,距离要适中,一般维持在70~200厘米之间,可根据与客户的熟悉情况适当缩短彼此空间距离,但一般至少要保持在伸出手臂不能碰到对方的距离。

无论何种情况,销售人员都要主动迎接,把每一次接待都当作第一次,把客户都当作需要帮助的人。即使不是客户,只要走进汽车4S店,销售顾问就有义务给予协助。不能以貌取人,牢记人不可貌相,海水不可斗量。因此,销售顾问在面对客户时的基本动作步骤是走上前、迎接、配合微笑以及规范的欢迎话术。

2. 销售工具准备

工具表格:记事本、每天更新的库存表、试乘试驾协议书、价格构成说明表、销售合同、欢迎包、按揭文件、保险文件等。

文件资料:产品资料、宣传品、剪报资料、竞品比较、精品资料。

办公用品:名片、笔、计算器、打火机。

展厅的环境准备:整洁、干净、明亮。

展车的环境准备:展车的内、外清洁(按品牌指导标准执行)。

展车的合理摆放:展车的摆放间隙、展厅的数量和型号及颜色、展车的摆放是否和对应的广告宣传配合。

展车及周边物品整理:标识、资料架、脚垫、地毯等随车展示物保持清洁且摆放在正确的位置,利用"展厅、展车标准检查表"定期进行核查,保证最佳状态。

1)展厅接待流程

客户接待是一个要把握好分寸的环节。汽车销售顾问的个人形象,往往是给客户的"第一印象"。一般情况下,客户没有更多的时间去了解销售顾问,所以最常见的"以貌取人"就很正常了。基于这种情况,销售顾问在接待客户时应注意着装,给客户留下较好的印象——这就是首因效应。

在最开始的 5 分钟,销售顾问要解决潜在客户刚进入展厅时的紧张和防范的状态。这是销售初期的首要任务。客户刚进入展厅观看自己感兴趣的车时,不希望旁边有人打扰他,特别不喜欢销售顾问在旁边喋喋不休。客户有可能一个人,也有可能两个人或三个人结伴而来,他们站在自己感兴趣的车前面看车,一边看一边品头论足。这种情况最好不要打扰客户。客户在看车的时候不希望被打扰,而在需要帮助的时候,又希望得到及时的帮助。

2)客户到店接待流程

第一,引导客户将车停入客户专用停车位。

第二,欢迎客户,并引领客户到展厅门口。

第三,必要时为客户打伞遮阳/挡雨(展厅门口配备雨伞架)。

第四,客户走进展厅,应立即迎前致辞,并递交名片。公司全员与客户目光相遇时皆应点头示意,并礼貌、热情地打招呼"您好"。

第五,如果无法及时接待,客户等待的时间应不超过 1 分钟。

第六,询问是否有熟悉的销售顾问(有则让客户熟悉的销售顾问接待,无则让排班的销售顾问接待)。

第七,询问来访的目的、时间安排,并询问客户姓氏,交谈时称呼对方。根据客户的意愿,或引领到展车前,或邀请到销售洽谈室/洽谈区坐下。

第八,免费饮品要有三种或三种以上。

展厅接待具体流程如图 7-3 所示。

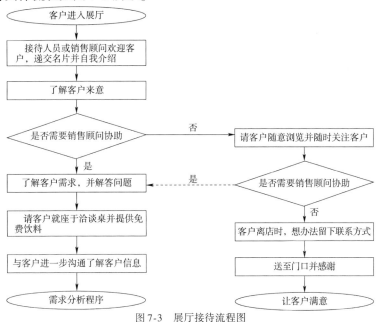

图 7-3 展厅接待流程图

7.1.3 需求分析

销售顾问要与客户建立初步的信任关系,把握客户需求。切实了解客户购买汽车的需求特点,为推荐、展示产品和最终的价格谈判提供信息支持,让客户体验到"服务创造价值"的理念和品牌形象。

1. 客户的需求

人们购买汽车是因为有需求,提供咨询的目的就是了解客户需求,因此就销售员而言,如何掌握这种需求,使需求明确化,是最重要的,也是最困难的一件事,因为有时客户本身往往也无法知晓自己的需要是什么。

2. 询问

询问是发掘客户需要最有效的方式。销售员通过询问可以获得一些信息,包括客户是否了解你的谈话内容,客户对你的公司和你销售的产品有什么意见和要求,以及客户是否有购买欲望。

探询客户需求需运用5W1H的方法,采用开放式询问,并用封闭式问答得到具体结论。开放式询问适用于销售员希望获得有关客户的大信息量时。销售员了解客户的信息越多,越有利于把握客户的需求。

谁(Who):您为谁购买这辆车?(消费者类型:发起者、决策者、购买者、影响者、使用者)

何时(When):您何时需要您的新车?(什么时候购买)

什么(What):您购车的主要用途是什么?您对什么细节感兴趣?来店目的?看什么车型?竞争车型/以前什么车?

为什么(Why):为什么您一定要选购三厢车呢?(购车原因)

哪里(Where):您从哪里获得这些信息的?您从哪里过来?

怎么样(How):您认为×××车动力性怎么样?

3. 积极地聆听

通常,我们误以为人们只有在讲话的时候才会发生积极的沟通,而聆听则是消极的。然而,如果沟通是一个双向的过程,那么聆听应当算作是其中的一个积极的组成部分。

积极地聆听是指聆听者有责任性地获得对说话者想要传达信息的完备和正确的理解。如果接受者希望有效地沟通,积极地聆听应该是他的目标。因为这是唯一促进良好沟通的听的形式,他试图理解全面的信息,而不仅仅是正在讲的这些。

1) 积极地倾听的原则

(1)站在对方的立场,仔细地倾听。每个人都有他的立场及价值观,因此,你必须站在对方的立场仔细地倾听他所说的每一句话,不要用自己的价值观去指责或评判对方的想法,要与对方保持共同理解的态度。

(2)要确认自己所理解的是否就是对方所说的。你必须重点式的复述对方所讲过的内容,以确认自己所理解的意思和对方一致,如"您刚才所讲的意思是不是指……""我不知道我听得对不对,您的意思是……"

(3)要表现出诚恳、专注的态度倾听对方的话语。

2)倾听的技巧

销售员面对客户的谈话,要如何训练倾听的技巧呢?以下五点内容可供借鉴。

(1)培养倾听技巧。

站在客户的立场专注倾听客户的需求、目标,适时地向客户确认你了解的是不是就是他想表达的,这种诚挚专注的态度能激起客户讲出他更多内心的想法。

(2)让客户把话说完,并记下重点。

记住你是来满足客户需求的,你是来带给客户利益的,只有让你的客户充分表达他的状况以后,你才能正确地满足他的需求,就好比医生要听完病人述说自己的病情后,才开始诊断。

(3)秉持客观、开阔的胸怀。

不要心存偏见,只听自己想听的或是以自己的价值观判断客户的想法。

(4)对客户所说的话,不要表现出防卫的态度。

当客户所说的事情对你的推销可能造成不利时,在听完后不要立刻驳斥,而是先请客户针对事情做更详细地解释,例如,客户说"你们公司的上牌服务太慢",你可请客户更详细地说明是什么事情让他有种想法,客户若只是听说,无法解释得很清楚时,也许在说明的过程中,自己会感觉出其看法也许不是很正确;若是客户说得证据确凿,你可先向客户致歉,并答应他了解此事的原委。记住,在还没有听完客户的想法前,不要和客户讨论或争辩一些细节的问题。

(5)掌握客户真正的想法。

客户有客户的立场,他也许不会把真正的想法告诉你,他也许会用借口或不实来搪塞,或为了达到别的目的而声东击西,或另有隐情,不便言明。因此,你必须尽可能地听出客户真正的想法。

4. 总结客户的需求特点

客户的类型不同,与其沟通的方式也不尽相同,如"主导型""分析型""人际型",面对这些不同形态的客户,你必须调整自己的沟通方式,让客户感受到你与他的沟通是迅速的、有效的。

1)力量型

力量型的客户大都是自处要津,掌管决策大权,由于每天都要下达不同的决策,因此,他们对企业需要什么,大都已有定见,他们是希望销售员能完成他的想法,就如企业内的其他人员一样都必须听命于他,完成他的主张。

面对力量型的客户,推销员和他沟通时,必须站在他的立场,从大的方向考虑,避免琐碎细节,尽可能地配合他的想法,协助他实现他的主观想法。独裁型的客户下决策多半非常的迅速,推销员必须以积极、配合的态度,迅速、果敢地回应客户的要求。

2)完美型

完美型的客户在决定购买时,一定要取得各种相关的详细情节、事实及证据,进行各品牌的各项分析、评估工作,只有分析出的结果显示最有效益的品牌才会考虑购置。因此,销售员面对这种类型的客户,在心态上要有准备,这是一场战斗,你必须尽可能地为客户提供最详细的资料,在比较资料的量与质上必须胜过竞争者。

3) 和平型

和平型的客户在工作上也是以人际关系为主导,效率并不是他们最关心的事情,虽然他们也关心效率,但是他们往往把多数的时间花在人际关系的建立及维持上,使他们没有多余的精力去探讨效率。

面对这种类型的客户,销售员在销售汽车前,自然要先和客户建立好人际关系。在没建立良好的关系前,最好不要过于急迫地去销售。只要你能证明使用你的产品不会给客户带来不良的影响,客户就会安心地采购。

4) 活泼型

活泼型的客户充满激情、理想化、重感情,凡事喜欢参与其中,追求乐趣,乐于使别人开心,但通常没有条理,或条理性较差。他们需要得到公众的认可,能够充分表达自己的想法。

面对这样的客户,销售顾问可以采取以下策略:给予客户说话的时间,让客户充分表现出自己的想法。

【即学即练】

· 请判断自己属于哪个类型?

5. 客户群体需求要点

不同性格类型的客户需要采取不同的营销策略,同样,不同身份、职业、年龄的客户其对汽车产品的关注点也不尽相同,不同客户群体需求要点见表7-1。

不同客户群体需求要点　　　　　表 7-1

目标客户群 (人物性格)	需求分析要点	商品说明重点
白领、骨干、精英	作为第一款车辆,价格适中,中等以上的品牌; 内饰上有一定个性化的要求,喜欢追随时尚潮流	品牌获奖情况;外观特点; 性价比优势;内饰特点; 智能化配置;音响
富家子弟	强调动力性、运动性; 时尚个性	外观特点;品牌获奖情况; 内饰特点;智能化配置; 发动机特点;变速器特点
创业人士	作为第一款轿车主要以代步工具为主; 注重服务的便捷性; 对车的外形比较重视,别人的看法也会影响到他的决策	外观特点;性价比优势; 内饰特点;智能化配置
农业、矿主	给家人买车讲究外观与内饰要体面	品牌获奖情况;外观特点; 内饰特点

续上表

目标客户群 (人物性格)	需求分析要点	商品说明重点
企业家	可能是给他的手下员工或家里的子女购买; 自己使用	外观特点;内饰特点; 智能化配置;乘坐舒适性; 安全性
教师、医生、海归派	对熟悉的品牌很有倾向性; 价格适中	品牌获奖情况;外观特点; 性价比优势;智能化配置; 特色服务
小康家庭	作为家庭首款用车; 动力性上满足城市道路以及近郊旅游; 价格实惠; 外观上要时尚稳重、对于内饰空间及行李舱有一定要求	外观特点;性价比优势(经济性); 内饰特点;智能化配置; 车内及行李舱的空间; 特色服务;安全性
艺人、运动员	时尚个性化; 外观上有一定的要求,在色彩上也有要求	外观特点;品牌获奖情况; 智能化配置;动力性

6.购车理由

客户的购车理由可分为理性动机和感性动机。理性动机包括:适用、经济、安全可靠、外形美观、维修方便、售后服务佳;感性动机包括:好奇心理、追求个性、炫耀心理、攀比心理、从众心理、崇外心理和尊重心理。

在实际与客户交流过程中我们必须根据5W1H了解到客户的以下需求:

(1)客户现在是否在驾驶其他品牌的车辆?客户是如何了解我们的品牌的?

(2)客户购车的用途是什么?

(3)客户对其他车型的了解程度?客户是否知道售后服务对他的影响?

(4)客户中谁在采购决策中具有影响力?影响力有多大?

(5)客户周围的人对该品牌的评价如何?

(6)客户的兴趣有哪些?

(7)你对客户所从事的行业了解多少?

需求分析具体流程如图7-4所示。

【实训环节】

【基本话术】

"您现在用的是什么车?多大排量?您一般是开车上班还是有其他的用途?您比较喜欢现在这部××的哪些性能或配置?有哪些方面您觉得不太满意?"

"您现在还有关注其他品牌的车型吗?您比较关注哪款车的哪些配置或性能呢?"

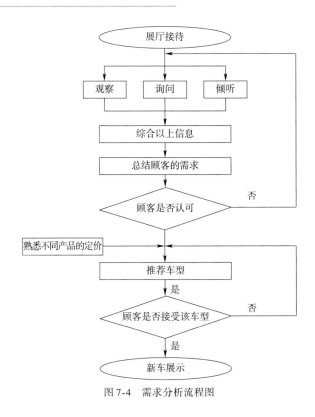

图 7-4　需求分析流程图

7.1.4　产品介绍

1. 车辆展示的目的

展示车辆的目的是为了让消费者更详细地了解产品,相信产品的性能及其所带来的利益能满足客户的需求。

2. FAB 话术

向客户推荐车型可以采用 FAB 基本话术,即特性 F(Feature)、优点 A(Advantage)、特殊利益 B(Benefit)。

F 的意思是特征,指产品的某个技术含量的说法,一般都是从技术角度来说的。比如,风行后悬挂采用五联杆的模式,这就是典型的特征说法。

A 的意思是优点,就是将特征解释为给客户带来的好处和利益。比如,可以说有了五联杆悬挂,乘坐的舒适性得到了大大的改善。这就是客户可以感知到的好处和利益。

B 的意思是利益,如果客户购车并不是为了接送客户,而是为了运货,那么就不需要五联杆这个技术。所以利益的意思是要根据客户表现出来的用途,有针对性地介绍产品,而不是统统都给予介绍。比如,可以先问客户是否有可能后排、中排乘坐亲人、同事、朋友、客户等。一旦对方说是,那么你就可以这样说:"您一定会考虑乘坐的舒适性。一般的多功能车无法与轿车比,满足多功能所以采用钢板支撑,坐就比较硬。风行车恰好开发了既可以运货,也可以提高乘坐舒适性的五联杆技术,大大改善了乘坐的感觉。"这就是典型的利益说法。

例:速腾汽车采用 TSI 发动机,请用 FAB 话术进行说明。

这款速腾汽车采用 TSI 涡轮增压缸内直喷技术(F),可以增加发动机进气量,提高进气混合效率(A),从而提高了发动机的动力性、经济性(B)。

3. 六方位环车介绍

环绕汽车的六个部位(图 7-5)进行介绍,有助于销售人员更容易有条理地记住汽车介绍的具体内容,并且更容易向目标客户介绍其最关注的汽车特征和性能。在进行环绕介绍时,销售人员应确定客户的主要需求,并针对这些需要给予讲解。

图 7-5　六方位环车介绍

这里所说的"六方位绕车介绍法"是指汽车销售人员在向客户介绍汽车的过程中,销售人员围绕汽车的车前方、车侧方、车后方、乘客室、驾驶室、发动机舱六个方位展示汽车。

方位一(车辆正前方):在这个位置上对车辆进行总体介绍,介绍车辆的整体感觉,强调车辆的设计理念、品牌文化、大灯、进气格栅、风窗玻璃、保险杠、雨刷器等。

例 F:外观设计

A:两厢造型给人以立体、动感的印象,外观时尚而活泼,处处蕴含着浪漫,体现出设计师的独具匠心。操控灵活,停放便捷。

B:漂亮,而且让人过目不忘,既能让您紧跟潮流,体现您的年轻时尚,也能传达出您和您家人积极的生活态度和充沛的活力,而又不会让您留给别人过分张扬、缺乏内涵的感觉。

方位二(车侧方):在这个位置上可以介绍侧面外观、车身腰线、侧面防护、悬架、轮圈和轮胎、刹车系统、门把手及其设计、车厢安全设计等。

例 F:风阻系数/浮升系数

A:风阻系数仅有 0.297,是目前市场上同级车中最小的。而浮升系数接近于零,近乎完美。

B:非常省油,而且贴地性非常好,高速行驶更稳定,操控可靠。

方位三(车后方):在这个位置上可以介绍后侧外观、行李舱及其储物空间、行李舱开启的便利性、后尾灯等。

例 1F:行李舱智能开启

A:智能免钥匙开启,当携带钥匙接近行李舱时,轻触按钮,可轻松开启行李舱,当然也可以遥控开启舱锁。

B:与众不同的高科技设计,给您带来高档车般的豪华性和便利性,而且雨天也不用手忙脚乱地找钥匙了,一切尽在掌握之中。

例 2F:行李舱容积为 463L

A:掀背设计的后门和可前后滑动的后排座椅带来超大容积的行李舱,最大容积达 463L,正常情况下也有 289L,大大超过同级车型,可盛放 500 瓶矿泉水。

B:空间灵活多样,适合各种形状大小的物品,并且取放非常方便,大大提高了储物空间。

方位四(乘客室):在这个位置上可以介绍多样组合座椅、后排座的舒适性及后座腿部空间、自动锁紧三点式安全带等。

例1F:多样组合座椅

A:6/4可折叠座椅,还能进行10个位置40°的座椅靠背调整;可以前后移动240mm,同级车所独有的设计,最大可以拥有463L的后排空间,放倒靠背后扩大了行李舱的容积,形成了同级车中最大而且实用的后排行李舱空间。

B:后排座椅靠背倾斜可调,给乘客带来更加舒适的乘坐感受;随心所欲的安排和充分利用车内空间,外出游玩时可以方便放置更多的行李;即使在一些恶劣天气,比如雨天,也能在后排取放行李舱的物品,而不必下车,非常方便。空间多样性,更生活化。

例2F:后座腿部空间

A:后座有650mm的腿部空间,大大超过同级车,而且方便进出。

B:再没有人抱怨坐在后排伸不开腿,尤其是当您带自己的小孩和年迈的父母外出时,也不用担心他/她们会不舒服了。

方位五(驾驶室):在这个位置上可以介绍驾驶员位置、座椅、转向盘调节方式、双向预紧两级限力安全带、车内照明、智能钥匙、电子助力转向、立体声音箱等。

例F:双向预紧两级限力安全带

A:除常规的安全带肩部预紧限力功能外,还采用了腰部预紧装置,此装置即使在高档车上也极为罕见,可在碰撞事故中提供双倍的保护作用。

B:这同样也是同级车甚至绝大多数高档车所没有的,一切由计算机精确控制,特别的保护给特别的您。

方位六(发动机舱):在这个位置上,首先指导开启方法,并请客户亲自开启。可以介绍的内容有舱内布置规则性、发动机技术(汽车的动力性经济性)、车身材料与新工艺、变速器特征。

例F:变速器

A:自动变速器增加了新型转速传感器,可直接感知输入轴转速,并通过对发动机扭矩信号的实时侦测,可获得理想的换挡控制。

B:试驾时您可以亲自感受,自动换挡没有顿挫感,与发动机配合得很好,让您随心所欲地驾驶。

4.六方位介绍要点

(1)用手势引导客户到相关的方位,注意走位,别与客户撞在一起。从始至终面带微笑,要笑着而不是严肃地介绍。介绍时,眼睛应面向客户,而不是看着车介绍,应注意绕车介绍时客户才是主角。

(2)六方位介绍从客户最想知道的方位开始,所以销售顾问要用概述的技巧询问客户,找出客户的购买动机,做有针对性的介绍。

(3)鼓励客户提问,并耐心回答其关注的问题。如刚才给您介绍了安全系统,您还有什么问题吗?当顾问提的问题较专业时,给予鼓励或适度赞美。

(4)不断寻求客户认同,注意客户聆听时的兴趣,若发觉客户不感兴趣,要试探性提问,找出客户的需求,再继续依客户的兴趣提供介绍。

(5)别忘了多让客户亲手操作,多让客户的手去接触车子。请客户坐进驾驶室后,销售顾问应在门口采用半蹲式,介绍座椅和转向盘,并指导客户动手操作。转向盘左侧仪表板上的和门户板上的功能键就在门口介绍,其他可坐到副驾驶室位置或后座中间位置介绍。

(6)介绍过程中要注意客户眼神中散发出来的购买信号,记住眼睛是灵魂之窗。

（7）六方位介绍旨在让客户了解产品，认同产品，若介绍当中发现客户已经认同产品时，即可停止六方位介绍，设法引导客户进入试乘试驾或条件商谈的阶段。

（8）设法使客户同行的伙伴都参与到车辆展示中来。并给予必要的尊重和适度的赞美，他们或许能够加速客户购买进程。

7.1.5 试乘试驾

通过直接的驾驶体验，使客户对公司品牌的汽车有一个感性的切身体会。强化客户对于公司品牌的汽车各项功能的实际驾驶印象，增强购买信心。使客户产生拥有这辆汽车的感觉，激发客户购买以促成交易。

试乘试驾基本流程如图7-6所示。

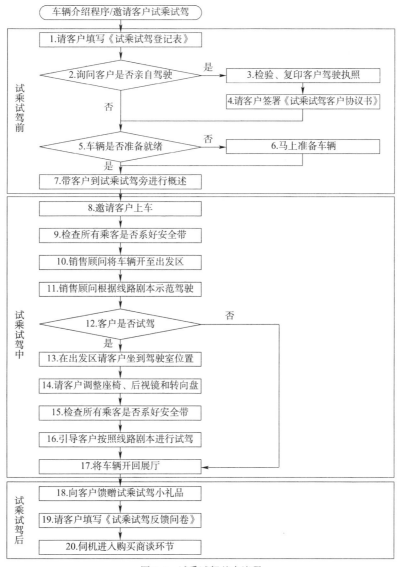

图7-6 试乘试驾基本流程

1. 试乘试驾前

(1) 4S 店必须准备专用试乘试驾车,并保持车辆处在良好的状态,注意车辆的清洁、试乘试驾的油料充足、准备必要的 CD 唱片等。

(2) 若 4S 店为客户办理试驾服务,则销售顾问必须询问客户是否持有驾照,检查复印客户驾驶执照。

(3) 4S 店根据实地状况和车辆特性,提前规划能够凸显车辆优势性能的试乘试驾路线图。并在试乘试驾之前,向客户进行说明。

路线长度 8~12km(线路可重复循环)时间约为 15min 左右;线路起点距经销商距离最好不超过 3km;路况良好,车流量较小,没有堵车的现象;至少有 5km 的路段可以达到时速 80km/时的要求;车道为封闭式车道(路口除外);应包括试乘试驾所需要的所有类型的路段,但并不一定要连续路段。

试乘试驾路线规划要能够凸显车型优势性能(路线应包括直线路段、弯道、连续的弯道或车辆较少的宽阔路段、颠簸路段等)。

【基本话术】

①这是试乘试驾的路线,您先看一下,就在展厅附近,从试乘试驾区出发,沿 A 路到 B 路,左转到 C 路,再左转到 D 路,直走到 A 路左转,最后回到展厅,一圈大概要 10min 左右。②您可能不太熟悉这附近的道路,没关系,我先开车,您试乘,熟悉一下路线;回来后第二圈您再试驾,这样能让您体验车型特性,也比较安全,您看如何?没什么问题的话我们就出发了。

(4) 准备试乘试驾相关的文件文本(《试乘试驾协议书》、顾问资料登记表等)。

2. 试乘试驾中

试驾是有风险的,尤其是客户没有驾驶证或者缺少驾驶经验的时候,很可能会发生事故或意外。因此,汽车销售人员要严格遵守店面的相关规定,慎重考虑是否允许客户试驾以及在什么路况下试驾等。对于条件不符合但坚持要试车的客户,销售人员应该动之以情,晓之以理,耐心地劝服客户,或者采取可行的变通方法,既让客户有体验的机会,又要保证行车的安全。

销售顾问应主动邀请客户进行试乘试驾,基本话术:(在展厅)刚才您看过××车的外观、内饰,了解了车辆的相关配置,而还有很多您感兴趣的车辆性能,静态可能就感受不到了,正好这两天公司正举办"新车××体验"——试乘试驾活动,我带您办个手续好吗?您一定很想亲自体验一下××的良好性能吧。

开车门时,用右手为对方打开车门,左手放于门楣下端,以免对方进入车内时碰撞头部。对方进入车内并确认坐好后,轻轻关闭车门,不可用力过大。从车前绕过,进入驾驶位。提醒对方系好安全带。

乘坐位置,了解尊卑次序同时尊重客人习惯。有时驾驶员后右侧为上位,左侧为次位,中间为第三位,前坐为第四位;主人开车时,驾驶座旁为上位。9 人座车以驾驶员右后侧为第一位,再左再右,以前后为序。试乘试驾乘坐位置如图 7-7 所示。

试乘试驾步骤:试起动——发动车辆的便利性,发动机怠速运转的静谧性;试起步——起步时车辆的平顺性;试提速——发动机与变速器的匹配、匀加速油门的响应性以及升挡时变速器的平顺性、快加速时加速踏板的响应性以及动力输出的连贯平顺性;试制动——紧急制动灵敏性;试转弯——入弯前制动的敏感度、过弯时转向系统的精确性、转向的灵活性、良好的操控性;试悬挂——减振性能、乘坐舒适性。

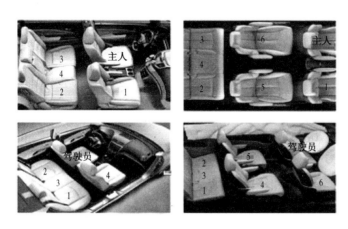

图 7-7　试乘试驾乘坐位置

在驾驶过程中,有两件事情需要注意:第一,要注意安全;第二,在驾驶过程中,适时提醒客户行驶的路线。并针对客户特别感兴趣的性能和配备再次加以说明,引导客户回忆美好的试驾体验。针对客户试驾时产生的疑虑,应立即给予合理和客观地说明。

下车礼仪:停稳车后,从车前端绕至客户座位边,轻轻打开车门,将手悬于客户头部上方,避免客户头部碰撞。待客户下车后轻轻关闭车门。

3. 试乘试驾后

在客户试驾结束后,必须将试驾车停放在展厅门口,并迅速邀请客户进入展厅。探讨试驾结论,请客户填写《试乘试驾客户意见反馈表》。客户填写完评估表后,可以适时赠送一些纪念品。

试车之后正是客户对汽车印象最深的时候,汽车销售人员应该抓住机会询问客户对试驾车的评价和看法,以判断对方的意向与喜好。客户对车型有问题或疑义,销售人员应该及时给予解答说明;客户对车型赞不绝口,喜爱之情溢于言表时,销售人员则可以趁热打铁,试探着向客户发出成交信号,即使客户拒绝了,销售人员也可以用张贴试驾评价的方式来吸引客户驻留,了解其他客户的试车意见,这样,无疑再次加深了客户对该款车型的印象和好感。试乘试驾客户意见反馈表见表7-2。

试乘试驾客户意见反馈表　　　　　　　　　　　　　　　　表7-2

序号	项　目	非常满意	满意	一般	不满意
1	试乘试驾的组织安排				
2	试乘试驾车辆清洁、清新程度				
3	试乘试驾线路是否能充分体验车辆性能				
4	动力性(车速、加速性能表现)				
5	制动性(制动距离、制动时转向盘稳定)				

续上表

序号	项 目		非常满意	满意	一般	不满意
6		操控性(高速时或转弯时平稳性)				
7	舒适性	转向盘转向轻便性				
8		行驶不平路面时车身稳定性				
9		车载设备的操作便捷性				
10		空调与音响的使用效果				
11		乘坐空间、座椅舒适性				
12		对试驾专员的试驾指导工作是否满意				
13		您对本次试乘试驾的总体评价				
客户建议						
感谢您的支持与配合！请在此处签署您的名字：						

7.1.6 交易谈判

试乘试驾之后,销售人员应及时引领客户进行下一个环节——交易谈判,解决客户疑问,寻求双方统一,促成交易。

异议是客户在购买产品的过程中产生的不明白的、不认同的、有疑义的、有顾虑的意见。存在于见面交谈、初步接触、产品介绍、试乘试驾以及销售促成等每一个环节。如果能准确地辨别并妥善处理这些异议,就可以及时消除客户的疑虑与顾忌,增强其购买的信心和欲望,最终促使客户做出购买决策。异议一般分为三种:价格方面、质量方面、竞品方面。

1. 客户的期望

在整个交易过程中,客户希望销售方做到诚实、可靠、透明、公平;交易能完全满足他们的需求;希望产品、质保、服务、与经销商的关系都是值得投资的;购买价格不高于任何其他客户。

2. 报价议价流程

报价方在接到询价方询问后,一般会以最快的速度进行报价。谈判是一种互动,双方努力从各种选择中找到一个能充分满足双方利益和期望而不致引起否决的方案作为共同决定。谈判没有所谓的输赢,只有比较符合谁的需求和利益成功的谈判,双方都没有损失。客户想付得越少越好,销售代表则想赚得越多越好。客户认为不讨价还价就会被销售代表欺骗。客户并不完全了解他将要购买的产品和服务的全部价值。那么,销售顾问需要准确把握价格商谈的时机。报价议价流程如图7-8所示。

3. 交易谈判技巧

上述提到,异议一般分为三种:价格方面、质量方面、竞品方面。下面我们分别对其展开介绍。

1) 价格方面

对价钱有异议,是所有异议中最常见的一种,推销员如果无法处理这种异议,十之八九,他的推销工作就要遭遇失败。

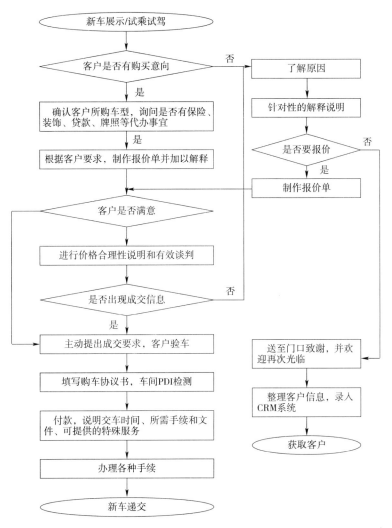

图 7-8　报价议价流程图

客户最常讲的话："这个价钱太贵了……"；"这种价钱,我负担不起……"；"你们有价格低一点的汽车吗……"；"再便宜五千吧……"；"我不要赠品,再降低点价钱……"等。

在客户要求折扣或者优惠时,汽车销售人员先不必忙于思考如何应对,而应该先确认客户对车型的满意程度如何。如果客户非常喜欢某款车型,那么几千元的优惠对客户的购买决策并不具有关键性的影响作用。客户越喜欢一款车,他们手中的谈判筹码就越少,价格上的砍价空间也越小。销售人员首先试探客户理想的"底价"以及对汽车的喜爱程度,在此基础上,一方面重点阐述汽车优越的动力性能,强调利益与价值,另一方面强调价格的真实性,并诚恳地做出"补偿差价"的承诺,让客户可以放心地做出购买决定。

现在几乎每一家汽车销售商对购车的客户都会送出价值不等的赠品礼包,例如,防盗器、挡泥板、脚垫、地胶、座椅套、贴膜、香水、导航、车险、汽车保养服务等,这些确实是客户在购车之后很可能购买或者必须购买的产品。但是,这类赠品很大一部分在质量上没有保证,在真实价格上不太透明,在售后上就更缺乏保障,因此,很多消费者对赠品都有抗拒心理,他们更愿意将赠品折换成实际的现金或折扣。也就是说,客户之所以拒绝赠品,在很大程度上是因为看不到赠品的实用价值与意义。汽车销售人员如果能够向客户讲明赠品的价格、价值、用途以及售后保障,并委婉地说明"赠品抵现金"是不可行的,那么大多数客户是能够接受赠品方案的。

技巧一:与什么样的客户谈价格

价格谈判不能太早进行,如果客户初次到访,销售人员就急急忙忙给出了最低价,这样做的意义不大,而且很容易为后续的洽谈带来麻烦,客户会拿这个最低价作为下次讨价还价的"起步价",所以说价格谈判是讲究时机的。此外,价格谈判还要讲究对象,例如,与销售人员相处友好,相谈甚欢的客户;能主动叫出销售人员名字的客户;确定好中意的汽车车型的客户;已经商谈到选车身颜色、交车期、上牌等细节问题的客户;试车体验非常满意的客户;已经在着手旧车处理的客户等,这类客户已经基本明确了购买意向,只剩下价格这个最后的障碍,当他们发起价格谈判时,销售人员可以直接"应战",不用逃避躲闪。

技巧二:价格谈判的注意事项

客户越来越专业化,越来越成熟,汽车销售人员在进行价格谈判时要注意以下几点:

(1)客户如果没有做出当场签单预订的承诺,销售人员不可进行实质性的价格谈判。

许多成熟、有经验的客户经常会一本正经地与销售人员砍价,当销售人员暴露底价后,客户会拿着这个底价去压其他经销商的价格。所以,销售人员在没有得到客户承诺之前,只需要报一个比较合理的价格即可,不要把底价报出来。

(2)客户提及其他竞争对手的价格时,销售人员一定要把这个报价问明白。

通过客户可以了解竞争对手的价格底牌,这在以后接待其他客户时是可以派上用场的。

(3)引导客户从价格回归价值。

很多客户在砍价时,其实是处于本末倒置的盲目状态的,他们忽视了长远的产品价值利益,而咬定小幅的价格优惠,因此,汽车销售人员可以引导客户从价格回归价值,只要客户能清醒地认识到产品的价值,销售人员再适当地给以小幅的让步,客户一般都会认可并接受。

最后的价格谈判最好在安静的环境下进行,一是为了避免谈价被打断,二是为了保证讨价还价不会影响到现场其他客户。

谈判归谈判,但谈判不是战争,不要伤感情。不少汽车销售人员都遇到过这样的情况,双方始终在价格上未形成统一,于是双方争个脸红脖子粗,最后导致销售失败。即使价格谈不拢,汽车销售人员也不能和客户闹僵,这样是极不理智的。

2)质量方面

这也是常见的一种异议,推销人员一定要先对产品有充分认识,然后才能用适当的、有利的理由消除客户的异议。

客户最常讲的话:"我不太想购买国产品牌车……";"我对你们车的质量不放心……";"听说这车很耗油……";"我不喜欢这车的外形……";"发动机不是原装进口的……"等。

随着国内外汽车厂商召回事件频频发生,汽车质量成为消费者选车时最为担忧的一个颇为严峻的问题。如果汽车销售人员所代表的品牌在近期恰恰发生过召回,客户难免会提出"你们刚刚召回了那么多车型,让我怎么相信你们的质量";即使销售人员代表的品牌没有发生过召回,客户也有可能会说"如今汽车的质量实在难以让人放心,大品牌都频频召回,你怎么保证你们以后不会发生这样的事呢"。因此,客户对产品质量的忧心和质疑,是大部分汽车销售人员必须学会面对的,如果不能有效地打消对方的疑虑,销售就很难取得进展。

(1)错误提醒。

错误一:质量疑虑与异议对客户选车购车的态度和心理有着至关重要的影响,因此,当客户提出此类异议时,汽车销售人员必须认真地、诚恳地给对方一个合理的答复,不能矢口否认、不能信口承诺、不能随便敷衍,也不能躲闪回避,更不能推卸责任。否则,不仅打消不了客户的疑虑,反而会令对方更加不信任。

错误二:"事不关己,高高挂起",这不是一名合格的汽车销售人员应该有的态度。当客户提到其他品牌甚至是竞争品牌的质量问题时,销售人员应该理性对待,不宜落井下石,幸灾乐祸。

(2)技巧展示。

技巧一:汽车质量问题已经不是单纯哪一家汽车厂商的问题,而是整个行业的问题。"一荣俱荣,一损俱损",客户在销售人员面前指出其他厂商的质量问题时,其实是在表达对整个汽车行业的担忧与质疑,因此,汽车销售人员非但不能附和客户,借机打击对手,反而应该想方设法让客户的负面评价和想法得到改观和扭转。

技巧二:世界上没有十全十美的企业,更没有十全十美的汽车,无论是企业,还是汽车产品,或多或少都是存在"硬伤"的,这样的"硬伤"直接影响到客户的购车决策,销售人员需要慎重处理。

在实景再现中,处理"召回"这一问题时,汽车销售人员的应对就是一种比较契合客户心理的方法:首先,坦承客户指出来的实际问题,诚恳地表达认同与理解;其次,引入一个案例故事,通过老客户的实例来表明"召回"并不意味着质量差,反而展现了企业勇于认错并且努力改进的态度,更加值得客户信赖;最后,主动邀请客户参与车友会活动,向老车主求证用车感受。通过这三步,汽车销售人员有力地说服了客户,有效地化解了疑虑和异议。

总的来说,可以将异议处理归纳为三段式:一句理解,一个故事,一个实证,见表7-3。

异 议 处 理 表7-3

一句理解	表示理解是为了与客户取得一致,先破解客户的对立情绪,与对方站到一条船上,让客户可以心平气和地听下面的解释
一个故事	生硬地和客户争辩不如给对方讲一个生动形象的故事来得实际。在关键时刻,较为感性的故事是破解客户疑虑和异议的最好武器。一个恰到好处的故事,可以让客户放下顾虑,迈向成交
一个实证	故事是一种感性的说服方式,而实证则是一种理性的说服,故事具有五成的说服力,而实证则能达到九到十成的说服力

3）竞品方面

对许多有经验的销售员来说,有竞争对手并不是一个严重的问题,只要你能向客户证明你的东西比别人的东西更好,你的对手就会被你击败。

客户最常讲的话:"那家店的车型跟您这儿的差不多,价钱可便宜多了……";"对面店的汽车品牌比你们还有名,都没你们卖得贵……"等。

竞品异议处理一般可以采用"ACE 法",即认可、比较、提升。①认可。认可客户的判断,承认竞品车型的优势,牢记客户需求,发现自身与竞争车型相比的其他优点。②比较。从对客户有意义、并对自身有利的方面进行比较,可供选择的方面有车辆配置、厂商声誉、经销商的服务、销售顾问的知识、第三方推荐、其他客户的评价。③提升。强调自身与竞品对手比较的优势,以及这些优势如何更适合客户所述的希望或需求、明确自身在竞品比较过程中的优势地位。

例 1:奔驰新 E 级显示屏比宝马 5 系要小……

论点:

认可:屏幕大小固然重要,但是屏幕也需要有合理的显示比例,能与空间协调一致。

比较:合适的显示比例,不仅符合视觉的习惯,而且有效面积更大。合适大小的显示屏兼顾了行车的安全性。

提升:奔驰的 COMAND 系统操作非常便捷。

例 2:宝马和奥迪都是 2.0T 发动机,奔驰却是 1.8T 发动机……

论点:

认可:衡量发动机的动力一方面看排量,关键是科技含量。

比较:奔驰的发动机比奥迪先进(这里必须列举各品牌发动机的功率数据作为论据:MB 83.33/BMW 80/Audi 66)。

提升:好的发动机要有好的变速器来匹配。

7.1.7 成交交车

经过艰苦地谈判,终于让客户觉得购买你的车对他来说是比较好的选择了。但是,很少会有人直截了当地说:"好吧,我买了!"而是用另外的方式表达出来。这就要求销售顾问必须懂得把握时机,实现成交。

1. 成交时机

当客户出现购买意愿时,客户的身体语言,语言语调会随之有所改变,并且会提出一系列的问题,我们把这种情形称为是客户的购买信号。销售顾问需时刻注意客户的表现,重视他发出的每一个信号。当论及颜色、内饰客户做出肯定答复,论及交车时间,论及售后服务、构件问题,论及订金、合同细节客户做出肯定表情时,这些就是客户愿意成交的信号。

2. 成交技巧

一个优秀的销售人员知道,若想成功地完成销售,关键是全面地了解目标客户的态度,以及他对于产品说明和成交试探的反应。这就要求销售人员选择使用最恰当的成交技巧,而不是直接询问目标客户是否愿意购买产品。

1）假设型成交

假设促成法是指当客户意向明显并且不存在重大的异议时,汽车销售人员先假设客户一定会购买,在此基础上与客户讨论一些具体的交易中或使用中的细节问题,从而推动客户购买的一种方法。销售人员假设目标客户将要购买,通过语言或无声的行动来表示这种感觉。例如,"假如你买车,你会选择蓝色还是灰色?"或"是用现金还是信用卡?"对老客户、熟客户,以及个性随和、依赖性强的客户比较适用。

2）二选一法

选择促成法是指汽车销售人员为客户提供几种可选择的方案,无论客户选了哪一种,都意味着对成交决定的默认。销售人员把最后决定集中到两点上,然后迫使客户从两者中挑选一种方案。选择促成法适用于缺乏决断力、性格优柔寡断的客户。

3）小点促进型成交

从无足轻重的小的方面开始,逐步使目标客户在更大的决定上点头。对有些目标客户来说,做出一个大的购买决定十分困难,而获得目标客户对一些较小问题的同意或允许则比较容易。这个技巧同样适用于没有购买意图的目标客户。在征求订单之前,销售人员就产品特性、外形、颜色、品质保修期、付款方式等方面向目标客户提出问题。

4）利益总结型成交

利益促成法是指汽车销售人员以汽车的价值和利益来打动客户,促使对方采取购买行为的方法,这是最常用的成交方式。销售人员以总结产品特点的主要优势及其给目标客户带来的好处来结束对产品的介绍。从根本上来说,客户购车是因为车子能满足自己的某些关键性的需求,所以,让客户不断地重温、体验车子的利益是引导成交的一种好方法。

5）供应压力型成交

供应压力型成交是指给目标客户施加一定的压力,让其现在购买而不拖延。销售人员暗示说很多人在购买这款汽车,以至于再晚一些,可能就买不到了,或者即使有库存,也不一定能满足目标客户的需求量。在使用这种方法时,销售人员必须非常小心,唯有当确信库存问题就要发生时,才能使用这种方法。尽管这种方法能够反映销售的真实情况,但它也不免会引起目标客户的猜疑,尤其是在销售人员的真诚及库存问题不是很明显的情况下。而且,如果库存问题不发生的话,那么目标客户就会对销售人员的职业道德产生疑问,给关系的建立及将来的销售造成很大的困难。

6）赞扬型成交

赞扬型成交特别适合那些自诩为专家、十分自负或情绪不佳的目标客户。这类客户比较乐于接受赞美的话、恭维可以使目标客户喜欢倾听和做出反应。

3. 诚悦交车

递交新车是一个让人心动的时刻,通过严格贯彻执行销售流程标准,使客户感觉到:销售员及所有的经销商工作人员都在分享他的欢乐与喜悦。通过热情、专业、规范的交车,来加深客户印象,提高客户满意度,并以此为机会发掘更多的销售机会让客户充分了解新车的操作和使用,以及后续保养服务事项。递交新车流程如图7-9所示。交车程序:进行准备工作、欢迎客户前来取车、带领客户参观维修部门、向客户展示车辆、有目的地进行试驾、核实检查单,然后将车交付客户。

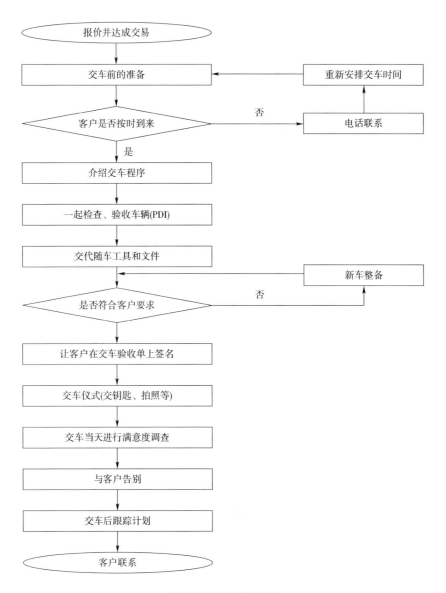

图 7-9 递交新车流程图

移交有关物品、文件:《用户手册》《保修手册》购车发票保险手续行驶证车辆钥匙等,并请客户确认。

新车交递时客户的焦虑与期望,焦虑包括:车不是处于完好状态、文件不齐全,交车时间长、销售顾问不能有效帮助车主熟悉车辆、销售过程中的承诺没有兑现、售后服务欠佳。期望有:油箱中装满油、车辆清洁完好、销售顾问对车辆使用、性能、保养做详细介绍、所提供的资料完整、售后服务保障完善、给客户讲一些平时用车或行车的小窍门。

附表《奇瑞汽车售车检查卡(PDI)》

销售商代码_____　　　　车型代码_____　　　　车架号码_____

生产日期_____　　　　外观颜色_____　　　　发动机号码_____

检查日期_____　　　　钥匙号码_____　　　　变速器号码_____

对各项检查结果做下标记"√"＝合格　"×"＝异常

外观与内部检查：
- □ 内部与外观缺陷
- □ 油漆、电镀部件和车内装饰
- □ 随车物品、工具、备胎、千斤顶使用说明书、随车钥匙
- □ 拆下车轮防波动和车身保护模

发动机部分检查：
- □ 发动机罩锁扣及铰链
- □ 电瓶电极
- □ 电解液高度
- □ 主地线
- □ 主保险及备用件
- □ 发动机油位
- □ 冷却液位及水质
- □ 助力转向液位
- □ A/T 油位
- □ 玻璃清洗液位
- □ 传动皮带的松紧状况(助力转向、发电机、压缩机)
- □ 加速踏板控制拉线(A/T 控制拉线)关闭发动机罩

操作与控制检查：
- □ 离合器踏板高度与自由行程
- □ 制动器踏板高度与自由行程
- □ 加速踏板
- □ 检查室内保险及备用件

把点火开关转至位置Ⅰ检查：
- □ 收音机调整
- □ 收音机/录音机/CD 机与天线

把点火开关转至位置Ⅱ检查：
- □ 所有警报灯的检查、发电机、驻车制动器、油压、制动故障、A/T 挡位显示器、ABS、SRS
- □ AT 起动保护器

起动发电机检查：
- □ 电瓶和起动机的工作及各警告灯显示情况
- □ 怠速
- □ 前部清洗器工作
- □ 前刮水器的工作
- □ 方向指示灯与自动解除
- □ 侧灯和牌照灯、大灯及远光(远光指示灯)
- □ 雾灯开关
- □ 制动灯和倒车灯
- □ 仪表灯和调光灯
- □ 喇叭
- □ 点烟器
- □ 天窗的操作
- □ 后窗除雾器与指示灯
- □ 各种挡位下空调系统性能(制冷、送风量)
- □ 循环开关
- □ 电动后视镜
- □ 时钟的设定及检查

关闭发动机检查：
- □ "未关灯"警告灯

关闭各灯检查：
- □ 转向盘自锁功能
- □ 驻车制动器调节
- □ 转向盘角度调整
- □ 遮阳板
- □ 中央门锁及遥控装置(警报)
- □ 室内照明灯
- □ 阅读照明灯
- □ 前后座椅安全带
- □ 座椅靠背角度、座椅调整
- □ 开启
- □ 行李舱灯
- □ 加油盖的开启及燃油牌号
- □ 行李舱盖(后车门)的关闭及锁定

打开所有的车门检查：
- □ 手动车窗
- □ 后门儿童锁
- □ 给锁/铰链加注润滑油
- □ 关闭车门检查安装情况
- □ 转向盘振动与位置
- □ A/T 挡位变化(升挡、降挡)
- □ 里程表行程读数及取消

最终检查：
- □ 冷却风扇
- □ 怠速/排放
- □ 燃油、发动机油、冷却液及废气的渗漏
- □ 热起动性能
- □ 用 ABS 检测仪检查 ABS 性能

支起汽车检查：
- □ 底部、发动机、制动器与燃油管路是否磨损或破损
- □ 悬加的固定与螺栓
- □ M/T 油位

降下汽车检查：
- □ 确认所有车轮螺母扭矩
- □ 轮胎压力标签

最终准备：
- □ 清洗车辆内外部
- □ 检查车内包括行李舱是否有水
- □ 轮胎压力(包括备胎)
- □ 工具与千斤顶

行驶试验检查：
- □ 驾驶性能
- □ 从内部、悬架及制动器发出的噪声
- □ 制动器及驻车制动器
- □ 转向盘自动回正

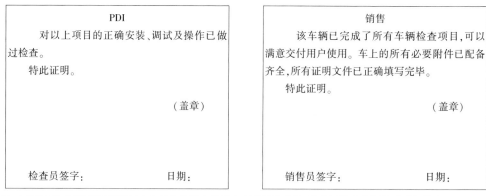

注：本"PDI检查单"所列的项目也许是您所检查的特定车型所没有的，为此请结合实际车型进行检查。

7.1.8 售后跟踪

一般人常以为把汽车卖出，销售已告完成，至于出售以后的事，便漠不关心了。像这样的销售行为，实际上是犯了最严重的错误，即忽略了售后服务，没有售后服务的销售，在客户的眼里，是没有信用的销售；没有售后服务的商品，是一种最没有保障的商品；而不能提供售后服务的销售员，也是最不能得到朋友的。

售后跟踪服务是销售的一部分，有远见的企业家和销售员，对于具有延续性销售作用的售后服务，更是不可掉以轻心。现在就让我们来讨论一下什么是售后服务，以及如何做好售后服务。

期望与客户保持长久关系，从而为公司赢得后市场的服务机会，从客户满意到客户忠诚，通过老客户的口碑来带来更多潜在客户。保持与客户联系流程图如图7-9所示。

销售顾问交车后，必须在48h内完成售后回访；以饱满、热情的态度进行跟踪回访，体现服务的延续。若新购车辆使用没有问题，则祝贺客户的正确选择。如，"您非常有眼光，选择公司品牌是明智之举"。若新购车辆使用有问题，耐心听取，做好记录，并积极与服务部门进行协调，督促尽早答复客户，并得到客户的认可，记录整个联系过程，并录入CRM系统中。

销售顾问交车后，必须在2~3周内完成售后二次回访；进行车辆使用方面的关怀；销售顾问于回访中适度运用123法则(1个客户、2个月之内、介绍3个潜在客户)；客服中心于销售顾问交车后，3~4周内完成售后回访关怀，并建立客户满意度记录；客服中心通过CRM系统中的客户报表进行推广潜力分析(即对需求、购买力及忠诚度等要素进行分析)，按照推广潜力的大小分成A、B、C三类客户群，并将其分析结果提供给销售主管，销售主管依据不同的客户群，来决定所采用的接触方式、时间间隔以及关注程度。

1. 商品售后服务

商品的售后服务含义甚广，凡与所销售商品有连带关系且有益于购买者的服务，均属于商品的售后服务。它包括商品信誉的维护和商品资料的提供两方面。

1) 商品信誉的维护

售后服务最主要的目的是维护商品的信誉，一项优良的商品，在销售时总是强调售后服务的,在类似或相同商品推销的竞争条件中,售后服务也常是客户取舍的重要因素。因此,商品的售后服务也就代表了商品的信誉。一般商品信誉的维护工作有下列各种:

(1)商品品质的保证。销售员在出售商品之后,为了使客户充分获得"购买的利益",他必须常常做些售后服务,这不只是对客户道义上的责任,也是维护本身商誉的必要行动。如专卖店出售了一辆汽车后,为了使这辆汽车能发挥正常的功能,就应该定期对其进行检查、维护和保养。

(2)服务中承诺的履行。任何销售员在说服客户购买的当时,必先强调与商品有关,甚至没有直接关联的服务,这些服务的承诺,对交易能否成交是极重要的因素,而如何切实地履行推销员所做的承诺则更为重要。往往有些销售人员在说服成交时,漫不经心地向客户提出了售后的某种服务,结果后来却忽略掉了,因此很容易与客户发生误会或不愉快,如此,客户岂会再度光临?

2)商品资料的提供

使客户了解商品的变动情况,是销售员的一种义务。在说服客户以前,销售员通常须将有关商品的简介、使用说明及各项文件资料递交客户参考,而在客户购买之后,却常疏于提供最新资料,这样是不妥的。

销售员要有个基本的认识,那就是开拓一位客户远不如维护一位客户来得重要,开拓客户在功能上是属于"治标",而真正能维持客户才算"治本"。维护客户的方法,除了使其产生对商品的信心之外,销售员能继续供给客户有关商品的最新资料,也是一项有力的售后服务。

2. 客户的维系

坦白说,对客户所做的售后服务就是想要做好维系客户的工作。就实质上的功能来看,优良的售后服务,无论是对销售员个人或是其销售商都是极为有益的。诚然,所谓客户的维系,是指汽车制造商、销售商及销售人员共同来维护客户。维护客户的具体方法如下:

1)感情联络

售后服务的绝大部分内容,实际上就是做与客户感情联络的工作,由交易而发生的人际关系,是一种很自然而融洽的关系,人常常因为买东西而与卖方成为朋友,销售员及其销售商同样因为与客户的交易促成了深厚的友谊,于是客户不但成为商品的受用者,而且也变成销售商的拥护者与销售员的好朋友。一般与客户感情联络的方法有:

(1)拜访。经常去拜访客户是很重要的事。拜访不一定非要推销,主要是让客户觉得销售员关心他,也愿意对所销售的商品负责。销售员的拜访不一定有任何目的,也许只是问好,也许是顺道而访。但在行动上有一个原则,那就是尽可能把拜访做得自然些,不要使客户觉得销售员的出现只是有意讨好,更不要因拜访对客户的生活造成干扰,这便失去了拜访的意义。

(2)书信电话联络。书信、电话都是联络感情的工具,我们在日常生活上用得很多。销售员利用书信的机会有很多,譬如,有些新的资料要送给客户时,可以书信方式附上便笺;客户个人、家庭及工作上有喜事出现时,致函示意;贺年、贺节、贺生日等,通常客户对销售员的函件会感到意外和喜悦。用电话与客户联络所发挥的效果也是不可忽视的,偶尔简短几句问候的电话,会使客户觉得很高兴,然而交谊性的电话,用词要适当,问话要得体,不能显得太陌生,也不能表现得太肉麻离谱。

(3) 赠送纪念品。赠送纪念品,是一种常见的招徕手法,有些销售商对其客户一直做着很周到的服务,一有什么纪念品立刻会赠送给老客户,纪念品的价值不一定很珍贵。以赠送纪念品这种方式可产生两种功能:一是满足人们的心理需求;二是可以借着它作为再次访问及探知情报的手段或借口,这是成功推销的捷径。

2) 情报搜集

情报搜集,可以说是售后服务的另一不明显的目的,许多精明的销售员利用各种售后服务与客户联系增加接触的机会,以达到其搜集情报的目的。因此也可以说,销售员应该把握任何一次售后服务的时机,尽量去发掘有价值的客户,或有益于销售的任何情报,现在让我们来谈谈售后服务中做情报搜集的要点:

(1) 了解客户背景。在与客户做感情联系时,无论何种场合,或是拜访当时,或于电话洽谈,或于办公室,或在任何其他场所碰面时,销售员都该技巧地询问或观察探知客户的背景,包括他的家庭背景、职业背景以及社会关系。关于客户的这些背景资料,销售员应该花功夫略加整理,如果接触对象次数多了以后,很可能找到有益于推销的线索。因此,对客户的背景了解越多,就越能把握客户,更何况经由客户的周围人士可得到意想不到的收获呢!

(2) 连锁销售。老客户可以成为销售员的义务"宣传员",一位以真诚热情打动客户的销售员,碰见一些热心而乐于助人的客户,往往一切事情的沟通都会进行得很顺利,因此,销售员要学会请客户连锁介绍,让老客户介绍新客户。

7.2 汽车售后服务流程

7.2.1 服务的概念

服务一般是指服务提供者通过提供必要的手段和方法,满足接受对象需求的过程。在这个过程中,服务的提供方通过运用各种必要的手段和方法,使接受服务对象的需求得到满足。

服务的基本特征表现为以下几点:

(1) 无形性。相对于实体货物而言,服务很少是可触摸的,纯服务中很少或没有货物,主要或全部由不可触摸的要素组成。

(2) 同时性。服务的生产与消费是无法分开的,也就是服务的生产与消费同时发生,也称为"生产与消费不可分性"。

(3) 可变性。服务的质量和水平与服务提供者、服务接受者和时间等因素密切相关,甚至随着这些因素而发生变动,因此服务比生产和货物的消费有更大的可变性。

(4) 不可存储性。服务是一种不能存储的客户体验和经历,它不像有形产品那样可放在仓库中存储。

7.2.2 汽车售后服务范畴

汽车售后服务是指将与汽车相关的要素同客户进行交互作用或由客户对其占有活动的集合。根据汽车在使用过程中服务的范围不同,汽车售后服务可分为广义的汽车售后服务和狭义的汽车售后服务两种。

狭义的汽车售后服务指从新车进入流通领域,直至其使用后回收报废的各个环节涉及的各类服务。它包括汽车营销服务(如销售、广告宣传、贷款与保险资讯等)以及整车出售后与汽车使用相关的服务(如维修保养、车内装饰、金融服务、车辆保险、"三包"索赔、二手车交易、废车回收、事故救援和汽车文化等)。

广义的汽车售后服务可延伸至原材料供应、产品开发、设计、质量控制、产品外包装设计以及市场调研等汽车生产领域。

我们通常所说的汽车售后服务,一般是指汽车在售出之后维修和保养所使用的零配件和服务,它包括汽车零配件销售、汽车修理服务和汽车美容养护三大类。

7.2.3 汽车售后服务的内涵

内涵一:汽车售后服务的目标是满足客户需求,实现客户满意。汽车售后服务的终极目标是实现客户满意。汽车售后服务的本质是服务,汽车售后服务的质量是汽车售后服务企业的生命。用户的满意程度反映了对汽车售后服务的认同程度,因此汽车售后服务以提高客户满意度为中心,突出服务质量。

内涵二:汽车售后的精髓是汽车售后服务系统的整合,一体化思想是其基本思想。汽车售后服务链是把整个汽车售后服务系统从原材料采购开始,经过生产过程和仓储、运输及配送到达用户,以及用户使用过程的整个过程看作是一条环环相扣的链,努力通过应用系统的、综合的、一体化的先进理念和先进管理技术,在错综复杂的市场关系中使汽车售后服务链不断延长,并通过市场机制使得整个社会的汽车售后服务网络实现系统总成本最小化。

内涵三:现代汽车售后服务的界定标志是信息技术。现代汽车售后服务与传统汽车售后服务的区别在于,现代汽车售后服务是以信息作为技术支撑来实现其整合功能的。现代汽车售后服务对信息技术的依赖达到了空前的程度,可以说现代信息技术是现代汽车售后服务的灵魂。现代汽车售后服务和信息技术融为一体,密不可分。

内涵四:现代汽车售后服务呈现出系统化、专业化、网络化、电子化和全球化的趋势。汽车售后服务系统化是系统科学在汽车售后服务中应用的结果。人们利用系统科学的思想和方法建立汽车售后服务体系,包括宏观汽车售后服务系统和微观汽车售后服务系统。从系统科学的角度看,汽车售后服务系统也是社会大系统的一部分。现代汽车售后服务从系统的角度统筹规划和整合各种与汽车售后服务相关的活动。现代汽车售后服务系统的运行过程是追求系统整体活动的最优化,不追求单个活动的最优化。

内涵五:可持续发展是现代汽车售后服务的重要内容。汽车行业的迅速发展,造成的最直接后果是汽车保有量的激增,使城市交通阻塞,噪声与尾气污染加重,对环境产生了较大的负面影响,增加了环境负担。现代汽车售后服务要从节能与环境保护的角度对汽车售后服务体系进行改进,不断提高汽车售后服务水平,促进经济的可持续发展。

"别克关怀"作为别克品牌的差异化竞争优势,遵循"比你还关心你"的理念,坚持由车及人始终如一的主动、热诚、全程透明服务。对于客户来说,买别克意味着买到"一流的服务和关怀",因此"别克关怀"的意义远远高于单纯的性价比之争。在已推出"听诊式预约""星月服务""别克关怀健康中心"每年4~6次免费检测等项目的基础上,"别克关怀"还频频采取保养、维修新举措,推出专业特色服务新项目。例如,针对高温酷暑天气开展发动机免费检测活动,在全国首推"菜单式保养"系列套餐项目,通过优化维修保养流程,让别克车用户真切体验到专业和快速的超值服务。在2004年度"全国50佳汽车经销商"评选中,有6家别克特许经销商荣登榜上,其生产厂也连续两年成为获奖经销商最多的汽车生产厂家。在消费者越来越成熟、理性以及对服务期望值越来越高的今天,"别克关怀"以先进的服务模式、便捷的服务网络、一流的服务水准赢得了广大消费者的口碑。

7.2.4 汽车售后服务流程

1. 岗位职责

汽车售后服务部门主要涉及售后服务部经理、售后前台主管、接车员、不同工种车间各组长、车间管理员质检员、维修工、车间调度员和工具管理员,具体岗位职责如下:

1)售后服务部经理职责

(1)在公司总经理的直接领导下,全面组织领导售后服务部的经营管理,工作对总经理负责,认真贯彻执行公司对售后工作制订的各项决议和经营方针,贯彻执行公司的各项规章制度,组织完成本部门工作标准规定的各项工作。

(2)车间工作计划的拟订、组织和具体实施,对生产设备及设施进行定期组织检查、维护,确定下属主管的分工及职责,全面掌握生产、经营、运作情况,合理调配人力、物力,努力完成生产、经营指标和工作计划,不断提高经营管理水平和经济效益。

(3)按照公司的发展目标,协助总经理编制公司的发展计划,发展战略和年度各项经营指标,拟定售后服务部的员工劳动工资、奖金、利润、分配方案。

(4)可建议调整售后部的组织机构、人员编制、员工的考核、员工的招聘、辞退、晋升、奖罚免职;定期做好员工的安全知识、安全驾驶、技术操作技能、业务知识的培训计划和实施。

(5)配合拟定公司的维修价格和处理事故纠纷的权限,并会同人事行政部有关人员协助解决;抓好安全生产,搞好环境保护,努力创建一流的公司品牌、一流的公司形象。

(6)要对生产的组织协调与计划完成负责,要对因组织管理不当而影响生产质量与生产效率或出现生产事故负责。

(7)每月定期向总经理汇报工作和上交各种反映经营情况的报表。

(8)协助前台接待大型事故的估价,了解核实信息员跟踪客户时发现的返修或影响车使用、安全问题等情况,并及时处理。跟踪服务质量、返修及填写意见处理表。检查督促及协助车间、前台的各项工作。

(9)呈报责任事故的经过、分析、处理报表给公司。

(10)每天督查维修车辆的进度、质量及清库情况,员工的安全作业情况。

(11)指导解决技术改造、革新或技术疑难问题。

(12)做好厂方的对应与联系工作。

2)售后前台主管职责

(1)树立良好的服务意识和敬业精神,服从上级的工作安排和组织工作落实。

(2)负责本部门的人员培训和管理工作。

(3)主动联系业务,多与车主沟通,要有开拓进取精神。

(4)自觉遵守和督导员工落实"前台接待人员工作职责"。

(5)与维修部和零件部共同协助,多做沟通,掌握好待修车辆的进度,及时与车主联系和反映。

(6)提供本部门的合理化改进建议,促进工作效率的提高。

(7)要随时掌握和适应市场变化,调整经营策略和管理结构,以争取更多的车主支持。

(8)及时、正确、灵活处理工作过程中的各种矛盾,尤其是公司效益与车主的利益关系。如遇到较难解决的问题,可请上级经理协助解决。

(9)协助接车员解决疑难的技术性问题和修车估价问题。

(10)核实档案信息的完整和确保资料的准确。

(11)电话跟踪高额修理客户离店一周后的情况,保证按广本有关规定,信息回馈合格率100%。

(12)负责质保制度的贯彻落实。

3)接车员职责

车辆维修前:

(1)及时引导待维修车辆停放服务接待处,请客户到休息室就座。认真执行接车程序:各部位有无异常情况,详细询问、认真检查客户需维修服务的项目。

(2)认真填写《维修工作单》,要求字迹工整、用语准确、内容清楚、详细明了。登记内容包括:客户单位、联系电话、客户姓名、施工单号码、车牌号码、车型、底盘号、发动机号、牌照号、千米数;认真填写初检结果及客户要求等。

(3)仔细套置好转向盘套、靠背套及脚垫。

上述准备工作完成后,将待维修车辆及《维修工作单》一并转交调度室,其中二联估价单由客户签名认可。

车辆维修中:

(1)前台有责任向客户详细介绍本公司的系列维修服务项目,及时征询客户的附加服务维修项目。

(2)若客户有增加维修服务项目的意向,前台人员要及时与维修人员联系。

(3)在维修过程中,如修理工检查出其他需修理的项目,前台人员应立即联系客户,反映情况及报价,得到客户认可后下达工作单给修理工。

(4)随时同修理部和零件部联系、协商,了解车辆的维修进展状况。

车辆维修后:

(1)当前台接收到修理部移交的《维修工作单》及车辆已竣工的通知后,要认真检查《维修工作单》上的维修项目及零件价格的落实情况,车辆的情况(包括内外卫生状况)。

(2)上述检查工作完毕确认无误后,将《维修工作单》立即转交结算处,并立即通知车主。

(3)认真做好车辆档案管理,负责及时与客户进行业务联系,并做好质量服务跟踪工作,及时将信息反馈给上级经理。做好每月的进厂车类、车数、价格、项目的统计工作。

4)不同工种车间各组长的职责

(1)组长是全组工作的负责人,是全组的技术骨干,在车间经理及主管的领导下进行工作,应带头遵守并监督员工遵守公司的各项规章制度,对全组工作负全面责任。

(2)负责组织本组的生产:接受、分配、交割生产工作任务;参与本组生产,指导本组其他人员进行作业;对维修作业质量、进度、安全、卫生实施监督;督促本组作业过程中的自检互检工作,并代表本组接受公司技术检查或上级检验。

(3)负责贯彻、传达公司各种行政指令,组织组员完成公司下达的临时性的任务。有权向上级提议对本组员工的表扬、奖励和处分意见,有权在本职工作范围内进行工作的改进。

(4)负责组织本组生产环境的文明建设,组织全组进行规范作业,开展质量、安全竞赛,搞好本组车间、工位的卫生(在适当时候或任务不足时可抓紧时间进行)。

(5)负责管理好本组的生产工具、设备和在本组工位上维修的车辆。

(6)应关心、留意组员的行为动态,及时帮助、开导、解决员工思想问题;应帮助组员提高业务技术水平;应办事公道。

(7)在工作中应采取积极合作、配合的态度,除了完成本职工作外,还要积极帮助车间的同事,互相合作,共同完成公司交给的各项工作。

5)车间管理员职责

(1)根据售后服务部下达的维修项目、技术指标、目的要求,编制车间的生产计划安排,严格掌握各班组的生产进度,保证按时、保质完成生产维修任务。

(2)严格遵守操作规程,注意做好防火安全措施;除吸烟区外其他地方一律不准吸烟;按照车间及各班组定员,合理安排生产,加强调控,加强管理;经常开展班组竞赛,努力挖掘劳动潜力,不断提高劳动生产率,合理抓紧时间,抓好加班工作。

(3)建立健全各种原始记录,做好各种资料的统计管理工作。认真搞好班组和车间经济核算。定期召开车间生产技术分析会和质量分析会。

(4)认真落实、检查、督促班组贯彻遵守岗位责任制、工艺操作规程,保证安全生产。

(5)做好员工思想教育工作,教育员工遵守企业规章制度及劳动纪律,遵守员工守则。教育员工要有品牌店的服务意识,认真抓好服务的质量效能、速度。

(6)做好设备日常维护、保养工作,充分发挥设备效能,及时分析生产故障原因,预防、杜绝事故发生。

(7)搞好车间、班组环境卫生,责任落实到个人,搞好文明生产。

(8)负责进厂车辆在各组维修的清库统计上报(即小修、一、二保应在当天竣工离开班组车库)。

6)质检员职责

(1)质检员负责实施公司的质量目标,对维修车辆的质量负重要责任。

(2)对维修车辆所需操作工艺,应由质检员认可后方能由相关维修人员操作。

(3)质检员对维修工所进行的操作过程应仔细检验,认真填写过程检验单,发现不正确的操作方法后,必须马上责令维修工改正。对零部件的检验,应依据有关维修标准严格把关,对已达"使用极限"或"大修极限"的零部件,应与车主联系,通知维修工更换,消除隐患于萌芽之中。

(4)质检员对维修工所提出的问题应与接车员协商后迅速找出解决方法,尽量避免对维修进度及质量有影响的问题出现。

(5)质检员对钣金工已完成的工作应仔细检验是否达到质量标准才交给其他组去完成下一工序。如他组员工提出钣金有凹凸不平、扭、偏、不光滑、按派工单所要求拆下而不拆等问题,应立即要求钣金返工并追究相关人员责任。

(6)质检员对喷漆完工的车辆应仔细检验。如发现有沙眼、水泡、皱纹及颜色不符坚决不能出厂,并追究相关人员的责任。

(7)质检员对竣工车辆应严格检验、把关,认真审查,确保竣工车辆符合出厂标准。对发现质量问题的,必须迅速解决并追究相关人员的责任。

(8)质检员对需试车的车辆要小心谨慎操作,确定车辆及人员的安全保障后进行试车。试车所得数据及车况反映给维修人员,并协助维修人员做出分析,解决问题。

(9)质检员在对维修竣工车辆确定其符合国家及行业标准后,应如实签发竣工检验单及出厂合格证。

(10)质检员必须对接车员或客户详细阐明车辆维修流程及相关检验方法,并告知竣工后使用所需注意事项,并依据维修内容及车况确定其质量保证期。

(11)质检员对于每一辆进厂维修车辆均应督促接车员进行质量跟踪,并及时分析情况,保证维修质量,切实为客户服务。

7)维修工职责

(1)贯彻国家有关的维修原则,即预防为主,强制维护,定期检测,视情节修理。

(2)维修工对所维修车辆应小心爱护,工作时注意车辆的外观及油漆,三件套及护罩应全部齐全。

(3)维修工不得随意驾驶车辆。施工期间,除因工作需要外,其余人员一律不准擅自进入待修车的车厢内打开音响或空调。否则,给予罚款处理。

(4)维修工不得使用车辆内部物品及随车工具,更不准占为己有。不准放车上燃料(如汽油、柴油)、清洗工具等。

(5)维修工对车辆维修时,必须严格按照广州本田汽车公司所要求的流程操作,某些工艺必须使用专用工具,不得野蛮操作,切实保证维修质量。对某些高科技含量的电气(如安全气囊,电脑)更应谨慎操作。如违规损坏,要按售价赔偿。

(6)在维修过程中,维修人员对上一段维修工序应做出认真检验,对有疑问或有错误的地方及时向车间主任或质检员反映,保证工艺流程的顺畅和维修质量。

(7)维修工在对车辆维修时应真实填写维修工作记录,详细记录操作内容及方法。

(8)维修工应按照派工单上所列项目进行维修工作,对于工作中遇到的其他问题(如发现有追加修理项目等),应及时向接车员反映,待接车员与客户商讨后,再确定解决方法。

(9)驾驶人员将车辆开进举升机或检测线上时,维修工应从旁边指引、协助。

(10)工作时必须保持汽车内外清洁,做到:"零件、工具、油污三不落地",维护工作区的整齐清洁,保持良好工作状况,注意生产安全。

(11)按上级指示,必须尽力完成生产任务,努力提高自身的技术水平,辅导在职训练或辅导助手与新聘员工(学徒工)。

(12)注意作业安全,严守操作规程:①升降机在工作(升或降)或车辆在起动中,严禁进入作业,机头作业要防烫,千斤顶与物件避免硬性接触,且安全有效,车底作业,严防车滑溜;②拆卸、拧紧关键部位的螺钉(如缸盖、曲轴等)应符合规定的顺序和力矩。

8)车间调度员职责

(1)做好前台和修理部的"桥梁",督促跟进和实施车辆的维修完成情况,服从并协助维修主管的工作。生产调度管理要起到车间主管的得力助手的作用。

(2)合理安排工作细节,下派工单要求修理范围清楚,工期明确、不厚此薄彼,不搞派系。

(3)关心师傅,了解员工的技术水平,合理分配相应工作。

(4)协调对车间的管理,工区卫生,设备保养,修车质量等工作。

(5)督促检查工人的工作质量,发现问题及时纠正,协调各维修环节,保质、保量、保时的完成各项维修工作。

(6)出现事故及时上报,及时解决,避免事故的扩大,以免造成更大的损失,认真完成上级分配的各项工作。

(7)根据送修客户对维修停厂车日(时)的需求及作业量,结合各班组的生产实际,合理安排作业施工。生产盈缺,调剂有序。

9)工具管理员职责

(1)遵守公司的各项规章制度。

(2)工具室是公司专门管理工具及专用维修设备的部门。室内除管理人员外,其余人员不得入内。

(3)工具管理人员要认真负责,遵守公司工具管理制度,做好工具的保管、清洁等管理工作。

(4)建立健全工具管理总账,设立工具管理员分账,临时借用工具管理登记,各种账卡要求数据准确,项目清楚,增减及时,传递方便。

(5)维修工人领用工具须履行借用手续后方可放出。

(6)维修人员所借常用工具要精心保管,不得丢失、损坏,工具管理员要定期抽检,发现丢失,责任当事人写出检查并报有关负责人和财务部,将按有关规定进行罚款和赔偿。

(7)工具保管员不得将工具私自向公司外部借出,如经发现,按盗窃论处。

(8)维修人员因违反操作规程损坏工具,保管员应立即与有关负责人联系,做出处理意见,并上报有关部门,否则视为保管不当,予以同样处罚。

(9)严格执行工具、量具使用年限的规定,对于个人使用的维修工具、量具,应按时发放(发放新件同时收回旧件,不能逾期不发或未到期提前发)。

2.售后服务流程

汽车售后服务流程如图7-10所示。

1）预约接待准备

（1）接待准备。

①服务顾问按规范要求检查仪容、仪表（着装、仪表修饰、工服工牌、精气神）。

②准备好必要的表单、工具、材料。

③环境维护及清洁。

（2）迎接客户。

①主动迎接，并引导客户停车。

②使用标准问候语言。

③恰当称呼客户。

④注意接待顺序。

（3）环车检查。

①安装三件套。

②基本信息登录。（图7-11）

③环车检查。

（4）详细、准确填写接车登记表。

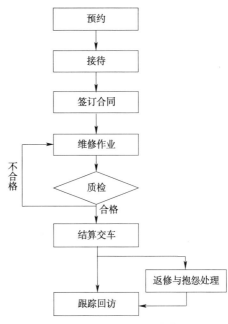

图 7-10 售后服务流程八部曲

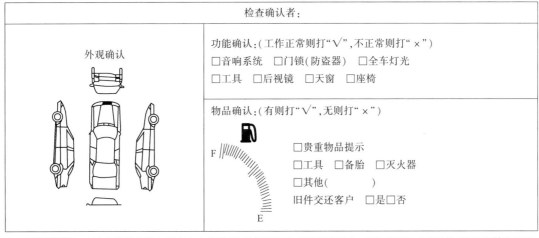

检测费说明：本次检测的故障如客户在本店维修，检测费包含在修理费用内，如客户不在本店维修，请您支付检测费，本次检测费：¥_____元，贵重物品：在将车辆交给我店检查修理前，已提示将车内贵重物品自行收起并保好好，如有遗失恕不负责。

业务接待：_____　　　　　　　　　　　　　　　　　　　　　　　　　　客户确认：_____

车牌号：_____	行驶里程：_____（km）	车架号：_____
客户姓名：_____	电话：_____	来店时间：_____
客户陈述及故障发生时的状况：		
故障发生状态提示：行驶速度、发动机状态、发生频率、发生时间、部位、天气、路面状况、声音描述		

图 7-11

接车员检测确认建议：
检测确认结果及主要故障零部件：

图 7-11　售后服务车辆登记

（5）现场问诊。

了解客户关心的问题，询问客户的来意，仔细倾听客户的要求及对车辆故障的描述。

（6）故障确认。

①可以立即确定故障的，根据质量担保规定，向客户说明车辆的维修项目和客户的需求是否属于质量担保范围内。

如果当时很难确定是否属于质量担保范围，应向客户说明原因，待进一步进行诊断后做出结论。如仍无法断定，将情况上报公司服务部待批准后做出结论。

②不能立即确定故障的，向客户解释须经全面仔细检查后才能确定。

（7）获得、核实客户车辆信息。

①向客户取得行驶证及车辆保养手册。

②引导客户到接待前台，请客户坐下。

（8）确认备品供应情况。

查询备品库存，确定是否有所需备品。

（9）估算备品/工时费用。

①查看 DMS 系统内客户服务档案，以判断车辆是否还有其他可推荐的维修项目。

②尽量准确地对维修费用进行估算，并将维修费用按工时费和备品费进行细化。

③将所有项目及所需备品录入 DMS 系统。

④如不能确定故障的，告知客户待检查结果出来后，再给出详细费用。

（10）预估完工时间。

根据对维修项目所需工时的估计及店内实际情况预估出完工时间。

（11）制作任务委托书。

①询问并向客户说明公司接受的付费方式。

②说明交车程序，询问客户旧件处理方式。

③询问客户是否接受免费洗车服务。

④将以上信息录入 DMS 系统。

⑤告诉客户在维修过程中如果发现新的维修项目会及时与其联系，在客户同意并授权后才会进行维修。

⑥印制任务委托书，就任务委托书向客户解释，并请客户签字确认。

⑦将接车登记表、任务委托书客户联交给客户。

(12)安排客户休息。

客户在销售服务中心等待。

2)作业管理

(1)服务顾问与车间主管交接。

①服务顾问将车辆开至待修区,将车辆钥匙、《任务委托书》和《接车登记表》交给车间主管。

②依《任务委托书》和《接车登记表》与车间主管进行车辆交接。

③向车间主管交代作业内容。

④向车间主管说明交车时间要求及其他需注意事项。

(2)车间主管向班组长派工。

①车间主管确定派工优先度。

②车间主管根据各班组的技术能力及工作状况,向班组派工。

(3)实施维修作业。

①班组接到任务后,根据《接车登记表》对车辆进行验收。

②确认故障现象,必要时试车。

③根据《任务委托书》上的工作内容,进行维修或诊断。

④维修技师凭《任务委托书》领料,并在出库单上签字。

⑤非工作需要不得进入车内、不能开动客户车上的电气设备。

⑥对于客户留在车内的物品,维修技师应小心地加以保护,非工作需要严禁触动,因工作需要触动时,要通知服务顾问以征得客户的同意。

(4)作业过程中存在的问题。

①作业进度发生变化时,维修技师必须及时报告车间主管及服务顾问,以便服务顾问及时与客户联系,取得客户谅解或认可。

②作业项目发生变化时——增项处理。

(5)自检及班组长检验。

①维修技师作业完成后,先进行自检。

②自检完成后,交班组长检验。

③检查合格后,班组长在《任务委托书》上写下车辆维修建议、注意事项等,并签名。

④交质检员或技术总监进行质量检验。

(6)总检。

质检员或技术总监进行100%总检。

(7)车辆清洗。

①总检合格后,若客户接受免费洗车服务,将车辆开至洗车工位,同时通知车间主管及服务顾问,车已开始清洗。

②清洗车辆外观,必须确保不出现漆面划伤、外力压陷等情况。

③彻底清洗驾驶室、行李舱、发动机舱等部位。烟灰缸、地毯、仪表等部位的灰尘都要清理干净,注意保护车内物品。

④清洁后将车辆停放到竣工停车区,车辆摆放整齐,车头朝向出口方向。

3）交车服务

（1）通知服务顾问准备交车。

①将车钥匙、《任务委托书》《接车登记表》等物品移交车间主管,并通知服务顾问车辆已修完。

②通知服务顾问停车位置。

（2）服务顾问内部交车。

①检查《任务委托书》以确保客户委托的所有维修保养项目的书面记录都已完成,并由质检员签字。

②实车核对《任务委托书》以确保客户委托的所有维修保养项目在车辆上都已完成。

③确认故障已消除,必要时试车。

④确认从车辆上更换下来的旧件。

⑤确认车辆内外清洁度(包括无灰尘、油污、油脂)。

⑥其他检查:除车辆外观外,不遗留抹布、工具、螺母、螺栓等。

（3）通知客户,约定交车。

①检查完成后,立即与客户取得联系,告知车已修好。

②与客户约定交车时间。

③大修车、事故车等不要在高峰时间交车。

（4）陪同客户验车。

①服务顾问陪同客户查看车辆的维修保养情况,依据《任务委托书》及《接车登记表》,实车向客户说明。

②向客户展示更换下来的旧件。

③说明车辆维修建议及车辆使用注意事项。

④提醒客户下次保养的时间和里程。

⑤说明备胎、随车工具已检查及说明检查结果。

⑥向客户说明、展示车辆内外已清洁干净。

⑦告知客户3日内销售服务中心将对客户进行服务质量跟踪电话回访,询问客户方便接听电话的时间。

⑧当客户的面取下三件套,放于回收装置中。

（5）制作结算单。

①引导客户到服务接待前台,请客户坐下。

②打印出车辆维修结算单及出门证。

（6）向客户说明有关注意事项。

①根据《任务委托书》上的"建议维修项目"向客户说明这些工作是被推荐的,并记录在车辆维修结算单上。特别是有关安全的建议维修项目,要向客户说明必须维修的原因及不修复可能带来的严重后果。若客户不同意修复,要请客户注明并签字。

②对保养手册上的记录进行说明(如果有)。

③对于首保客户,说明首次保养是免费的保养项目,并简要介绍质量担保规定和定期维护保养的重要性。

④将下次保养的时间和里程记录在车辆维修结算单上,并提醒客户留意。
⑤告知客户会在下次保养到期前提醒、预约客户来店保养。
⑥与客户确认方便接听服务质量跟踪电话的时间并记录在车辆维修结算单上。
(7)解释费用。
①依车辆维修结算单,向客户解释收费情况。
②请客户在结算单上签字确认。
(8)服务顾问陪同客户结账。
①服务顾问陪同自费客户到收银台结账。
②结算员将结算单、发票等叠好,注意收费金额朝外。
③将找回的零钱及出门证放在叠好的发票等上面,双手递给客户。
④收银员感谢客户的光临,与客户道别。
(9)服务顾问将资料交还客户。
①服务顾问将车钥匙、行驶证、保养手册等相关物品交还给客户。
②将能够随时与服务顾问取得联系的方式(电话号码等)告诉客户。
③询问客户是否还有其他服务。
(10)送客户离开。
送别客户并对客户的惠顾表示感谢。
4)跟踪服务
定期的回访和群信、电话的问候既是一个售后服务,一方面也是促使其二次消费。即使达不到二次销售的目的,至少客户会对你的汽修厂或者你厂里的某个员工加深印象,客户的满意度也会提升。这样下次如果需要修车、保养,甚至他的亲戚朋友需要,他第一时间会想到你们汽修厂的。

7.3 汽车配件管理

德国大众有句名言:"第一批车是销售人员卖出的,而后的车是由良好的服务卖出的。"汽车是一经使用就需要终身服务的耐用消费品,售后服务对产品的附加值最大、对品牌价值的贡献度最大、在市场竞争中的权重也最大。而汽车配件在售后服务中具有决定性的作用,没有良好的配件供应就没有优质的售后服务。甚至可以说,配件供应是售后服务的"脊梁"。同时,配件也是售后服务利润的源泉之一。

7.3.1 相关术语定义

1. 总成

由数个零件、数个分总成或它们之间的任意组合而构成一定装配级别或某一功能形式的组合体,具有装配分解特性。

2. 分总成

由两个或多个零件与子总成一起采用装配工序组合而成,对总成有隶属装配级别关系。

3. 子总成

由两个或多个零件经装配工序组合加工而成,对总成有隶属装配级别关系。

4. 零件

不采用装配工序制成的单一成品、单个制件。或由两个及两个以上连在一起具有规定功能,通常不能再分解的(如含油轴承、电容器等外购小总成)制件。

5. 零部件号

零部件号指汽车零部件实物的编号,也包括为了技术、制造、管理需要而虚拟的产品号和管理号。

7.3.2 产品零部件编码

1. 一般产品零部件代码的组成

一般产品零部件包括除发动机、变速器外所有自行设计和联合设计的各类汽车产品、总成、零部件,其中它的代码由两部分组成,全码为十二位,形式见表7-4。

产品零部件编码　　　　　　　　　　　表7-4

	国家汽车产品零部件编码部分							企业自定编码部分				
位数	1	2	3	4	5	6	7	8	9	10	11	12
符号	○	○	○	○	○	○	○	□	○	○	○	△
项目	组号		分组号		零件顺序号			产品大类	产品序列号			变动部分

1)第1~7位代码

第1~7位代码为国家汽车产品零部件编码部分,表示零部件的组号、分组号、零件顺序号,等效采用QC/T265《汽车产品零部件编号规则》的规定。

(1)组号。表示汽车各功能系统的分类顺序号,用两位数字表示汽车各功能系统内分系统的分类代号。若现有分组号不能满足产品设计要求需增加分组号时,应与公司标准化部门协商给定。

(2)分组号。表示功能系统内分系统的分类顺序,用四位数字表示总成和总成装置的分类代号。前两位数字代表它所隶属的组号,后两位数字代表它在该组内的顺序号。

(3)零件顺序号。用三位数字表示功能系统内总成、分总成、子总成、零件等顺序代号。表述应符合下列规则:

①总成的零件顺序号第三位应为0。

②零件的零件顺序号第三位不得为0。

其中当零件顺序号的三位数字为001~009编号时,本文件编号表示功能图、供应商图、装置图、原理图、布置图、系统图等,或者是为了技术、制造和管理而编制的产品号和管理号。

编码举例:

①1001001　　　　　　发动机支撑装置。

②1703001 变速器换挡操纵装置。

2) 第8~12位代码

第8~12位代码为企业自定编码部分。

(1) 第8位代码。第8位代码表示产品大类用一位大写英文字母表示,划分标准编号。

(2) 第9、10、11位代码。第9、10、11位代码(发动机、变速器产品除外)表示同一产品大类中的结构特征、主要技术参数及主配置的不同,划分产品分类的序列号,用三位0……9的数字顺序表示。产品发生下列任一变化时,产品的序列号即发生变化:

①结构特征:驾驶室型式、车架型式、车身及其承载方式、发动机布置型式、驱动型式、悬架类型、燃料类型、特殊用途。

②主要技术参数:外形尺寸、轴距、后轮距、后悬、质量参数。

③主配置:发动机、变速器、桥、后桥。

2. 发动机、变速器产品代码的组成

发动机、变速器产品代码的组成见表7-5。

发动机产品零部件编码　　　　　　　　　　表7-5

国家汽车产品零部件编码部分							企业自定编码部分				
位数	1	2	3	4	5	6	7	8	9	10	11	12
符号	○	○	○	○	○	○	○	□	□	○	○	△
项目	组号		分组号		零件顺序号			产品大类	特征代号	产品序列号		变动部分

编码举例:

(1) 1004001GA000 为 HFC4GA1 汽油发动机、排量2.35L、纵置第一次设计序列号。

(2) 1004001GA010 为 HFC4GA1 汽油发动机、排量2.35L、纵置与第一次设计有不同的特征的机型。

(3) 1004102GB010 为 HFC4GA1-1 汽油发动机、排量2.4L、横置与第一次设计有明显不同的特征。

3. 产品、总成、分组总成编码

产品、总成、分组装置编码用12位代码表示。同一产品的总成、分组装置8~11位的企业自定编码采用全相关编码原则。

7.3.3 汽车配件的分类

1. 按照配件的使用性质

(1) 消耗件:指汽车运行中,自然老化、失效和到期必须更换的零件。如皮带、胶管、密封垫、电器零件的断电器、灯泡、各种滤芯、轮胎、蓄电池等。

(2) 易损件:指在汽车运行中自然磨损而失效的零件,如轴瓦、活塞环、缸套、气门、主销及衬套、制动蹄片、各种油封等。

(3) 维修件:指汽车在一事实上运行周期必须更换的零件。如各种轴、齿轮、各类运动件的紧固件及在一定使用寿命中必须更换的零件(如转向节、半轴套管等)。

(4)基础件:指组成汽车的一些主要总成零件,价值较高,原则上属于全寿命零件。通常应予修复,现在也可以更换新件,如缸体、缸盖、车架、桥壳、变速器壳等。

(5)肇事件:指汽车肇事易损坏的零件,如前梁、车身覆盖件,驾驶室、灯具车身玻璃、传动轴、水箱等。

(6)标准件:指按国家标准设计与制造的,具有通用、互换性的零件,如皮带、螺栓、螺母、灯泡、轴承、销键等。

(7)车身覆盖件:指由板材冲压,焊接成形,并覆汽车车身的零件,如零散热器罩,发动机罩、翼子板等。

2. 按照汽车零件的供应商源头

1)原产零件

所谓原产零件,指的是由原始设备制造商业厂商完全按照汽车制造厂规定的标准和要求生产的专供汽车制造厂用于维修替换用途的零件产品。这些产品符合原厂规定的标准,有原厂商标、原厂零件号码(有时也有OEM厂商的商标)、原厂的包装。这些产品一般通过汽车制造厂的特约经销商或者特约服务店供应。

2)适用零件

不是由原厂提供但可以与相对应的原厂零件应用于同样的车型,这样的零件我们叫适用件。它的情况有些复杂,通常分为两种情况。

(1)ORP件。ORP件(Original Replacement Parts),"ORP"的中文意思是"完全以原厂规格制造的零部件"。ORP件是由原OEM厂制造,除了没有原厂的商标、原厂零件号码外,在制造原料、技术、质量上和原厂零件没有任何差别。这些零件通过OEM厂自己的经销渠道向市场供应。

(2)AS件。AS是Aftermarket Service的缩写,中文意思是"维修市场件"。一种是由OEM厂制造的AS件,某些OEM厂商为了扩大自己产品在汽车维修市场的份额,完全按照自己的标准生产的汽车零件产品,通过自己的渠道向市场供应。另一种是由非OEM厂制造的AS件,也是通过自己的渠道向市场供应。

3. 其他配件

1)汽车运行材料

汽车运行材料包括燃料(汽油、柴油)、润滑油、润滑脂、制动液、冷却液、传动液等。

2)汽车维修材料

汽车维修材料包括轮胎修补材料、车身车面修补材料、胶黏剂、标准件以及其他非金属材料等。

3)汽车用品

汽车用品包括汽车养护用品、汽车装修用品、汽车音响用品及其他汽车外设功能用品。

7.3.4　汽车配件库存管理

库存是解决车辆维修保养时因配件时空矛盾所必需的。它维持服务与销售的稳定,应对市场的变化和用户的需求。配件库存管理的好坏体现出4S店的服务能力、服务质量和资金的运作水平,也关系着客户满意度的高低。

1. 入库管理

1)备件到货验收

(1)核对备件的到货种类和数量与到货清单上的种类和数量是否一致,如果不一致,必须认真登记,及时与供货商沟通,查明原因解决问题。

(2)核对计划单、订单与到货清单、发票等计量单位、数量、金额是否准确无误,发现问题必须及时与供货商沟通,查明原因并解决。

(3)检验是否有损坏的零件,如果有损坏的零件,及时与供货商进行沟通,待沟通同意后,对该批零件进行索赔处理。

2)记录工作

(1)在备件外包装上标注入库日期(方法不限),以便在出库时做到"先进先出"。

(2)对于安全件,认真填写"安全数据表"和"安全件清单"。

3)办理入库手续

(1)入库操作时,一定要认真核对供货商名称、配件编码、配件名称、计量单位、入库数量和金额,确保与到货清单、采购发票等完全一致。

(2)办理备件入库时,必须认真核对备件对应的货位码,对于没有货位码的备件应及时处理,按照备件摆放要求编制货位码。

(3)将零件按货位码正确摆放在货架上,在对应的"进销存卡"上进行登记,同时录入售后系统,对新编货位码配件,必须及时将新编货位码录入系统,及时完成系统的到货确认。

(4)打印"备件采购入库单"后,再次核对实物、发票(或到货清单)、存放货位等是否一致。

(5)对每批到货备件完成入库操作后,必须妥善保存所有单据,在规定时间内统一交予财务签收。

(6)所有备件到货必须立即办理验收入库,未办理入库前一律不允许出库。

(7)属配件部管理的所有配件、材料、辅料等,均必须在售后系统中办理入库;仓库不得出现任何系统之外的账外物资。

(8)零件办理入库后,配件部应及时更新订货看板,将到货信息有效通知到订货部门、订货人员,确保及时通知服务顾问或待料班组。

2. 库存管理

(1)配件库房采用科学分区管理,对危险品如空调制冷剂,要相对独立存放,避免太阳直射,注意防止泄漏。

(2)货架的每个货位必须全部带有货位码,并且与系统货位码一一准确对应,货位要正,货位的编制可参考以下要求。

①按周转率的快慢来排列:将周转快的靠近出入口,周转慢的远离出入口。

②按相关性和同一性原则来分配,经常被同时取走的物品放置在一起,以缩短拣选

时间。

③按重量来划分储位,将重的物品保管在地面上或货架的下层,重量轻的物品保管在货架上层。

④按物品特性来划分储位,将危险物品放在一起,易污染物品放在一起,小件放在一起等。

⑤体积大的配件如不能上架,可在仓库内临时编制货位落地存放,但必须使用托盘或货架等设备,保证配件不与地面直接接触。

⑥采用 FIFO,即先进先出原则。

3. 出库管理

(1)备件领料分为客户付费维修领料、厂家索赔维修领料、保险理赔维修领料三种情况。备件出库前必须确认领料单据的有效性。

(2)在备件对外销售时,备件出库员打印"配件销售单",客户凭"配件销售单"到前台结算付款,备件出库应按经结算员确认收到款项的"配件销售单"打印领料单进行发料。

(3)打印领料单前,必须认真核对,确认货位码、配件编码、名称、数量、适用车型等信息是否与需求完全一致,杜绝出库备件名实不符。

(4)对于应该交旧领新的备件,库管员在确认旧件已回收后,根据领料单上的内容进行发货。

(5)发货时必须先通过系统打印领料单,再由发货人和领料单人共同验货、清点、确认名实相符、数量正确、质量合格后在领料单上签字确认。不允许先发出配件,事后补办领料手续。

(6)库管员发货时,应根据入库日期按照先进先出的原则进行操作。

7.4 信息反馈

1. 信息反馈概念

4S 汽车店中的信息反馈是指定期回访客户,了解客户的心理及需求,倾听客户的意见,认真做好记录,建立客户档案,可为经销商带来新的商机。

2. 信息反馈的内容

(1)新车销售使用情况反馈:销售后 3 天进行回访,主要针对车辆使用状况调查。

(2)汽车维修保养提醒:主要针对即将达到保养时间的提醒。

(3)汽车维修保养情况反馈:汽车维修后 3 天进行回访,主要针对车辆保养过程中的准时性、配件的价格等进行调查。

信息反馈通常会采取电话回访,电话回访需要注意以下问题:

(1)注意自己的音质。语音清晰优美,悦耳动听,往往给客户赏心悦目的感觉,这样的电话,客户会耐心地听下去。而冷冰冰的声音,模糊不清的声音往往会失去客户。做到语音清晰,就是保持嘴与话筒之间的距离。一般来讲距离 10cm 为宜,说话声音小的人可以小于 10cm,否则应大于 10cm。习惯大声大气讲话的人打电话时要有意识地把音量降低一些,但是说话声音小的人不要勉强大声说话,应尽量离话筒近一点,切忌大喊大叫似的和对方通话。同样,除非讲秘密的事情,否则不要用特别小的声音打电话。

(2)传递给客户的情绪要饱满热情,充满关切。一方面,打电话前要求充分调动积极的情绪,不要在情绪低落时打电话;另一方面,如果声音太低或离话筒太近,以及说话没有感情,没有抑扬顿挫的节奏,客户也会有冷冰冰的感觉。

(3)说话语速尽量放慢,语气温和。

(4)多听少说,多让客户说话。

(5)不要占用客户太多时间,以免引起反感。

(6)注意电话回访时间,尽量避开客户休息时间。

(7)如遇本人不在,则应向其家人询问并保持同等的尊重和礼貌。

(8)结束时务必有祝福语,如祝您健康长寿等。

(9)及时记录回访内容,并加以总结提高。

本章小结

1. 本章主要讲述了汽车4S店的四种业务主要流程,通过本章的学习能够了解汽车销售的相关流程、汽车服务的相关流程和汽车配件管理的相关工作。

2. 汽车销售流程是本章的重点,汽车销售主要包括展厅接待、需求分析、产品介绍、试乘试驾、交易谈判、交车、售后服务和潜在客户开发八个流程。八个流程要熟练掌握,能够用FAB分析法进行六方位环车介绍。

3. 汽车售后服务流程也是实操性非常强的部分,汽车售后服务主要包括预约、接待、诊断、维修车间、质检、结算、交车和售后服务。

4. 汽车配件管理首先要了解汽车配件的编号规则,另外配件的库存管理是需要重点掌握的部分,尤其是汽车配件的ABC管理法,即汽车配件的中价值高、存量小的配件是A类、价值低、周转率高的配件是C类配件,存储量最高,介于二者之间的B类;FIFO原则,即先入库的配件先出库;基于此配件在存放时候通常要遵循一定的原则:如周转率高的配件离出库口近一些、大不压小、重不压轻,一些特殊配件集中存放,如汽车的油液类。

5. 通过本章的学习,对汽车4S店相应岗位的工作进行深入的认知和了解,运用所学知识能够担任相应岗位的工作。另外,在工作中能够积极探索解决汽车服务过程中遇到的各种问题。

自测题

一、单项选择题

1. 下列不属于开放式提问的是(　　)。
   A. 家里几口人　　　　　　　　　B. 以前开过什么样的车
   C. 购车的目的　　　　　　　　　D. 是否贷款

2. 下列不属于六方位环车介绍是驾驶室部分的介绍的是(　　)。
　　A. 座椅的可调性　　　　　　　　B. 行李舱空间的大小
　　C. 多功能转向盘　　　　　　　　D. 分区空调
3. 汽车配件储存过程中满足 ABC 管理法,下列配件属于 A 类配件的是(　　)。
　　A. 车速传感器　　　　　　　　　B. 机油
　　C. 空滤　　　　　　　　　　　　D. 机油滤清器

二、多项选择题

1. 下列对乘用车乘坐舒适性产生影响的因素有(　　)。
　　A. 座椅　　　　　　　　　　　　B. 悬架
　　C. 轮距　　　　　　　　　　　　D. 轮胎
2. 车辆定期保养的好处有(　　)。
　　A. 延长发动机、车辆使用寿命　　B. 使车辆升值
　　C. 及时发现排除车辆问题　　　　D. 确保行车安全
3. FAB 代表(　　)。
　　A. 车辆优势　　　　　　　　　　B. 给经销商带来的利益
　　C. 车辆特点　　　　　　　　　　D. 提升企业的知名度

三、判断题

1. 根据 4S 店规定客户未携带身份证不允许试乘试驾。　　　　　　　　　　(　　)
2. 销售顾问在讲解过程中如客户提及其他自主品牌车型时,应首要对其自主发动攻击诋毁,以达到击败竞争对手的目的。　　　　　　　　　　　　　　　　　　　　(　　)
3. 服务接待人员在进行接待的时候要进行六方位环车介绍。　　　　　　　　(　　)

四、实践题

按照下述情境,分组练习:
1. "五一"黄金周邀请客户到店参加新车展示、试乘试驾活动(老客户、车型自拟);
2. 六方位介绍(速腾)——关注动力性、安全性、舒适性;
3. 推荐车型——夫妻结婚购买 20 万左右家庭用车(一汽大众)。

参考文献

[1] 高婷婷,黄玮.汽车营销[M].北京:人民交通出版社股份有限公司,2017.
[2] 肖钢.二手车鉴定评估与交易实务[M].广州:华南理工大学出版社,2009.
[3] 张彤.汽车市场营销[M].北京:化学工业出版社,2010.
[4] 戚叔林.汽车市场营销[M].北京:机械工业出版社,2010.
[5] 李茜,祁艳丽.汽车市场营销理论与实务[M].北京:电子工业出版社,2012.
[6] 吴文彩.汽车营销[M].北京:北京邮电大学出版社,2006.
[7] 汪泓.汽车营销实务[M].北京:清华大学出版社,2012.
[8] 李刚.汽车营销基础与实务[M].北京:北京理工大学出版社,2008.
[9] 李幸福,王怀玲.汽车营销技术[M].北京:清华大学出版社,2009.
[10] 赵晓东.汽车消费心理学[M].北京:北京理工大学出版社,2012.
[11] 姜含春.市场营销学[M].北京:中国农业大学出版社,2008.
[12] 黄本新,钟向忠.现代汽车营销[M].广州:暨南大学出版社,2010.
[13] 张岩松.现代营销礼仪[M].北京:清华大学出版社,2012.
[14] 谢忠辉.汽车营销与服务[M].北京:机械工业出版社,2012.
[15] 程德通.汽车大规模定制营销探讨[J].宜宾学院学报,2008(09):59-60.
[16] 李子旸.福特T型车的成与败[J].新世纪周刊,2007(27).
[17] 高玉民.汽车特约销售服务站营销策略[M].北京:机械工业出版社,2005.
[18] 孙路弘.汽车销售的第一本书[M].北京:中国人民大学出版社,2008.
[19] 陈文华.汽车营销案例教程[M].北京:人民交通出版社,2004.
[20] 张国方,刘刚.汽车销售与服务[M].北京:人民交通出版社,2006.
[21] 郭基元.汽车租赁经营与管理[M].北京:人民交通出版社,2000.
[22] 赵国柱.市场营销学[M].北京:中国商业出版社,2003.
[23] 马连福,张慧敏.现代市场调查与预测[M].北京:首都经济贸易大学出版社,2012.
[24] 李少华,雷培莉.市场调查与数据分析[M].北京:经济管理出版社,2001.